Florian Achenbach, Jan Meinert

Royal Flush

Pokern oder Die Kunst, das Leben zu meistern

Piper München Zürich

Mehr über unsere Autoren und Bücher:
www.piper.de

Originalausgabe
August 2009
© 2009 Piper Verlag GmbH, München
Umschlag: Büro Hamburg. Anja Grimm, Stefanie Levers
Bildredaktion: Büro Hamburg. Alke Bücking, Sandra Schmidtke
Umschlagfoto: Bjorn Vinter/Getty Images
Satz: Filmsatz Schröter, München
Papier: Munken Print von Arctic Paper Munkedals AB, Schweden
Druck und Bindung: CPI – Clausen & Bosse, Leck
Printed in Germany   ISBN 978-3-492-25332-1

Wir danken allen Menschen, die geholfen haben, die Lebenssituationen zu erschaffen, die sich so perfekt im Pokerspiel spiegeln. Vor allem die wohltuenden Situationen. Sie alle gaben Inspiration für dieses Buch. Im besonderen: Leonard, Hakan, Stan, Akif, Karin, Alex, Charles, Lothar, Doyle, Edgar, Jo, Ian, Brigitte, Achim, Anna, Andi, Franz, Toni und Roland.

Ein besonderer Dank geht an unseren Lektor Peter Thannisch, der uns mit seiner exzellenten Arbeit dabei geholfen hat, dieses Buch zu dem zu machen, was es sein soll.

»It's all one big session.«
David Sklansky

Inhalt

Vorwort **9**

Betting Patterns: Wie identifiziert man die typischen Verhaltensmuster der Mitmenschen, und was bringt es? **11**

Die richtige Position: Wo ist mein Platz? Wann bin ich dran? **14**

Die richtige Tischwahl: In welcher Umgebung funktioniere ich am effektivsten? **16**

Test-, Verzweiflungs- und Verteidigungseinsätze: Spezielle Pokermoves im wahren Leben **18**

Image ist alles! – Das eigene Image und wie man es gewinnbringend nutzt **24**

Die Bekämpfung der Ungeduld **33**

Hammer und Rope-a-Dope: Wie wird man mit unangenehmen Menschen fertig **37**

Beleidigungen: Die anderen können ja so fies sein **40**

Stack-Unterschiede: Der Umgang mit den eigenen Ressourcen **48**

Big Stacks: Größe ist alles **52**

Small Stacks – die armen Kurzen **62**

Das Leben ist ein Pokerturnier **67**

Betrüger, Bluffer und Blender: Die hohe Kunst der Täuschung **69**

Slowplay: Der umgekehrte Bluff **76**

Cheating: Die verführerischen Abkürzungen auf dem Weg zum Ziel **83**

Was verrät die Körpersprache über die lieben Mitmenschen **86**

Das Pokerface: Seien Sie keine wandelnde Litfaßsäule Ihrer Emotionen **93**

Das Involvement: Wie viel steht auf dem Spiel? **96**

Risiko und Gewinn **105**

Das Konzept der langfristigen Gewinnmaximierung **110**

Swings und Bad Beats: Die Achterbahn des Lebens **115**

Wahrscheinlichkeit: Der Tanz um den Zufall **129**

Tight oder loose: Jede Möglichkeit nutzen oder lieber auf die Rosinen warten? **153**

Aggressiv oder passiv: »Ran an den Speck« oder lieber warten? **156**

Die Spielweise: Stone Killer, Rock, Calling Station oder Maniac? **160**

Changing Gears: Einfach mal einen Gang runterschalten **165**

Information bedeutet Stärke **172**

Keep it simple! Machen Sie die Dinge nicht unnötig kompliziert **181**

Die Goldene Regel der Investitionen **184**

Alles ist nicht genug! **185**

Der Umgang mit der Ressource Zeit **188**

Ziele setzen und erreichen **190**

Glossar **197**

Vorwort

Mit Sicherheit haben Sie schon einmal ein Pokerspiel im Fernsehen gesehen, mit Freunden gespielt oder es im Internet ausprobiert. Unabhängig davon, was Sie bisher mit Poker zu tun hatten und was Sie davon halten und ob Sie vielleicht nicht einmal die Regeln beherrschen, werden Sie etwas von diesem Buch lernen. Dabei ist nicht die Rede von Pokerstrategie, sondern von Strategien im richtigen Leben. Dieses Buch hat mit Poker ungefähr so viel zu tun wie Dieter Bohlen mit guter Musik. Wir werden Sie nicht mit langweiligen Pokertipps nerven und Ihnen sagen, wie man welche Hand spielen soll. Wir wenden uns dem wichtigsten aller Dinge zu: dem richtigen Leben!

Das Leben ist unheimlich komplex. Ein gutes Leben zu führen, ist alles andere als leicht. Ständig haben Sie es mit Leuten zu tun, die es Ihnen schwermachen, Probleme bereiten und Sie vor schwierige Fragen stellen. Viele Menschen werden damit nicht fertig, treffen ihre Entscheidungen einfach aus dem Bauch heraus und begehen einen Fehler nach dem anderen, der sie daran hindert, so zu leben, wie sie wollen. Wir geben Ihnen die richtigen Strategien an die Hand, wie Sie mit Ihren Mitmenschen am einfachsten fertig werden, wie und nach welchen Prinzipien Sie Ihre Entscheidungen treffen sollten, Fehler vermeiden, um somit Ihre gesteckten Ziele zu erreichen. Egal, ob Sie mehr Geld verdienen, ein besserer Mitmensch werden oder einfach nur unbeschwert durchs Leben gehen wollen: Nach der Lektüre dieses Buches wird Ihnen all das leichter fallen.

Poker bietet Werkzeuge, um das Leben besser zu meistern. Und da wir uns schon die Mühe gemacht haben, fürs richtige Leben geeignete Poker-Strategien abzuleiten und zu »übersetzen«, werden wir uns nicht lange mit Poker aufhalten, sondern gleich ans Eingemachte gehen: ans richtige Leben!

Betting Patterns: Wie identifiziert man die typischen Verhaltensmuster der Mitmenschen, und was bringt es?

Beim Poker gibt es sogenannte Betting Patterns, zu Deutsch Setzmuster, die das Setzverhalten eines Spielers kennzeichnen. Mit anderen Worten: Die meisten Spieler agieren in vergleichbaren Situationen oft immer auf die gleiche Weise. Sie sind in ihren Verhaltensmustern gefangen und können nicht raus aus ihrer Haut. Von einem Spieler wissen Sie zum Beispiel, dass er gerne blufft, der andere ist grundehrlich, und ein Bluff wäre für ihn schon fast so etwas wie eine Sünde. Es gibt Spieler, die gerne erhöhen, wenn man setzt, und solche, die höchstens mitgehen, aber nie von sich aus erhöhen. Die korrekte Einordnung der Spieler ist einer der wichtigsten Pokerskills überhaupt und macht oft den Unterschied zwischen einem ambitionierten Amateur und einem echten Profi aus.

Verhaltensmuster im Reallife Das Leben führt zu einer ähnlichen Nischenbildung wie der Pokertisch. Im Laufe der Evolution haben sich innerhalb der Spezies Mensch unterschiedliche Verhaltensmuster gebildet. Alle Lebewesen stehen seit der Entstehung der ersten Zelle vor der großen Aufgabe: Wie schlage ich mich durchs Leben? Hierzu haben die verschiedenen Tier- und Pflanzenarten unterschiedliche Strategien entwickelt. Auch innerhalb des Menschengeschlechts gibt es eine solche Ausdifferenzierung. Der eine Mensch ist faul, der andere fleißig. Einer erreicht seine Ziele auf direkte Art, der andere hält sich eher zurück und übt sich in Bescheidenheit. Der eine reagiert auf Aggression seinerseits mit Aggression, der andere zieht sich umso mehr zurück. All diese Strategien sind Versuche, das Leben zu meistern. Wichtig ist, dass die Menschen bewusst oder unbewusst in diesen Verhaltensmustern gefangen sind. Merken Sie sich:

● ● ● *Die Menschen ändern sich in der Regel nicht,*
und bestimmte Verhaltensweisen sind immer gleich.

Kennen Sie auch das Gefühl, wenn Sie zu einem Klassentreffen gehen und merken, dass die Mitschüler sich auch nach zwanzig Jahren im Grunde gar nicht verändert haben? Bereits nach kurzer Zeit bilden sich die gleichen Grüppchen wie in der Schulzeit. Die gleichen Lästereien und Sticheleien wie damals. Aus all dem können wir folgern, dass es sinnvoll ist, unsere Mitmenschen anhand ihrer Verhaltensmuster einzuordnen und dementsprechend mit ihnen umzugehen.

Das fängt bereits im Kleinen an. Wenn Sie zum Beispiel wissen, dass eine bestimmte Person immer zu spät kommt, können Sie sie zu einem wichtigen Termin früher bestellen. Wenn Sie mit jemandem über einen Kaufpreis verhandeln und wissen, dass er als Käufer immer dann zufrieden ist, wenn er den Anfangspreis um ein Drittel runtergedrückt hat, setzen Sie den gewünschten Preis einfach ein Drittel höher an. Denken Sie bloß nicht, dass alle Menschen gleich sind. Sie sind es nicht! Stellen Sie sich folgende Fragen:

- Was will er?
- Was tut er, um dies zu erreichen?
- Was hat er in der Vergangenheit in ähnlichen Situationen getan?

Hannibal Lecter nennt dies »Simplification«, Vereinfachung. Reduzieren Sie Ihre Mitmenschen auf ihre typischen Verhaltensmuster, und Sie werden erfolgreicher im Umgang mit ihnen.

Talk is cheap Versuchen Sie auch, hinter den Ablenkungen und dem Blendwerk den Menschen so zu sehen, wie er wirklich ist. Das Blendwerk ist meist ganz einfach das Gerede der Leute. Hier kommen wir zum nächsten wichtigen Punkt: »Talk is cheap«, zu Deutsch: Reden kostet nichts. Am Pokertisch können Sie auf das Gerede der anderen meist nicht viel geben, und wenn ein Pokerspieler sagt, die Sonne geht im Osten auf, würde ich morgens noch mal nachgucken, ob es stimmt. Bei vielen Menschen fallen das Gerede und ihre tatsächlichen Handlungen meilenweit auseinander. Fragen Sie sich daher im Zweifel lieber, wie der betreffende Mensch in vergleichbaren Situationen in der Vergangenheit reagiert hat, und hören Sie nur in zweiter Linie auf das, was er sagt. Wenn Sie ein Bekannter in der Vergangenheit schon oft hat hängen lassen, dann wird er das auch in Zukunft tun. Um hier ein weiteres Sprichwort zu bemühen: »Die Katze lässt das Mausen nicht.«

Wenn Sie Geld verleihen, sollten Sie nichts darauf geben, dass der andere sagt, er bekomme übermorgen sein Gehalt überwiesen und könne dann auf jeden Fall zahlen. Wenn der Typ Sie in der Vergangenheit nicht bezahlt hat, werden Sie auch in Zukunft Ihrem Geld hinterherlaufen müssen. Wenn es darum geht, einen Bekannten oder Freund für eine Arbeitsstelle vorzuschlagen, und er hat sich in der Vergangenheit als unzuverlässig erwiesen – lassen Sie es sein! Hören Sie nicht auf seine Beteuerungen, dass alles anders wird. In den meisten Fällen ändert sich nämlich rein gar nichts. Da Sie den Typen vorgeschlagen haben, wird sein Fehlverhalten auf Sie zurückfallen.

Warum ist das so, und warum wirken Menschen bei diesen Beteuerungen so überzeugend? Ganz einfach: sie glauben es in dem Moment, in dem sie es Ihnen erzählen, selbst. Sie haben in dem Moment tatsächlich den Wunsch oder die Absicht, dass alles anders werden soll. Es wird aber in der Regel nicht anders. Langfristig zeigt sich, wer man ist. So kann es sein, dass derjenige, den Sie für eine Arbeit vorschlagen, diese zu Anfang auch gewissenhaft erledigt. Mit der Zeit aber wird der wahre Charakter durchbrechen. Ein Mensch kann sich nur eine gewisse Zeitspanne lang verstellen. Danach kommt sein wahres Ich zum Vorschein. Das ist auch der Grund, warum Assessment Center bei Stellenausschreibungen oft mehrere Tage andauern. So lange kann man sich nämlich nicht verstellen, und das wissen die Personalchefs.

Die richtige Position: Wo ist mein Platz?
Wann bin ich dran?

Zunächst mal eines vorab: Hier geht es nicht um die Position im Sinne einer vertikalen Hierarchie. Es geht darum, wie ich mich in horizontaler Hinsicht positioniere, wenn ich die Wahl habe. Wo setze ich mich hin? Wo stelle ich mich an? Das sind die Fragen, um die es in diesem Kapitel gehen soll.

Im Poker ist es fast immer besser, *nach* jemandem an der Reihe zu sein. Das bringt einen nicht unbedeutenden Informationsvorsprung. Man kann sich in Ruhe angucken, was der Gegner macht, und dann darauf reagieren. Wenn der Spieler vor einem zum Beispiel Schwäche zeigt, kann man gut bluffen. Wir merken uns schon einmal vorab, dass es oft besser ist, *nach* jemandem an der Reihe zu sein. Und zwar immer dann, wenn es darum geht, einen Informationsvorsprung zu bekommen.

Der Autokauf Nehmen wir an, Sie verkaufen Ihr Auto und haben keine Ahnung, wie viel der andere zu zahlen bereit ist. Sie wissen nicht einmal, ob der andere überhaupt auch nur im Entferntesten weiß, was Ihr Auto wert ist. Wer sollte hier zuerst ein Angebot machen? Ganz klar nicht Sie!

Lassen Sie den anderen einen Preis sagen. Es besteht die Möglichkeit, dass der Käufer Ihnen aus Unverständnis heraus mehr Geld anbietet, als Sie es sich hätten träumen lassen. Wenn der Preis zu niedrig ist, können Sie immer noch hochgehen.

Das ist ein gutes Beispiel dafür, dass man sich einen Informationsvorsprung verschafft, indem man erst mal den anderen machen lässt. Jetzt wissen Sie auch, warum gute Händler immer gespielt verständnisvoll fragen, was man geben will.

Die Prüfungssituation Wenn in der Schule Aufsätze vorgelesen oder in der Uni Referate gehalten wurden, war die Reihenfolge oft von entscheidender Bedeutung. Beim ersten Referat hören alle noch aufmerksam zu, während bei den letzten Arbeiten in einem zweistündigen Seminar fast keiner mehr aufnahmefähig ist. Allerdings bleibt das letzte Referat oft noch in Erinnerung, ganz einfach, weil es der letzte Eindruck aus dem Seminar ist. Hier kommt es darauf an, was Sie wollen.

Haben Sie ein besonders gutes Referat ausgearbeitet, ist es in der Regel besser, dass Sie es am Anfang vortragen, wenn alle wie die Schießhunde aufpassen, oder am Ende, damit sich alle daran erinnern. Wenn Sie sich mit einem mittelmäßigen bis schlechten Werk durchmogeln wollen, ist es am besten, es in der Mitte beziehungsweise am Ende, aber eben auch nicht als Letzter, zu halten. Hier müssen Sie genau abwägen.

Es kommt auch sehr darauf an, wer vor oder nach Ihnen an der Reihe ist. Wenn Sie mit mehreren Leuten in einer mündlichen Prüfung sitzen und der vor Ihnen in der Reihe der totale Wissenscrack ist, haben Sie schlechte Karten, wenn Sie danach dran sind. Das mündliche Jura-Examen mit sechs Prüflingen vor der Kommission ist hierfür das Paradebeispiel. Für Sie bleibt dann kaum etwas übrig, und es kann passieren, dass Sie in seinem Lichte »verblassen«.

Andererseits, wenn Sie vor ihm dran sind und nichts wissen, stehen Sie genauso schlecht da, wenn er nach Ihnen immer mit voller Genugtuung in der Stimme genau die richtige Antwort gibt, die Ihnen nicht einfiel. Am besten, Sie sitzen gar nicht mit solchen Leuten in einer Prüfung, oder Sie sind selber derjenige, der die anderen überflügelt. Sehen Sie jedenfalls zu, dass Sie nicht unmittelbar neben einer solchen Leuchte hocken.

Der 1st-Mover-Bonus Manchmal gibt es auch einen »1st-Mover-Bonus«. Das bedeutet, dass derjenige im Vorteil ist, der vorprescht und als Erster die Initiative ergreift. Oft herrscht bei Menschen in einer Gruppe eine höfliche Zurückhaltung, die man für sich ausnutzen kann. Bei einer Party mit zwanzig Leuten und nur einer Pizza zu warten, bis man etwas abbekommt, ist dumm, denn man bekommt am Ende meist gar nichts.

Es gibt auf der anderen Seite aber auch einen Vorteil, als Letzter zu kommen, nämlich dann, wenn ein Überangebot herrscht. Dann muss am Ende noch alles raus, und man bekommt mehr als zu Anfang. Wenn die Gastgeberin einer Party unsicher ist, ob das leckere Mousse au Chocolat für alle reicht, wird sie zu Beginn eher sparsam damit umgehen. Am Ende muss dann oft alles weg, und Sie können absahnen.

Ähnlich ist es auf einem Flohmarkt. Zwar bekommt man am Anfang unter Umständen noch echte Kostbarkeiten, die Ihnen sonst andere wegschnappen, zum Ende hin wollen die Verkäufer ihre Ware aber oft billig loswerden und verschenken sie sogar. Auch hier kommt es darauf an, was Sie wollen.

Im Sport gibt es die Tendenz, lieber nach jemandem dran zu sein. Beim Eiskunstlaufen, Hochspringen oder beim Turnen zum Beispiel ist es oft besser, wenn der andere erst einmal den Maßstab festlegt, weil Sie dann wissen, was Sie bringen müssen.

Noten werden, ähnlich wie in der Schule, bei dem oder den Ersten, die an der Reihe sind, oft etwas knauseriger vergeben. Man will sich als Juror erst mal ein paar Kandidaten angucken, bevor man Supernoten verteilt. Aber Vorsicht: Oft versuchen Prüfer oder Begutachter, auch gerade diese bekannte Tatsache auszugleichen, und geben dem Ersten einen Bonus.

In der Wirtschaft ist der 1st-Mover-Bonus schon ein alter Hut. Das Produkt, das als Erstes einen Markt abzudecken versucht, hat einen signifikanten Vorteil, der meist nur noch schwer einzuholen ist. 1st Mover wie Apple, McDonald's, Coca Cola und Microsoft sind in den meisten ihrer Segmente nahezu Monopolisten und können die Preise diktieren. In so gut wie allen Wirtschaftsbereichen bringt der erste Zug einen ungemein wichtigen Vorteil, der bereits über die Sicherung aller wichtigen Marktanteile entscheiden kann.

Die richtige Tischwahl: In welcher Umgebung funktioniere ich am effektivsten?

In einem guten Kasino gibt es zum Glück viele Pokertische. Man hat die freie Wahl und wird nicht gezwungen, genau an einem bestimmten Tisch zu spielen. Der gute Pokerspieler sucht sich zunächst einen Tisch mit dem richtigen Limit.

Das ist nichts anderes als die Einsatzhöhe und damit in gewisser

Weise ein Schwierigkeitsgrad. Schließlich sollte man nur als guter Spieler um richtig hohe Beträge spielen, »wo die Luft dünn wird«. Manche sehen das aber nicht ein und spielen trotzdem an Tischen, die über ihrem Niveau sind. Pokerprofis leben von diesen schwachen Spielern.

Ein guter Spieler weiß genau, wo er spielen darf und wo nicht. Er sucht sich den Tisch aus, der für ihn am profitabelsten ist. Spielen an einem Tisch nur Betrunkene und an einem anderen seriöse Spieler, so wird er Ersteren bevorzugen und den Alkoholpegel seiner Mitspieler ausnutzen, ja, sie sogar zum Trinken animieren.

Die Tische des Lebens Auch im richtigen Leben gibt es die verschiedensten Tische, an die man sich setzen kann. Wenn Sie einem Fußballverein beitreten, ist Ihre Mannschaft das Umfeld. Sie sitzen mit Ihren Mitspielern am selben Tisch. Errichten Sie mitten in der Stadt eine Bäckerei, so konkurrieren Sie mit den anliegenden Bäckereien, lassen sich mit ihnen ein und setzen sich somit mit ihnen an einen Tisch.

Als Schüler sind Ihre Mitschüler das Umfeld, an der Universität Ihre Kommilitonen, im Beruf Ihre Arbeitskollegen usw. Als Tisch oder Umfeld bezeichnet man alle Gruppierungen, die sich gegenseitig beeinflussen können oder in einer bestimmten Beziehung stehen.

Hier müssen Sie differenzieren. Wollen Sie den schnellen Erfolg, so sollten Sie es machen wie die Pokerspieler und ganz einfach einen schwachen Tisch wählen. Sie sollten sich nichts beweisen und ganz einfach ein Umfeld suchen, in dem Sie der König unter den Prinzen oder meinetwegen auch nur der Einäugige unter den Blinden sind.

Wenn Sie aber wachsen wollen, damit Ihnen langfristig mehr Tische zur Auswahl stehen, an denen Sie gewinnen können, dann müssen Sie an den schweren Tischen wachsen. Versuchen Sie aber beim Wachsen Ihren Verlust möglichst gering zu halten. Das heißt, Sie sollten sich eher zurückhalten und sich nicht zu weit aus dem Fenster lehnen. Wenn Sie sich auf ein zu hohes Niveau einlassen, werden Sie auf alle Fälle »gewinnen«, doch es werden leider nur Erfahrungen sein.

Beim Poker werden nicht nur verschiedene Limits angeboten, sondern auch unterschiedliche Spiele. Sie können No-Limit Hold'em, Limit Hold'em, Pot Limit Omaha, Seven Card Stud, Five Card Draw oder was auch immer spielen. Und auch hinsichtlich der Spielvarianten müssen Sie die richtige wählen. Wenn Sie ein guter No-Limit-Hold'em-Spieler sind, macht es keinen Sinn, sich an einen Pot-Limit-Omaha-Tisch zu setzen, weil Sie dort sicherlich weniger gewinnen und vielleicht sogar verlieren.

In der Geschäftswelt sieht es nicht anders aus: Suchen Sie sich einen Tisch, an dem das Spiel gespielt wird, das Sie beherrschen. Als Computerfreak sollten Sie sich nicht dazu entschließen, eine Bäckerei zu eröffnen. Und als Bäcker sollten Sie nicht unbedingt versuchen, eine Webseite zu erstellen.

• • • *Wählen Sie Ihre »Tische« mit Bedacht. Machen Sie es sich nicht zu leicht, aber wählen Sie keine Tische, an denen Sie mit Sicherheit untergehen.*

Test-, Verzweiflungs- und Verteidigungseinsätze: Spezielle Pokermoves im wahren Leben

Im No-Limit-Poker gibt es für unterschiedliche Situationen spezielle Einsatzarten, die einen ganz bestimmten Zweck verfolgen. Wir wollen diese Einsatzarten genauer betrachten und sehen, inwiefern sie auch im normalen Leben zur Anwendung kommen. Hierbei werden wir uns unter anderem auch ein bisschen mit Quantenphysik und Restaurants befassen. Aber keine Angst – Sie brauchen keinen Doktor in Physik, um dieses Kapitel zu verstehen. Die meisten Situationen werden Ihnen nur allzu vertraut sein.

Der Testeinsatz – Quantenphysik lässt grüßen Beim Testeinsatz im Poker weiß ich nicht genau, wo ich stehe, und versuche, genau das durch den Einsatz herauszufinden. Ich weiß nicht, ob vielleicht jemand eine bessere Hand hat als ich, und so setze ich einfach in der Hoffnung, mehr Information zu gewinnen.

Im Leben ist es oft ähnlich. Nehmen wir an, Sie wollen unbedingt einen bestimmten Film im Kino sehen. Sie sind aber mit drei Freunden unterwegs, von denen Sie nicht so genau wissen, ob diese auch Lust dazu haben. Jetzt kommt Ihr Testeinsatz: Sie schlagen vor, abends ins Kino zu gehen. Entweder, Ihre Freunde lehnen ab, und Sie wissen, dass Sie mit Ihrem Kinowunsch allein dastehen, oder Sie willigen ein, und Sie haben Ihr Ziel erreicht.

Schrödingers Katze Genau hier kommt die Quantenphysik ins Spiel. Denken Sie jetzt bitte nicht, dass ich hier völlig »abdrehe«. Im Grunde interessiert uns nur ein kleiner Teilaspekt der Quantenphysik. Lesen Sie das folgende weltberühmte Gedankenexperiment des »Quantengenies« Erwin Schrödinger aus dem Jahre 1935 im Original:

»Eine Katze wird in eine Stahlkammer gesperrt, zusammen mit folgender Höllenmaschine, die man gegen den direkten Zugriff der Katze sichern muss: In einem Geigerschen Zählrohr befindet sich eine winzige Menge radioaktiver Substanz, so wenig, dass im Laufe einer Stunde vielleicht eines von den Atomen zerfällt, ebenso wahrscheinlich aber auch keines; geschieht es, so spricht das Zählrohr an und betätigt über ein Relais ein Hämmerchen, das ein Kölbchen mit Blausäure zertrümmert. Hat man dieses ganze System eine Stunde lang sich selbst überlassen, so wird man sich sagen, dass die Katze noch lebt, wenn inzwischen kein Atom zerfallen ist. Der erste Atomzerfall würde sie vergiftet haben. Die Psi-Funktion des ganzen Systems würde das so zum Ausdruck bringen, dass in ihr die lebende und die tote Katze zu gleichen Teilen gemischt oder verschmiert sind. Das Typische an solchen Fällen ist, dass eine ursprünglich auf den Atombereich beschränkte Unbestimmtheit sich in grobsinnliche Unbestimmtheit umsetzt, die sich dann durch direkte Beobachtung entscheiden lässt. Das hindert uns, in so naiver Weise ein ›verwaschenes Modell‹ als Abbild der Wirklichkeit gelten zu lassen …«

Das war der Originaltext von Schrödinger, der zugegebenermaßen etwas kompliziert zu lesen ist. Im Grunde kommt es darauf an, dass wir eine Art Schwebezustand der Katze zwischen tot und lebendig haben, über den erst »entschieden« wird, wenn wir nachgucken. Genau so ist es beim Testeinsatz. Oft wird erst, wenn wir testen oder nachschauen, der Zustand geschaffen, den wir überprüfen wollen. Die Freunde sehen einen Kinobesuch vielleicht erst nach Ihrem Vorschlag als gute Alternative an. Merken Sie sich daher:

• • • *Indem Sie durch eine Aktion etwas herauszufinden versuchen, ergibt sich oft erst der Zustand, den Sie überprüfen wollen.*

Beim Poker ist es ähnlich. Der Testeinsatz überprüft nicht nur, er schafft auch Fakten. Wenn ein Gegner vorher vielleicht noch dachte, er wäre von seinem Blatt her gut, dann denkt er es vielleicht nicht mehr, wenn Sie setzen.

Dadurch, dass Sie überprüfen, verändern Sie auch Ihre Umgebung. Deswegen ist es wichtig, sich immer klar hinsichtlich seiner Wünsche zu äußern und durch viele »Testeinsätze« Missverständnisse zu beseitigen. Ein weiteres Beispiel: Zwischen Ihnen und Ihrem Freund liegen zwei Schokoriegel. Den einen mögen Sie, den anderen nicht. Nun ist es wichtig, dass Sie nicht herumdrucksen, sondern ganz klar sagen: »*Ich will den Riegel X.*« Ansonsten kann es im schlimmsten Fall passieren, dass Sie und Ihr Freund *beide* jeweils mit langen Zähnen einen Riegel verspeisen, den Sie eigentlich überhaupt nicht mögen. Die Testwette schafft Klarheit und hilft Ihnen gleichzeitig, Ihren Willen durchzusetzen.

Der Verteidigungseinsatz – Feuer mit Gegenfeuer bekämpfen

Der Verteidigungseinsatz, auch »Block Bet« genannt, wird im Poker gemacht, um sich vor einem erwarteten großen Einsatz des Gegners zu schützen. Bevor der hoch anspielt, setze ich lieber halb hoch und hoffe, dass der andere nicht erhöht. So komme ich insgesamt billiger weg.

Im Leben ist es häufig ähnlich. Nehmen wir an, Sie sind verheiratet, und Ihre Frau möchte in nächster Zeit mit Ihnen essen gehen. Sie wissen, dass Ihre Frau, wenn sie die Wahl hat, in ein abartig teures Restaurant gehen wird, wo Sie als Mann natürlich bezahlen müssen. So weit darf es nicht kommen. Sie müssen vorher Ihren »Verteidigungseinsatz« machen. Schlagen Sie einfach ein nur halb so teures Restaurant vor, und kommen Sie so Ihrer luxussüchtigen Frau zuvor. Zudem haben Sie noch Sympathien in den Augen Ihrer Frau gewonnen, weil der Vorschlag zum romantischen Dinner ja immerhin von Ihnen kam.

Das ist, zugegebenermaßen, etwas machiavellistisch gedacht, aber man könnte es auch einfach nur Pragmatismus in der Ehe nennen. Auch Homer Simpson ist ein Meister der Block Bet. Als er Lisa verspricht, etwas mit ihr zu unternehmen, weiß er genau, dass sie ihn in ein langweiliges Museum schleppen wird, wenn er ihr die Wahl lässt. Also schlägt er von sich aus etwas vor, das auch ihm zumindest etwas Freude bereiten wird, sprich, wo er sich volllaufen lassen kann. Wir merken uns:

• • • *Wenn Sie wissen, dass Ihr Gegenüber eine unangenehme Sache vorschlagen wird, kommen Sie ihm zuvor und schlagen eine nur halb so unangenehme Sache vor. So kommen Sie insgesamt besser weg.*

Wer die Technik der Block Bet nicht beherrscht, ist zu passiv und wird sich oft in Situationen wiederfinden, die andere ausgesucht haben und nicht er selber. Die Block Bet ist ein Mittel der Manipulation, das Sie unbedingt beherrschen müssen. Sie müssen natürlich sicher wissen, dass vom anderen ein solcher Vorschlag kommen wird. Am Ende bringen Sie Ihre Frau durch Ihre vermeintliche Block Bet überhaupt erst auf die Idee, teuer essen zu gehen ...

Der Verzweiflungseinsatz   Die Ausgangslage bei der Verzweiflungs- oder »Desperation Bet« ist die, dass man in einer ausweglosen Position ist und im Prinzip nichts mehr zu verlieren hat. Ein Einsatz ist dann quasi die Flucht nach vorn, ein letzter Strohhalm, an den man sich klammert, um zu überleben.

Beim Poker besteht immer noch die Möglichkeit, dass die anderen Spieler genauso verzweifelt sind und auf meinen Einsatz hin aufgeben. Genau hierin liegt die Stärke des Verzweiflungseinsatzes. Man kann nicht in die Leute hineingucken, und oft merkt man gar nicht, dass andere genauso »am Ende« sind wie man selber.

Denken Sie an die Schule. Sie waren bestimmt nicht der Einzige, der die Hausaufgaben nicht gemacht hatte. Die anderen haben genauso gebangt wie Sie – Sie wussten es nur nicht. Trotzdem wäre ein Verzweiflungseinsatz in der Form, dass Sie sich freiwillig melden, um die Hausaufgaben vorzulesen, wohl verfehlt. Wann ist demnach eine Verzweiflungswette angebracht?

Nehmen Sie den James-Bond-Film »Goldfinger«. Bond ist auf einem Stuhl gefesselt, und sein Gegenspieler, Auric Goldfinger, kontrolliert einen Laserstrahl. Als dieser sich bedrohlich zischend dem Genitalbereich des Superagenten nähert, ist die Situation eindeutig aussichtslos. Wenn Bond jetzt nichts unternimmt, ist es aus mit seinem schönen Agenten-Bohème-Leben. Was tut der Agent? Er macht einen Verzweiflungs-Move und ruft Goldfinger den Namen der geheimen Operation zu – »Grandslam« –, den er zuvor zufällig aufgeschnappt hatte. Der Effekt ist gewaltig, denn Goldfinger bricht die Prozedur ab, und Bond lebt weiter.

Was lernen wir daraus, außer dass es wohl nicht so sinnvoll ist, Bond in einer minutenlangen, unnötigen und fernsehwirksamen Zeremonie sterben lassen zu wollen? Es ist meist besser, irgendetwas zu machen, als gar nichts. Bond macht einen Verzweiflungseinsatz, wie er im Lehrbuch steht. Wir merken uns daher zunächst schon einmal:

• • • *Wenn die Situation aussichtslos erscheint, ist es oft besser, einen Verzweiflungs-Move zu machen, als gar nichts.*

Ein schönes Beispiel für einen Verzweiflungseinsatz findet sich auch in der Literatur. In »Der kleine Hobbit« von Tolkien stellt der fiese Gollum den Protagonisten Bilbo Beutlin vor eine Reihe von Rätseln. Wenn er die Lösung weiß, zeigt Gollum ihm den Weg aus dem Höhlenlabyrinth, wenn nicht, wird er von Gollum gefressen. Alles läuft relativ gut, bis zu folgendem Rätsel von Gollum:

Etwas, das alles und jeden verschlingt:
Baum, der rauscht, Vogel, der singt,
Frisst Eisen, zermalmt den härtesten Stein,
Zerbeißt jedes Schwert, zerbricht jeden Schrein,
Schlägt Könige nieder, schleift ihren Palast,
Trägt mächtigen Fels fort als leichte Last.

Bilbo ist verzweifelt. Er weiß einfach keine Lösung. Wenn er schweigt, wird Gollum ihn fressen. In seiner Not ruft er: »Gebt mir mehr Zeit!« Aber alles, was aus seinem trockenen Mund herauskam, war: »…Zeit!« Bilbo war gerettet, denn »Zeit« war des Rätsels Lösung.

Das Ganze gilt natürlich nicht nur für Agenten-Filme und Fantasy-Geschichten. Erst neulich hatte eine Freundin ein Bewerbungsgespräch bei einem Unternehmen. Es lief zwar gut, aber am Ende teilte der Personalchef meiner Freundin mit, dass sie von ihrem Profil her nicht zu der Stelle passe. Obwohl die Sache jetzt eigentlich gelaufen war, fragte meine Freundin forsch, ob es denn nicht vielleicht eine andere passende Stelle im Unternehmen geben würde. Zuerst stutzte der Personalchef, aber dann sagte er, dass tatsächlich in einem Monat eine andere Stelle frei werden würde. Diese hat sie dann auch bekommen, wohl auch deswegen, weil der Personalchef von der Beharrlichkeit meiner Freundin beeindruckt war.

Das Motto dieses Kapitels könnte eigentlich auch lauten: Gib nicht auf, auch wenn alles aussichtslos und sinnlos erscheinen mag! Die Welt ist so komplex, dass wir die Folgen unseres Handelns oft nicht absehen können, und manchmal wird eben noch was Gutes daraus.

Vor allem sprechen wir hier ja über Situationen, in denen es eh nichts mehr zu verlieren gibt. Man braucht sich auch keine Gedanken zu machen, ob man sich vielleicht lächerlich macht oder als Bittsteller dasteht. Es ist ja eh schon »gelaufen«.

Image ist alles! – Das eigene Image und wie man es gewinnbringend nutzt

Was ist ein Image? Was nützt es, und wie kann ich es beeinflussen? Betrachten wir zunächst, was die einschlägigen Lexika zu dem Thema sagen:

»Der Begriff Image bezeichnet das innere Gesamt- und Stimmungsbild bzw. den unwillkürlich entstehenden Gesamteindruck, den jemand von einer Person oder einem anderen Meinungsgegenstand hat. Die Auseinandersetzung verknüpft vor allem affektiv auf der Gefühlsebene positive und auch negative Assoziationen. Auch fremde Informationen oder Wahrnehmungen können prägen. Ein Image stabilisiert und verfestigt sich im Laufe der Zeit, unterliegt aber zugleich einer Dynamik.«

Ein Image ist quasi ein Hilfskonstrukt unseres Hirns, um mit den zahlreichen Personen und Objekten unseres täglichen Lebens fertig zu werden. Man hat meist gar nicht die Zeit und die Energie, sich über alles und jeden eine differenzierte Meinung zu bilden. Hier hilft das Image. Personen und Objekte werden vom Hirn mit einem Image, einer »Instant-Kategorisierung«, versehen.

Hierdurch findet man sich leichter in einer Welt der Reizüberflutung zurecht und kann schneller und effektiver handeln. Gleichzeitig vereinfacht das Arbeiten mit Images aber leider auch Dinge, die in Wirklichkeit komplizierter sind, und führt zu einer oberflächlichen Betrachtungsweise. Das Hirn denkt sich aber: »Besser eine oberflächliche Betrachtungsweise als überhaupt keine!«

Letztlich spielt Image gerade in unserer heutigen Zeit der schnellen Eindrücke und der Reizüberflutung eine immer größere Rolle. Vor allem in der schnelllebigen Politik oder in der Wirtschaft hat man das schon längst erkannt und arbeitet gezielt durch Kampagnen am Image von Politikern und Unternehmen.

Image im Poker   Als Spieler hat man beim Poker recht schnell »sein Image weg«. Das kommt daher, dass die anderen Spieler meist gar nicht die Zeit und die geistigen Kapazitäten haben, um sich an einem Tisch mit neun neuen Gesichtern eine differenzierte Meinung über jeden Einzelnen zu bilden. Man wird mit einem Image verknüpft, ob man es will oder nicht! Der eine hat ein Maniac-Image, das heißt, er spielt fast alle Hände, und der andere hat das Image, »sautight« zu spielen, das heißt, er spielt nur, wenn er Monsterhände hat.

Das typische Beispiel für das gewinnbringende Ausnutzen seines Image, das auch in Pokerlehrbüchern immer wieder angeführt wird, ist folgendes: Man soll sich ein »looses« Image aufbauen, aber in Wirklichkeit »tight« spielen. Warum ist das gewinnbringend?

Ganz einfach: Wenn die anderen Spieler denken, Sie spielen eher nur Schrotthände, werden sie Ihre guten Blätter bis zum Ende hin bezahlen, weil sie Ihnen einfach kein gutes Blatt zutrauen. Das Ganze funktioniert auch umgekehrt: Wenn Sie ein tightes Image haben und dann bluffen, werden die Gegner eher denken, Sie hätten etwas auf der Hand, und so eher aussteigen.

Wie baut man sich im Poker ein solches Image auf? Es kommt darauf an, in den Situationen, in denen alle auf Sie schauen, das Richtige zu tun. Man zeigt zum Beispiel nach einem gelungenen Bluff seine Schrotthand, und alle denken: »Mann, ist der loose. Der spielt ja die totalen Schrotthände!« So funktioniert das im Poker. Grundsätzlich kann man sagen, dass es im Poker immer lukrativ ist, sich ein Image aufzubauen, aber in Wirklichkeit anders zu spielen. Poker ist ein Spiel der Täuschung. Ob das auch im richtigen Leben so läuft, werden wir im nächsten Abschnitt sehen.

Image im Reallife: Der magische Moment, in dem das Image entsteht   Wie im Poker kommt es auch bei der Imagebildung im Leben darauf an, den richtigen Moment abzupassen. Den magischen Moment, in dem die anderen aufpassen. Den Moment, in dem ein Image entsteht oder sich entscheidend verändert. Viele Menschen machen hier entscheidende Fehler. Sie lassen sich in den wichtigen Momenten hängen und verschwenden ihre Energie dann in der Folgezeit in Situationen, die für die Imagebildung im Grunde unerheblich sind.

Was ist damit gemeint? Lassen Sie es mich an einem Beispiel erklären. Wenn Sie einen neuen Job beginnen, sollten Sie sich darüber im Klaren sein, dass man gerade zu Beginn Ihrer Arbeit genau auf Sie achten wird. Hier entsteht das Image. Zu spät kommen oder andere Verfehlungen in den ersten paar Tagen oder gar am ersten Tag sind logischerweise tödlich. Sie haben dann schnell das Image des unzuverlässigen »Lullies« weg.

Das war ein einfaches Beispiel. Oft bietet sich auch unverhofft eine Situation, in der man »billig« sein Image verbessern kann. Wenn der Chef fragt, wer mal kurz in der Pause ins Lager gehen kann, um etwas zu holen, kostet es Sie wenig, sich zu melden und es einfach zu tun. Ihr Image wird sich verbessern, und es hat Sie wenig gekostet. Jedenfalls weniger, als rund um die Uhr Top-Arbeit abzuliefern, was oft ohnehin niemand so richtig mitbekommt.

Bitte verstehen Sie mich nicht falsch. Es geht nicht nur darum, sich durchs Leben zu mogeln und sich einzuschleimen. Gerade die Beispiele aus der Arbeitswelt sind stark vereinfacht, und das Leben ist letztlich doch komplizierter. Dennoch zeigt sich oft, dass in Unternehmen nicht immer die wirklichen Leistungsträger aufsteigen, sondern diejenigen, die erfolgreich das Image des Leistungsträgers repräsentieren, unabhängig davon, ob sie es tatsächlich sind.

Sie müssen ein Gespür für die Situationen entwickeln, die potenziell Image-bildend oder Image-verändernd sind. Absolute Negativbeispiele für gezielte Image-Manipulation sind wohl die Bilder, die man von Stalin und Hitler kennt, die die grausamen Diktatoren mit Kindern auf dem Arm zeigen. Ein fürsorglicher, warmer Blick und die nett lächelnden süßen Kinder auf Tausenden Propagandaplakaten waren leider die Image-bildenden Faktoren und nicht die eigentlichen Gräueltaten, die größtenteils von der Bevölkerung unbemerkt blieben.

Im Nachhinein weiß man natürlich Bescheid. Entscheidend ist aber, dass diese schrecklichen Personen gezielt an ihrem Image gearbeitet haben und damit Erfolg hatten. Das sind natürlich keine Vorbilder, aber sie lehren uns trotzdem eine wichtige Lektion:

• • • *Es ist immer möglich, an seinem Image zu arbeiten.*

Es ist absolut essenziell, dass man sich darüber im Klaren ist, dass alle Menschen mit diesem doch eher eindimensionalen Hilfskonstrukt namens Image arbeiten. Werden Sie kein Opfer dieser schablonenhaften Einordnung Ihrer Person durch die anderen. Nutzen Sie es vielmehr für sich aus! Erkennen Sie die für das Image entscheidenden Momente, und passen Sie auf, dass Sie hier Ihr Image nicht leichtfertig verspielen.

Es gibt unzählige Beispiele hierfür. Nehmen wir an, Sie sind geizig, wollen aber nicht, dass ein entsprechendes Image bei Ihren Mitmenschen entsteht. In dem Fall nützt es wenig, wenn Sie allein an der Haustür den Pizzaboten bezahlen und die anderen eh schon besoffen sind und es keiner mitbekommt. Verkünden Sie lieber feierlich am Anfang des Abends, dass Sie jetzt eine Runde Bier spendieren. Das wird eher bei den anderen im Kopf hängenbleiben als die im Stillen bezahlte Pizzarechnung und ist meist auch billiger.

Imagepflege   Eine Form der Imagepflege bombardiert uns täglich durch die Medien: die Werbung. Hier wird nichts anderes getan, als ständig am gewünschten Image bestimmter Produkte und Unternehmen zu arbeiten. Auch im Wahlkampf bemühen sich Politiker in erster Linie, sich im möglichst besten Licht darzustellen. Sie wollen volksnah erscheinen und schneiden besonders gern emotionsgeladene Themen an, die eher auf den Bauch als auf den Kopf zielen. Imagepflege bedeutet in diesem Zusammenhang, dass man ein schon bestehendes Image aufrechterhält und in den Augen der anderen in Übereinstimmung mit seinem Image handelt. Ein einmal entstandenes Image ist schwer zu ändern.

Wie oben bereits beschrieben, neigt das menschliche Hirn aus Gründen der Vereinfachung schnell dazu, den Menschen ein Image aufzupflanzen. Da die Motivation ja gerade die Vereinfachung der komplizierten Umwelt ist, ist es schwer, von einem bestehenden negativen Image runterzukommen oder, umgekehrt, ein positives Image zu zerstören. Das Hirn will es einfach haben und neigt im Zweifel dazu, am einmal gebildeten Image festzuhalten, statt es ständig neu zu überdenken, was wiederum Energie kostet.

Wenn man sich auf einer Arbeitsstelle beispielsweise ein solides, zuverlässiges Image aufgebaut hat, kann man ruhig öfters zu spät kommen, und man wird es einem zumindest einige Zeit durchgehen lassen, weil man ja eigentlich als solide gilt. Umgekehrt kann man sich bei einem unzuverlässigen Image noch so sehr bemühen, der Chef wird immer im Hinterkopf haben, dass man letztlich ein wankelmütiger Typ ist.

Trotzdem unterliegt das Image, wie schon zu Anfang in der Definition beschrieben, einer gewissen Dynamik. Ansonsten wäre die Betrachtung der Umwelt doch ein wenig zu oberflächlich. Grob gesagt: Wenn ich einen mir als sanftmütig bekannten Menschen dabei beobachte, wie er mit einer glühenden Zigarette seine Tochter foltert, wird mein Hirn das bestehende Image überdenken *müssen*. Im Kleinen bedeutet das, dass Sie die Dynamik, der Ihr bestehendes Image unterliegt, kontrollieren und lenken sollten. Hierzu gibt es zwei Hauptstrategien:

- Sie erreichen durch **Vermeidungstechniken**, dass Ihr Image gar nicht erst bedroht oder gefährdet wird.
- Sie wenden **Korrekturtechniken** an, um einen entstandenen Imageschaden in Ihrem Sinne zu reparieren.

Die Vermeidungstechniken bestehen vor allem in der völligen Ausschaltung von Situationen, die Ihr Image gefährden können. So können Sie beispielsweise bestimmte Themen meiden oder bestimmte Veranstaltungen gar nicht erst aufsuchen. Wenn Sie zum Beispiel wissen, dass Sie ein Problem mit Alkohol haben, sollten Sie sich überlegen, ob es nicht besser ist, gar nicht erst auf der Weihnachtsfeier der Firma zu erscheinen.

Wenn Sie sich bei einem Vortrag zu Tode langweilen, verlassen Sie diesen möglichst in der Pause und nicht mittendrin, wo es jeder mitbekommt und denkt, dass Sie keine Lust mehr haben und fast schon demonstrativ den Saal verlassen. So vermeiden Sie die potenziell Image-verändernde Situation.

Ein weiteres Beispiel sind gewisse Meinungen, die Sie haben. Wenn Sie ein erklärter Gegner der Emanzipation sind, sollten Sie einfach bei einem Gespräch mit Frauen Ihre Meinung »hinterm Berg halten«, ansonsten riskieren Sie, dass die Frauen das Image von Ihnen neu justieren – und zwar auf »Mega-Macho«.

Die andere Situation ist, dass das Kind sprichwörtlich schon in den Brunnen gefallen ist und Sie jetzt Schadensbegrenzung betreiben müssen. Ein Beispiel: Sie haben in der eben erwähnten Frauenrunde im Überschwang Ihren Lieblingswitz erzählt: *»Was haben Frauen mit Hurrikans gemeinsam? – Es fängt immer mit ein bisschen Blasen an, und wenn sie wieder weg sind, steht man ohne Haus da!«* Sie erwarten, dass alle lachen, aber Sie ernten nur eisige Blicke von den beleidigten »Jeanne d'Arcs«, und Sie merken, dass Ihr Image gerade just in diesem Moment massiv den Bach runtergeht. Was können Sie tun? Die Antwort ist: Leider nur wenig. Aber Sie *müssen* etwas tun. Sagen Sie, dass es Ihnen leid tut und dass Ihnen ein Freund diesen Witz erzählt hat und Sie mal die Reaktion bei Frauen testen wollten und Sie jetzt erkennen, dass das wohl eine doofe Idee war. Sie können sich zwar so um Kopf und Kragen reden, aber wenigstens bekommen die anderen mit, dass Ihnen der Vorfall nicht schnurzegal ist und Sie zumindest um Wiedergutmachung bemüht sind. Das ist zwar ein Verzweiflungs-Move, aber besser als gar nichts.

Image, Flirten und Partnersuche Vor allem bei der Partnersuche spielt das Image eine große Rolle. Fehler, die hier gemacht werden, sind oft tödlich, denn meist entscheidet sich schon in den ersten Minuten, ob die Sache erfolgreich verlaufen wird oder nicht. Sich hier erfolgreich zu präsentieren, bedeutet oft, ein Image zu transportieren. Als Mann, der es darauf anlegt, eine Frau kennenzulernen, gibt es einige wichtige Tipps, die helfen, das Image aufzupolieren.

Weil beim Flirten der erste Eindruck zählt, sollte man unbedingt auf sein Äußeres achten. Klar, es zählen auch die inneren Werte, die kann man aber leider in den ersten, entscheidenden Sekunden nicht sehen. Man nimmt nur die Hülle wahr, und das ist kein Ausdruck von Oberflächlichkeit, sondern liegt einfach in der Natur der Sache.

Beim Flirten sollten Sie unbedingt auf folgende Dinge achten:

- Seien Sie sauber und gepflegt. Das hört sich banal an, und hier soll garantiert niemand beleidigt werden. Trotzdem gibt es immer noch Menschen, die das nicht kapiert haben. Nasen- und Ohrhaare sehen ekelhaft aus; dreckige oder lange Nägel sind abstoßend; Gleiches gilt für Nackenhaare, ungeputzte Zähne und herausstehende Brusthaare. Vor dem Ausgehen sollten Sie daher auf jeden Fall Ihre Frisur in Ordnung bringen, duschen, die Nägel schneiden, das Gesicht waschen, Parfüm, Deo und Rasierwasser auftragen, Zähne putzen und für einen guten Atem sorgen und die Schuhe auf Hochglanz bringen.
- Vor allem Kleidung kann ein positives Image transportieren. Wenn Sie gut gekleidet sind, fühlen Sie sich auch gut, und das merkt das andere Geschlecht. Frauen legen sehr viel Wert auf Ihre Kleidung und erkennen einen gut gekleideten Mann eher, als ein Mann eine gut gekleidete Frau erkennt. Bewusst oder unterbewusst schließt man automatisch von der Kleidung auf die Person, die sie trägt. Sehen Sie daher zu, dass Sie stets gut gekleidet sind, ohne dabei jedoch zu »overdressed« rüberzukommen. Vor allem die Schuhe verraten oft viel über ihre Träger.
- Selbstbewusstsein ist ein wichtiger Teil eines erfolgreichen Images. Es ist zwar schwer, fehlendes Selbstbewusstsein vorzutäuschen, aber man kann trotzdem auf ein paar Dinge achten. So sollte man dem anderen beim Gespräch direkt in die Augen schauen, natürlich ohne penetrant zu starren. Lächeln, logischerweise kein perfides Serienkillerlächeln, und eine gerade Körperhaltung schaffen ebenfalls ein selbstbewusstes Image. Versuchen Sie, Ihre nervösen Ticks wie Nägelkauen, Kratzen und so weiter zu unterdrücken. So etwas strahlt Unsicherheit aus.
- Versuchen Sie vor allem, keine »Underdog-Haltung« einzunehmen. Denken Sie als Mann nicht die ganze Zeit: »Boah, was für 'ne Wahnsinnsfrau! Dass ich überhaupt mit ihr reden darf!« Denken Sie sich lieber, Sie würden ganz normal mit einem Kumpel reden. Dann kommen Sie natürlicher rüber und nicht wie ein Loser, der froh ist, überhaupt mal mit einer Modelfrau im selben Zimmer zu sein. Auch wenn es nicht so ist:

Erwecken Sie den Anschein, dass es ganz alltäglich für Sie ist, mit attraktiven Personen zu tun zu haben.
- Achten Sie darauf, über positive Dinge zu sprechen. Wenn Sie den anderen in den ersten fünf Minuten direkt mit den zentralen Problemen Ihres verpfuschten Lebens konfrontieren, wirkt das abschreckend, und Ihr Image ist gleich das eines Verlierers.

Egal, welches Image Sie haben oder ob Sie Wert darauf legen oder nicht: Sie müssen akzeptieren, dass Ihre Mitmenschen und auch Sie bewusst und unbewusst mit der Vereinfachungstechnik namens Image arbeiten. Es ist leicht, ein gutes Image aufs Spiel zu setzen und zu zerstören, aber sehr schwer, sich wieder eins aufzubauen. Grundsätzlich gilt: Je oberflächlicher Ihr Kontakt zu den betreffenden Menschen ist, desto mehr Bedeutung gewinnt das Image.

Wie man ein Image aufbaut und ausnutzt Bei einem Pokerturnier ist es sinnvoll, sich in der frühen Phase ein gewisses Image aufzubauen und dies später zu seinem Vorteil zu nutzen. Im Klartext heißt das, dass man zu Beginn, wenn die Pots noch klein und unbedeutend sind, sehr zurückhaltend spielt. Die Gegner registrieren das und stellen sich darauf ein. Später, wenn die Einsätze höher und die Pots größer werden, kann man viele davon in Angriff nehmen, bluffen und kommt meistens ungeschoren und mit gutem Profit davon. Mit dieser Taktik bauen Sie gezielt ein gewisses Image auf und beuten dieses aus.

Auch im richtigen Leben ist dies eine häufig angewandte und genauso sinnvolle Strategie: Jemand baut sich ein zurückhaltendes und unterlegenes Image auf und profitiert im späteren Verlauf davon.

Angenommen, Sie spielen bei einem Golfturnier mit, und in der ersten Runde schaffen Sie es tatsächlich, einen Zehn-Zentimeter-Putt *nicht* ins Loch zu befördern. Das amüsiert natürlich Ihre Mitspieler, und im Clubhaus wird anschließend richtig schön gelästert. Ohne Zweifel stehen Sie als sehr schlechter Golfer da. Jeder, der im weiteren Verlauf des Turniers gegen Sie antritt, glaubt, leichtes Spiel zu haben, schließlich sind Sie zu doof, einen todsicheren Putt einzulochen. Diese Einfältigkeit kann von Ihnen dann ganz einfach ausgenutzt werden.

Im weniger ernst zu nehmenden Film »Scary Movie« bringt ein Killer eine halbe High School um. Jeder fragt sich, wer dieser Killer sein könnte, und Verdächtige gibt es viele. Den geistig behinderten »Doofy«, der als Police Officer verkleidet so tut, als würde er den Fall lösen, und sich hin und wieder mit seinem Staubsauger vergnügt, hat natürlich niemand unter Verdacht. Doch das war alles nur Fassade, und Doofy entpuppt sich als »cooler Killer«, der alle übers Ohr gehauen hat. Auch wenn man sich natürlich kein Blödmann-Image geben sollte, nur um ohne Konsequenzen Teenager töten zu dürfen, zeigt das Beispiel, wie man in den verschiedensten Lebenssituationen ein Image aufbauen und dieses ausnutzen kann.

Sie kennen bestimmt einige Menschen, die sich nicht einmal trauen, zu lügen oder etwas Falsches zu machen. Bei diesen Leuten kämen Sie kaum auf die Idee, eine Aussage zu hinterfragen und anzuzweifeln. Auch diese grundehrlichen Menschen haben ein Image aufgebaut. Theoretisch können sie das extrem gut ausnutzen, und vielleicht machen das Ihre Mitmenschen regelmäßig, ohne dass Sie es je erfahren. Sagt Ihr grundehrlicher Freund zum Beispiel, dass er seine heiße Arbeitskollegin flachgelegt hat, so werden Sie ihm vermutlich glauben, denn er lügt schließlich »nie«. Doch genau aus diesem Grund kann Ihr Freund Ihnen das Blaue vom Himmel lügen, ohne dass es Ihnen auffallen würde. Das hat natürlich Grenzen, denn wenn Ihnen Ihr Freund sagt, dass die Erde eine Scheibe ist, werden Sie ihm das kaum abkaufen, selbst wenn er bis dahin noch niemals gelogen hat. Trotzdem gilt: Je ehrlicher das Image, desto größer sind die Erfolgschancen, ungestraft mit einer Lüge davonzukommen.

Ein ehrliches Image aufzubauen, kann sehr lukrativ sein. Geben Sie zum Beispiel vor versammelter Truppe zu, nach ein paar Cocktails eine sehr unattraktive Person geküsst zu haben, wird Sie jeder für ehrlich halten. Denn so etwas Peinliches gesteht man nur ungern ein. An dieser Stelle haben Sie sich ein ehrliches Image aufgebaut, auch wenn es vielleicht schmerzt, dass so eine Peinlichkeit nach außen dringt.

Mit einer einfachen und durchschaubaren Strategie kommen Sie beim Pokern nicht weit. Wenn Sie immer dann setzen, wenn Sie stark sind, und passen, wenn Sie schwach sind, werden Sie keinen Cent gewinnen. Genauso ist es auch im richtigen Leben. Wenn Sie immer das tun, was man von Ihnen erwartet, werden Sie niemals einen Vorteil haben. Und wenn Sie nicht gezielt ein Image aufbauen und dieses ausnutzen, wird Ihr Erfolg auch verschwindend gering sein. Bauen Sie das Image wie folgt in Ihr Repertoire ein:

- Suchen Sie nach Gelegenheiten, möglichst ohne Kosten und große Nachteile ein Image aufzubauen!
- Pflegen Sie dieses Image, und sorgen Sie somit für Glaubwürdigkeit!
- Wenn sich die richtige Situation ergibt, nutzen Sie Ihr Image gnadenlos aus!

Die Bekämpfung der Ungeduld

Geduld, Geduld und noch mal Geduld. Das ist die wichtigste Tugend, die es beim Poker gibt. Wenn man versucht, den Erfolg herbeizuzwingen, funktioniert das meist nie. Beim Poker muss man auf Situationen warten, in denen man spielen kann, sei es, weil die Karten gut sind oder weil die Parameter gerade richtig sind für einen Bluff oder Ähnliches.

Die leidige Ungeduld und ihre schädlichen Auswirkungen

Auch im wahren Leben regiert bei vielen Menschen die Ungeduld. Die Ampel ist zu lange rot; es dauert viel zu lang, bis ein Antrag endlich beschieden wird; man muss im Supermarkt in der Schlange warten, und vor einem bezahlen zehn Studenten ihre Dose Cola jeder mit Karte und brauchen jeweils Minuten, um sich an ihre Geheimnummer zu erinnern – einfach furchtbar.

Hier die Geduld zu wahren, ist zugegebenermaßen sehr schwer. Das sind aber die Situationen, in denen uns die Ungeduld nur quält und nicht nützt. Denn man hat keinen Einfluss auf die Wartezeit.

Wenn ich im Stau stehe, und es gibt keine Möglichkeit, ihn zu umfahren, muss ich eben warten. Je ungeduldiger ich dann bin, desto mehr wird die Warterei zur Hölle.

Davon abgrenzen müssen Sie Situationen, in denen Sie durchaus Einfluss auf die Wartezeit haben. Wenn Sie krank sind, Schmerzen haben und bei Ihrem Arzt erst einen Termin in einer Woche bekommen, werden Sie als ungeduldiger Mensch möglicherweise ins Krankenhaus gehen oder zu einem Arzt wechseln, der eher einen Termin hat, sofern das möglich ist. Hier nützt Ihre Ungeduld, und man sollte sie dann ruhig auch »ausleben«.

Bei Vorstellungsgesprächen sagen die Bewerber, wenn sie nach ihren Schwächen gefragt werden, oft: »Ich bin zu ungeduldig.« Hiermit wollen sie sich dem Personaler als jemand verkaufen, der die Dinge schnell erledigt, denn auch im Berufsleben kann Ungeduld die Dinge beschleunigen und den Unterschied zwischen »Macher« und »Schluffi« bedeuten.

Daraus folgt:

- • • *Sie müssen Situationen, in denen Sie Einfluss auf die Wartezeit haben, von den Situationen abgrenzen, in denen Sie keinen Einfluss haben. Wenn Sie keinen Einfluss haben, ist Ihre Ungeduld eindeutig fehl am Platz!*

Wie kann man die Ungeduld bekämpfen? Die Frage ist, wie Sie in Situationen, da Sie keinen Einfluss auf die Wartezeit haben, etwas gegen Ihre Ungeduld tun können. Denn Fakt ist, dass Sie hier massiv Lebensqualität einbüßen. Wenn Sie fast durchdrehen, weil sich Ihre Internetverbindung zu langsam aufbaut oder Ihr Partner labert und labert und nicht zum Punkt kommt, machen Sie sich das Leben zur Hölle. Sie müssen lernen, gelassen zu bleiben. Wie können Sie das erreichen?

- Der erste Schritt ist, dass Sie sich vor Augen führen, dass Sie, und wenn Sie sich auf den Kopf stellen, nichts an der Zeitspanne ändern können, die Sie zum Warten verdammt sind. Diese Erkenntnis ist der Ausgangspunkt aller nachfolgenden Techniken.

- Machen Sie ein Brainstorming in Sachen Ungeduld, und zählen Sie Ihre ganz persönlichen alltäglichen »Ungedulds-Auslöser« auf. Beginnen Sie dabei ruhig mit kleinen Alltagssituationen.
- Wählen Sie dann eine oder zwei konkrete Situationen aus, mit denen Sie Ihr Training beginnen wollen. Das ist besser, als sich einfach nur allgemein vorzunehmen, geduldiger zu werden. Denken Sie bewusst über diese Situationen nach und wie sich Ihre Ungeduld auswirkt. Meist werden Sie feststellen, dass sich Ihr körperlicher und emotionaler Zustand hierdurch verschlechtert und Ihr Verhalten negative Auswirkungen auf Ihre Umgangsformen und auf Ihr Image bei anderen hat.
- Spielen Sie diese Situationen im Geist durch, und versuchen Sie dann im Alltag, einfach zu entspannen, wenn die von Ihnen ins Auge gefasste Situation kommt. Wenn Sie zum Beispiel an der Ampel fast durchdrehen, kneifen Sie sich, und erinnern Sie sich an Ihre Vorsätze. Sie werden schnell merken, dass es möglich ist, an sich zu arbeiten.

Wann schadet Ungeduld? Eben haben wir über Situationen gesprochen, in denen die Ungeduld unnütz ist und uns innerlich schadet, weil die alltägliche Warterei dadurch zur Hölle wird. Jetzt soll es um Situationen gehen, in denen Ungeduld negativen Einfluss auf das zu erreichende Ziel hat. Goethe beschreibt diesen Aspekt der Ungeduld sehr treffend: »Man will das Ziel heranziehen, aber entfernt es nur.« Was sind das für Situationen?

Stellen Sie sich vor, Sie wollen Ihren Partner unbedingt heiraten, und sagen ihm das bei jeder Gelegenheit. Es kann passieren, dass Ihr Partner dann nach einiger Zeit etwas genervt ist und gerade deswegen nicht mehr heiraten will. Gemeint sind all die Situationen, in denen Sie mit Ihrer Ungeduld »etwas übers Knie brechen wollen« und Sie so selbst den Eintritt des erwarteten Ereignisses hinauszögern oder gar verhindern. Wenn Sie eine Reparatur hastig und ungeduldig ausführen, passiert es oft, dass durch das eilige Vorgehen Fehler passieren und das Ding, das Sie repariert haben, schon bald wieder kaputt ist. In solchen Situationen müssen Sie noch mehr an Ihrer Ungeduld arbeiten als wenn Sie nur keinen Einfluss auf die Wartezeit haben.

Zu viel Ungeduld schafft Instant-Typen, die zu schnell und zu viel auf einmal wollen, dieser Aufgabe aber meist noch gar nicht gewachsen sind. Man kann nicht drei Jahre Erfahrung in einem absolvieren. Es ist immer noch die Übung, die den Meister macht. Es erfordert Geduld, komplexe Aufgaben zu lösen und adäquat mit anderen Menschen umzugehen. Viele Probleme lösen sich von allein, und die Zeit bringt Informationen und Ideen, die eine bessere Lösung ermöglichen. Wenn sich Ihre Briefe ständig mit anderen kreuzen, Sie ständig Mahnungen verschicken, obwohl das Geld schon einen Tag später auf Ihrem Konto ist, gehen Sie auf Dauer sich und Ihrer Umwelt gehörig auf die Nerven.

Klar, es gibt Menschen, die können einfach nicht aus ihrer Haut, und ihre Ungeduld ist angeboren. Für diese Menschen gilt folgende Weisheit:

- • • *Geduld ist manchmal die Kunst, die Ungeduld*
  zu verbergen.

Das bedeutet, dass Sie die Ungeduld gerade im Umgang mit anderen Menschen oft einfach unterdrücken müssen. Die Standardphrase »erst mal eine Nacht drüber schlafen« ist Gold wert. Ungeduld verschlechtert oft massiv die Qualität Ihrer Entscheidungen. Wenn Sie zu ungeduldig sind, handeln Sie oft zu emotional, und Sie sind zu verfangen in der Situation, als dass Sie sie objektiv beurteilen könnten. Treffen Sie wichtige Entscheidungen mit ein wenig Abstand. Nehmen Sie sich die Zeit, eine zweite Meinung zu hören, auch wenn das erst am nächsten Montag geht.

Vor allem im geschäftlichen Bereich sollten Sie sich vor unter Druck gefällten Entscheidungen hüten. Wenn ein Verkäufer Sie unter Zeitdruck setzt, sollten Sie immer misstrauisch werden. Anscheinend möchte er Ihnen nicht die Zeit geben, sein Angebot in Ruhe zu prüfen, und oft ist genau dann etwas faul. Daher gilt:

- • • *Lassen Sie niemals zu, dass Ihre Ungeduld die Qualität*
  Ihrer Entscheidungen im Leben verschlechtert!

Wenn Sie lernen, geduldig zu sein, werden Sie Ihr Leben viel besser meistern. Dan Millman, ein Meister der Kampfkunst, sagte einmal:

»Gute Krieger haben die nötige Geduld, zu warten, bis der Schlamm trocken ist, das Wasser wieder klar ist. Sie bewegen sich erst, wenn der richtige Zeitpunkt gekommen ist und die richtige Aktion zur Selbstverständlichkeit wird. Sie suchen nicht nach der Erfüllung, sie heißen alle Dinge mit offenen Armen willkommen.«

Auch wenn das ein wenig nach »Karate-Kid« klingt, steckt doch viel Weisheit in diesen Worten. Wir lernen, dass unsere Aktionen viel wirksamer sind, wenn wir sie zur rechten Zeit ausführen, dann, wenn die Bedingungen stimmen. Manchmal hat man Einfluss auf diese Bedingungen, meistens aber nicht, und man muss geduldig warten. Nehmen Sie die Börse: Eine alte Broker-Weisheit besagt, dass man niemals gegen den Markt, sondern stets mit dem Markt schwimmen soll. Mit anderen Worten: Sie können den Markt nicht beeinflussen, Sie können aber sehr wohl warten, bis die für Sie günstigen Bedingungen da sind, und dann handeln.

Hammer und Rope-a-Dope: Wie wird man mit unangenehmen Menschen fertig?

Wer kennt die Situation nicht? Die lieben Mitmenschen nerven manchmal ganz gewaltig. Egal, ob am Pokertisch oder im richtigen Leben. Ständig wird gestichelt, provoziert und gepöbelt. Wie geht man damit um? Am besten gar nicht. Wenn Sie die Möglichkeit haben, ist es immer besser, Störenfriede einfach zu ignorieren und Ärger aus dem Weg zu gehen.

Es gibt aber leider auch Situationen, die Handeln erfordern. Wenn eine Person Sie ständig vor anderen Leuten runtermacht oder Sie vor Ihrer Freundin als Schlappschwanz dastehen lässt, müssen Sie handeln. Wenn Sie als Frau einen bestimmten Mann im Fokus haben, aber ständig von Ihrer Freundin vor ihm lächerlich gemacht werden, müssen Sie etwas unternehmen.

Was kann man tun? Die Pokerstrategie hält hier grundsätzlich zwei Techniken bereit, nämlich den Hammer und den Rope-a-Dope. Erfahren Sie in diesem Kapitel, wie Sie diese äußerst wirksamen Waffen gegen Ihre nervenden Mitmenschen einsetzen können.

Der Hammer   Der sogenannte Hammer ist keine besonders komplizierte Angelegenheit. Der Hammer ist einfach eine Bezeichnung für einen heftigen Gegenschlag.

Wie könnte ein solcher Schlag aussehen?

Stellen Sie sich folgende Situation vor: Sie sind mit Ihrer Freundin auf einer Party. Sie stehen an einem Tisch, an dem soeben ein neues Gesicht aufgetaucht ist. Erst bemerken Sie es nicht, aber dann sehen Sie, wie der Typ auf das Lacoste-Zeichen auf Ihrem Hemd deutet und irgendwas von »Russisch Lacoste« sagt und grinst. Was tun Sie? Sie müssen irgendetwas sagen, das ist klar. Wenn Sie hier nicht reagieren, wird der Typ weitermachen, und Sie stehen in den Augen Ihrer Freundin als »Lusche« da, die sich nicht verteidigen kann.

Sie müssen verbal einen Gegenschlag landen. Der muss so heftig sein, dass der andere sich ein anderes Opfer sucht oder schweigt. Der Hammer, der jetzt kommt, sollte deshalb bloß keine Einladung zum weiteren Schlagabtausch sein, sondern eben das Ganze beenden. Sprüche wie »Besser Russisch-Lacoste als so eine gefakete Fresse wie du!« oder »Bevor du hier in deinem KIK-Outfit rumpöbelst, würde ich mir mal was anderes anziehen« sind geeignet, um den anderen möglicherweise zum Schweigen zu bringen.

Das Ganze erfordert natürlich ein wenig Fingerspitzengefühl, schließlich wollen Sie nicht im Krankenhaus enden, weil der Typ Ihnen ein abgebrochenes Glas ins Gesicht gerammt hat. Wir merken uns daher schon einmal:

• • • *Manchmal muss man Sticheleien mit einer heftigen Gegenbemerkung beenden, dem sogenannten Hammer.*

Der Hammer ist ein »plötzlicher Schuss vor den Bug«, der die weitere Diskussion möglichst beenden sollte. Passen Sie aber auf Ihr

Image auf. Andere Menschen sollten Sie nicht als zu drastisch oder jähzornig einstufen. Zur Not sagen Sie hinterher »Der brauchte das, sonst wäre nie Ruhe am Tisch gewesen« oder etwas Ähnliches.

Der Rope-a-Dope Der Ausdruck Rope-a-Dope entstammt ursprünglich einem Boxkampf zwischen Muhammad Ali und George Foreman. Gemeint ist eine Technik, bei der sich ein Boxer, in dem Fall Ali, in die Seile hängt. Foreman schlägt dann aggressiv auf Ali ein, aber Ali fällt wegen der Seile einfach nicht um. Irgendwann ist Foreman ermüdet, und Ali kann den finalen Schlag landen. Der Rope-a-Dope ist im Prinzip das Gegenteil vom Hammer. Wir lassen den anderen einfach labern, bis er sich um Kopf und Kragen redet. Am Ende reicht dann eine kurze Bemerkung, um ihm den Rest zu geben.

Erst neulich hat einer der beiden Autoren dieses Buches die Rope-a-Dope-Technik erfolgreich in einem Buchladen angewendet: Er suchte auf dem Ramschtisch ein bestimmtes Buch und ging dabei in den Augen des Buchhändlers etwas zu heftig mit den Büchern um. Der Buchhändler kam daraufhin zu ihm und meinte, dass es eine Unverschämtheit wäre, wie er die Bücher behandle. Der Kunde entschuldigte sich sofort und sagte ihm, dass er auch zwei Bücher kaufen würde. Das reichte dem Buchmann aber nicht, der anscheinend die Nacht zuvor zu wenig Schlaf oder am Tag zu viele Aufputschmittel hatte. Er machte weiter und beschimpfte seinen Kunden, wobei er eindeutig unobjektiv wurde.

Was tun? Ein Hammer wäre fehl am Platz, denn der Buchhändler schlug sich quasi selber k.o. Seine Äußerungen waren haltlos und übertrieben. Also hängte der Kunde sich sprichwörtlich in die Seile und ließ den Mann »sich auskotzen«. Mittlerweile waren auch die anderen Kunden auf das motzende »HB-Männchen« aufmerksam geworden und guckten ihn verwundert an. Der Beschimpfte lächelte freundlich, und der Buchhändler redete sich immer weiter in Rage. Am Ende stand er vor all seinen Kunden als lächerliche Figur da.

Wir merken uns:

- • • *In Situationen, in denen ein anderer Sie übertrieben, grundlos oder dilettantisch angreift, ist es oft am besten, die Rope-a-Dope-Methode anzuwenden und ihn einfach reden zu lassen.*

Auch Angela Merkel praktizierte diese Methode, als sie von Hugo Chávez, dem Staatschef von Venezuela, beleidigt wurde. Er sagte sinngemäß, dass die Bundeskanzlerin der politischen Rechten angehöre, derselben Rechten, die Hitler und die Faschisten unterstützt hätte. Auf der internationalen politischen Bühne eine unfassbare Aussage und eine klare Beleidigung.

Auf Chávez' Attacke reagierte Merkel jedoch betont gelassen. In einer Erklärung der Bundesregierung hieß es lapidar, die Bundeskanzlerin bleibe bei ihrer Position, dass Chávez nicht für ganz Lateinamerika spreche.

Das war sehr schlau. Dadurch, dass Chávez' Beleidigung nun praktisch unkommentiert im Raum stand, wirkte sie noch banaler und unsouveräner als schon zuvor.

Der Rope-a-Dope lässt Sie vor allem überlegen und cool dastehen. Wie gesagt, es funktioniert aber nur in Fällen, in denen der andere sich selber ins Abseits schießt. Gerade bei intelligenten und subtilen Angriffen müssen Sie dann meist doch den Hammer auspacken oder sich auf einen zermürbenden Schlagabtausch einlassen, was natürlich die schlechteste aller Verhaltensalternativen ist. Schließlich ist das Leben zu kurz, um sich lange mit irgendwelchen Pappnasen herumzuschlagen.

Beleidigungen: Die anderen können ja so fies sein ...

Mitmenschen greifen an – Maßgeschneiderte Angriffe auf die Seele Wer kennt sie nicht, die ständige Anmache am Pokertisch, die spitzen Bemerkungen der anderen Spieler, die von Argwohn und Missgunst getragen sind? Frustrierte Mitspieler wollen einem jeden auch noch so kleinen Erfolg miesmachen und streuen noch Salz in die Wunde, wenn man gerade viele Chips abgeben musste. Typisch ist zum Beispiel, dass ein anderer Spieler den Chip-stapel dann mit den Worten kommentiert: »Na, das sieht aber nicht mehr so toll aus bei dir …« Ein völlig unnötiger Satz. Man würde den Sprecher am liebsten auf der Stelle erwürgen, muss aber zähne-knirschend irgendetwas erwidern, doch meistens fällt einem noch nicht mal was Gescheites ein. Eine ätzende Situation.

Ob man am Pokertisch sitzt oder auf der Arbeit von Kollegen ge-mobbt wird, kommt im Ergebnis aufs Gleiche raus. Man wird beein-trächtigt, und der in seiner Ehre gekränkte Geist beschäftigt sich nur noch mit der Beleidigung, anstatt sich auf sinnvollere Dinge zu kon-zentrieren.

Nehmen wir folgendes Beispiel aus der Geschäftswelt: Wir haben ein Projekt, das wir auf einer Konferenz der Geschäftsleitung vor-legen möchten. Unser Gegenspieler, ein missgünstiger »Kollege« und Konkurrent, könnte uns mit ein paar gezielten spitzen Bemer-kungen immer wieder aus dem Konzept bringen, wenn wir nicht richtig reagieren. Vielleicht schmunzeln sogar einige unserer Vor-gesetzten über seine ach so lustigen Anmerkungen, und er macht uns lächerlich. Oder er spielt völlig unzusammenhängend auf ein ande-res Projekt an, das wir geleitet haben und das gescheitert ist, aus welchen Gründen auch immer, vielleicht sogar, ohne dass wir die Schuld daran getragen haben. Lassen wir das zu, kann er uns mit ein paar gezielten Sticheleien lächerlich oder unglaubwürdig machen. Auf jeden Fall zielt er darauf ab, uns aus dem Konzept zu bringen.

Was kann man dagegen tun? Sollte man sich selber auch so ver-halten? Welche Beleidigungen »funktionieren« am besten? Das sind die Fragen, um die es in diesem Kapitel geht.

Welche Arten von Beleidigungen gibt es? Zunächst einmal müssen wir Beleidigungen in zwei Hauptkategorien unterteilen. Es gibt allgemeine und spezifische Beleidigungen. Wenn ich zu einem durchschnittlichen Typen auf der Straße »Blödmann« sage, handelt es sich um eine allgemeine Beleidigung, sofern unser Rezipient ein durchschnittlich intelligenter Mensch ist. Wenn ich aber zu einem dicken Menschen »Fettsack« sage, liegt eine spezifische Beleidigung vor, und das trifft den anderen erheblich. Wir merken uns daher:

- • • *Spezifische Beleidigungen gehen tiefer und beleidigen den anderen in stärkerem Maße als eine bloße allgemeine Beleidigung.*

Die spezifische Beleidigung greift gezielt die Schwächen des anderen auf und trifft daher oft »ins Mark«. Einen dicken Menschen als »Fettsack« zu bezeichnen, ist dabei nicht einmal eine enorme Intelligenzleistung. Hier ist die Schwäche offensichtlich, und für den durchschnittlich begabten Beleidiger ist es ein Leichtes, eine spezifische Beleidigung zu finden. Schwieriger wird es da schon bei Schwächen, die nicht für jedermann sofort zu erkennen sind. Hat ein anderer zum Beispiel gerade seinen Partner verloren, so muss man diese Information erst einmal haben, um sie für eine Beleidigung nutzen zu können.

Im Poker wie im Leben ist Information gleichbedeutend mit Stärke. Und sie kann eben auch dazu benutzt werden, um spezifische, maßgeschneiderte Beleidigungen zu formulieren. Wenn man zu der gerade verlassenen Person sagt »Kein Wunder, dass dich deine Frau sitzengelassen hat. Du bist nun mal einfach ein Versager, und früher oder später kriegt das eben jede mit und haut ab!«, dann ist das schon starker Tobak.

Die Analyse – Welche Art von Beleidigung liegt vor? Bevor ich entscheiden kann, wie ich auf die Beleidigung reagieren soll, sollte ich wissen, um welche Art von Beleidigung es sich handelt. Es gibt unbedacht geäußerte Beleidigungen, die gar nicht so fies gemeint sind und dennoch eine große Wirkung entfalten. Ein Beispiel ist, dass jemand zu einer Person, fast nett gemeint, »Brillenschlange« sagt, aber nicht weiß, dass der Betreffende seit Jahrzehnten unter Komplexen wegen seiner Brille leidet und schon sämtliche Arten von Kontaktlinsen durchprobiert hat, die aber alle für ihn unverträglich waren.

Wenn Sie der Beleidigte sind, müssen Sie erkennen, ob eine Beleidigung wirklich beleidigend gemeint war. Ansonsten reagieren Sie über – vor allem in den Augen der anderen –, was Ihnen langfristig schaden kann.

Auf der anderen Seite gibt es sehr fiese Beleidigungen, bei denen sich derjenige schon »richtig Mühe gegeben hat«, um Ihnen richtig eins auszuwischen. Eine Person beispielsweise auf eine Geschlechtskrankheit hin anzusprechen, und das noch vor allen anderen, ist echt gemein, da hier zusätzlich noch ein intimes Geheimnis preisgegeben wird.

Sie müssen im Poker wie im Leben zunächst einmal die Intensität und Intention einer Beleidigung richtig einordnen, um angemessen zu reagieren.

Gegenmaßnahmen – Passiv reagieren oder zurückschießen?

Natürlich muss man auf eine Beleidigung reagieren. Eine Reaktion ist es auch schon, wenn man gar nichts sagt. Dann reagiert man passiv. Das kann je nach der Intention der Beleidigung durchaus sinnvoll sein, vor allem dann, wenn der andere einen nur aus der Reserve locken will.

Wenn es dem anderen nur darum geht, die Qualität Ihrer Entscheidungen zu verschlechtern, sollte man am besten gar nicht groß darauf reagieren, nach dem Motto: »Lass den ruhig labern.« Geht es einem Nebenbuhler zum Beispiel nur darum, dass Sie vor Ihrer Partnerin ausflippen und sich so selbst ins Abseits stellen, so sollte man eben genau das nicht tun. Gleiches gilt für unbedachte Äußerungen, die gar nicht als Beleidigung gemeint sind. Hier ist es Ausdruck von Souveränität, cool zu bleiben und die Situation nicht eskalieren zu lassen.

Manchmal muss man Feuer aber mit einem Gegenfeuer löschen. Es besteht nämlich die Gefahr, dass sich die anderen auf einen einschießen und die Sticheleien dann kein Ende mehr nehmen. Machen Sie der betreffenden Person durch eine oder wenige treffende Gegenbeleidigungen klar, dass er sich mit Ihnen nicht anlegen sollte, weil Sie mit schweren Geschützen zurückschießen. Packen Sie den Hammer aus, wie Sie es im vorigen Kapitel gelernt haben. Das wirkt. Er wird sich dann ein anderes Opfer suchen. Nutzen Sie hierzu ruhig das Mittel der spezifischen und fiesen Beleidigung. Das zieht und wird ihn hoffentlich etwas einschüchtern.

Wie gesagt, Sie sollten sich nicht auf der Nase herumtanzen lassen. Dann sinkt Ihr Stern in den Augen der anderen Mitmenschen, und immer, wenn zukünftig eine angespannte Situation entsteht, sind Sie derjenige, der es abkriegt.

Was tun, wenn einem nichts einfällt? Jeder kennt die Situation, dass jemand einem einen fiesen Spruch »reindrückt«. Wenn Sie beispielsweise auf der Arbeit mit einer neuen Krawatte ankommen, und der andere sagt zu Ihnen »Mit der Krawatte würde ich mir nach 'nem Unfall nicht mal das Bein abbinden«, dann ist das schon hart. Wenn Sie beim Pokerspiel gerade sehr unglücklich verloren haben, und dann kommt »Pech im Spiel *und* in der Liebe, was?«, dann kann einem das den Abend versauen. Das gilt natürlich vor allem, wenn Sie sich mit dem Pokerspiel von Ihrem Liebeskummer ablenken wollten.

Wir haben es hier mit spezifischen Beleidigungen zu tun, die man sogar noch als witzig bezeichnen könnte. Die anderen werden sich oft sogar noch auf Ihre Kosten lustig machen. Sehr unangenehm. Nicht umsonst heißt es »Don't add insult to injury«, zu Deutsch: »Pack auf das Unglück nicht noch eine Beleidigung drauf!«

Die Kränkung ist erst mal da. Dagegen können Sie nichts tun. Sie können sich aber trotzdem so verhalten, dass die Beleidigung den geringsten Schaden anrichtet. Sie müssen parieren. Sonst murmeln die anderen mitleidig »Das saß« oder Ähnliches. Auf Dauer sinkt dann Ihre soziale Stellung. Wie kontert man?

Im Idealfall fällt einem etwas Gutes ein. Auf den Spruch mit der Krawatte wäre zum Beispiel perfekt: »Und dein Aftershave ist sicherer als die Pille.« Ein guter Konter ist immer noch das beste Mittel.

Was tut man aber in den unzähligen Situationen, in denen einem nichts einfällt? Und machen Sie sich nichts vor, gerade wenn die Beleidigung aus heiterem Himmel kommt, ist man erst mal »baff«, und die intelligente Replik fällt einem erst eine halbe Stunde später ein.

Auch hierfür gibt es eine Lösung. Sie müssen sich einen Standardspruch zurechtlegen. Etwas wie »Du mich auch« oder »Leck mich«. Das ist zwar nicht besonders originell, aber immer noch besser als nichts oder Gestammel. Vor anderen müssen Sie Ihr Gesicht wahren und Ihre Ehre verteidigen. Sie gewinnen mit so einer Standardentgegnung zudem wertvolle Zeit, in der Ihnen vielleicht noch was Klügeres einfällt.

Beleidigungen und Sticheleien sind leider an der Tagesordnung. Lassen Sie sich nicht alles gefallen. Da macht es keinen Unterschied, ob Sie am Pokertisch sitzen oder gerade mit Freunden in der Kneipe sind. Das Leben ist kein Ponyhof und auch kein Blümchen-Konzert. Stellen Sie sich darauf ein, und lassen Sie sich nicht unterkriegen.

Die ultimative Liste von Beleidigungen, falls einem mal nichts einfällt Zu guter Letzt noch eine Liste von Beleidigungen als Anregung oder auch nur zur puren Unterhaltung. Die Beleidigungen sind natürlich nicht politisch korrekt. Das sollen sie aber auch gar nicht sein. Beurteilen Sie selbst, oder lesen Sie die Sprüche einfach nur zum Spaß. Los geht's:

- Du hast ein Gesicht wie ein Feuermelder. Reinschlagen, bis es klingelt.
- Du hast 'ne Figur wie 'ne Hundehütte. In jeder Ecke ein Knochen.
- Sind deine Eltern Chemiker? Siehst aus wie ein Versuch.
- Ich hatte schon interessantere Gespräche. Aber mit einem Wollpulli!
- Gibt's dich auch in witzig?
- Am Sonntagmorgen hab ich Zeit. Dann versuch ich, drüber zu lachen, okay?
- Deine Zähne sind wie Sterne. Jeden Abend kommen sie raus.
- Sag mal, ist dein Clown-Kostüm in der Reinigung?
- Deine Eltern wären besser die fünf Minuten spazieren gegangen.
- Haste keinen Friseur, dem du den Quatsch erzählen kannst?
- Tolle Klamotten hast du an! Gibt's die auch für Männer?
- Als Kind hat dir doch deine Mutter ein Kotelett umgehängt, damit wenigstens der Hund mit dir spielt!
- Sag mal, waren deine Eltern Geschwister?
- Bei deiner Geburt hat der Arzt geschrien: »Schnell einen Hammer, sonst wird's ein Fahrrad!«

- Geh doch auf der Autobahn ein bisschen spielen!
- Kannst du nichts Sinnvolleres tun, als mich vollzuquatschen? Dachrinne putzen oder dich erschießen?
- Schon mal einen Liter Blut durch die Nase gespendet?
- Du siehst aus, als hätten deine Eltern keinen Spaß bei der Zeugung gehabt.
- Wenn ich dein Gesicht hätte, würd ich lachend in 'ne Kreissäge laufen.
- Du hast Zähne wie die Sterne am Himmel. So gelb und so weit auseinander.
- Ich will ja nix sagen, aber ein Arsch gehört in die Hose.
- Ich geb dir 50 Cent. Dann kannst du eine Parkuhr mit deinem Müll vollquatschen.
- Dir hat wohl einer in den Kopf geschissen und vergessen, umzurühren.
- Deine Freundin ist so fett, da muss dir Reinhold Messner beim Besteigen helfen!
- Du hast doch gerade mal so viele Gehirnzellen, um nicht ins Wohnzimmer zu kacken.
- Kannst du dich nicht einfach in eine Ecke legen und sterben? Aber leise bitte.
- Ich würde nicht mal mit dir in einem Bett schlafen, wenn du ein Geschwür an meinem Arsch wärst.
- Dein Gesicht an der Kellertreppe, dann kommen die Kartoffeln geschält hoch.
- Deine Fresse ist wie ein Turnschuh – reintreten und wohlfühlen!
- Laber nicht so billig! Ich kauf dich sowieso nicht!
- Du hast ein Gesicht wie ein Lexikon: Man kann immer wieder nachschlagen!
- Red ruhig weiter, bis dir was einfällt!
- Du bist so doof wie zehn Meter Feldweg!
- Sorry, dass ich dich unterbreche, aber es hat mich nicht im Geringsten interessiert!
- Du kannst deiner Mutter sagen, sie soll nicht mehr bei uns putzen kommen. Wir haben jetzt eine, die nicht klaut!
- Zähl mal leise bis zehn, ich brauch 'ne halbe Stunde Ruhe!

- Putz dir mal die Zähne, morgen ist Pferderennen!
- Schau nicht so! Bin selber erschrocken!
- Wenn Curt Cobain dich gekannt hätte, hätte er sich glatt noch mal erschossen!
- Willst du drei Kilo abnehmen? Dann putz dir mal die Zähne!
- Ich wette, allein der Schatten von deinem Arsch wiegt 200 Pfund!
- Steig auf deinen Besen und zisch ab!
- Versteck dich, heute ist Sperrmüll!
- Wenn Dummheit Rad fahren könnte, müsstest du bergauf bremsen!
- Komm doch mal wieder, wenn du weniger Zeit hast!
- Erzähl's deinem Pfleger!
- Du hast ein Gesicht wie die Tour de France: vierzehn Tage reintreten!
- Dein Gesicht vor dem Kellerfenster, und die Ratten machen 'nen Umweg.
- Du solltest mal den Dealer wechseln.
- Täglich sterben 40 000 Menschen. Wieso du nicht?
- Hat einer an der Klospülung gezogen, oder warum blubberst du?
- Du siehst aus wie das Ostende eines Elefanten, der nach Westen geht.
- Dein Atem stinkt so sehr, dass sich die Leute über deine Fürze freuen.
- Habt ihr kein Klo zu Hause, oder warum lässt du die ganze Scheiße hier ab?
- Ich schlag dir den Kopf auf den Rücken, dann kannste aus dem Rucksack fressen!
- Du bist so fett, die mussten dein Abschlussfoto an der Schule aus der Luft aufnehmen!
- Wenn deine Mutter billiger wäre, wär' ich dein Vater!
- Du hast genau drei Probleme: Du wurdest geboren, du lebst, und du tust nichts dagegen!
- Du hast Helium im Kopf, damit du aufrecht gehen kannst, was?
- Wo ich dich so sehe, fällt mir ein, dass ich den Müll ja noch runtertragen muss!

Es muss wohl nicht darauf hingewiesen werden, dass diese Gegen-reaktionen eher für den privaten Bereich bestimmt sind und sich für die erwähnte Firmenkonferenz mit der gesammelten Geschäftsfüh-rung weniger eignen …

Stack-Unterschiede: Der Umgang mit den eigenen Ressourcen

Beim Pokerspielen sind die Chips, die Sie einsetzen, Ihr Kapital. Ohne Chips kein Einsatz und auch kein Gewinn. Das scheint zu-nächst logisch, aber es gibt auch Unterschiede in der Anzahl der ver-fügbaren Chips, mit denen man spielt. In einem Turnier fängt jeder Spieler mit derselben Anzahl Chips, zum Beispiel zweitausend, an, und im Laufe der Zeit verlieren manche alle Chips, während andere die Startchips ausbauen, verdoppeln oder verzehnfachen können.

Der Stack ist die Anzahl der Chips, die ein Spieler zur Verfügung hat. Schon sehr schnell wachsen diese Unterschiede an, bis man die Spieler in drei Kategorien einordnen kann. Small Stacks sind die-jenigen Spieler mit unterdurchschnittlich vielen Chips. Während die Gegner im Durchschnitt zweitausend haben, hat der Small Stack deutlich weniger, vielleicht tausend. Ein Medium Stack hat genau diesen Durchschnitt. Er ist weder ein Small noch ein Big Stack. Bei überdurchschnittlicher Chipanzahl spricht man von einem Big Stack. Dieser sitzt mit deutlich mehr Chips am Tisch als seine Mit-spieler.

Das Wasser steigt – bis zum Hals Ein Pokerturnier ist so aus-gerichtet, dass irgendwann ein Sieger ermittelt wird, und das in absehbarer Zeit und nicht nach Monaten. Deswegen steigen die Blinds, der »Preis pro Runde«, in festgelegten Abständen an, wo-durch die Spieler immer mehr unter Druck geraten, da ihre Stacks im Verhältnis zum Preis immer kleiner werden. Die Spieler wer-den dadurch nach und nach dezimiert, bis schließlich ein Sieger feststeht.

Wegen dieses Aufbaus ist der Unterschied zwischen Small und

Big Stacks so groß. Ein Spieler mit doppelt so vielen Chips hat natürlich einen riesigen Vorteil und steht weit weniger unter Druck als derjenige mit einem kleineren Stack.

Mit einem Big Stack kann man sich zurücklehnen und warten, bis die lästigen Small Stacks aus dem Turnier fliegen. Oder man setzt sie derart unter Druck, bis sie verzweifeln. Schließlich hat der mit dem Big Stack genügend Chips, um die mit den kleineren Stacks durch eine Eliminierung aus dem Turnier zu drohen. Umgekehrt ist das nicht der Fall: Der Big Stack kann sich Fehler leisten, ohne das Turnier-Aus zu fürchten. Sein Sitzplatz ist viel wert, da die Chance auf den Sieg höher ist als bei den kleineren Stacks. Der Spieler mit dem Big Stack ist demnach in einer weitaus komfortableren Position, kann Risiken eingehen und sich Dinge erlauben, von denen der mit dem Small Stack nur träumen kann.

Dieser kämpft sozusagen ums Überleben. Seine Chips scheinen wegen des ständig steigenden Rundenpreises immer weniger zu werden. Ohne Glück hat er kaum noch Chancen auf den Turniersieg. Dann gibt es auch noch andere mit Medium Stacks, die Druck auf ihn ausüben und ihn aus dem Turnier zu werfen versuchen. Fehler zu machen, ist undenkbar, weil diese ihn eliminieren würden. Seine Position ist ganz einfach schlecht, und er wird sich sehr wahrscheinlich recht bald aus dem Turnier verabschieden müssen.

Die Stacks im richtigen Leben Damit sollten Sie nun eine gewisse Vorstellung der Stacks beim Pokern haben. Vielleicht ist Ihnen schon beim Lesen dieses Absatzes eine Parallele zum richtigen Leben aufgefallen. Auch dort gibt es diese Stack-Unterschiede, zwar nicht in Chips, aber in anderen Ressourcen und Werten. Direkt auf der Hand läge zum Beispiel das Vermögen eines Menschen. Ein reicher Mensch hat einen Big Stack, während der Arme nur einen Small Stack zur Verfügung hat. Doch Geld ist nicht alles und natürlich nicht allein entscheidend für die Stack-Größe im Leben.

Beim Pokern hat der Spieler einen Stack, um diesen zu setzen und hoffentlich zu vermehren. Das ist sozusagen sein einziges Ziel. Verliert er alle seine Chips, ist der Pokerspieler quasi tot.

Im Leben ist der Stack alles, was das Leben lebenswert macht:

Geld, Glück, Liebe, Freundschaft, Gesundheit, Erfolg und so weiter. Für all diese Bereiche hat der Mensch einen Stack zur Verfügung. Ein Mensch mit viel Geld hat in dieser Beziehung einen großen Stack. Ein Mensch in einer glücklichen Beziehung hat einen Big Stack. Ein Mensch mit vielen Freunden ebenfalls.

Die mit einem Small Stack sind Menschen mit wenig Geld, Freunden und Geliebten.

Das Leben ist vielseitiger als ein Pokerspiel, deswegen gibt es auch verschiedene Bereiche, die für einen Menschen einen Wert haben.

Allgemein kann man den Stack als ein Bündel von Ressourcen zusammenfassen. Je mehr Ressourcen zur Verfügung stehen, desto größer ist der Stack. Beim Geld ist dies einfach zu beurteilen, doch auch bei der Liebe, bei Freundschaften oder der Gesundheit ist es nicht allzu schwer, diese Ressourcen ausfindig zu machen. Durch diese Ressourcen definiert sich eine Position. Je besser diese ist, desto größer ist der Stack.

Ein Manager verfügt über deutlich mehr Ressourcen als ein einfacher Arbeiter. Er hat einen Big Stack, während Letzterer eher ein Spieler mit einem Small Stack ist. Der Manager kann aber leicht überarbeitet sein und am Burn-out-Syndrom leiden, während der Arbeiter vielleicht viel Sport treibt und sich gesund ernährt. In Sachen Gesundheit sind die Stacks dann spiegelverkehrt. Der Arbeiter hat möglicherweise viel mehr Freunde als sein Vorgesetzter. Mehr Freunde zu haben, bedeutet auch mehr soziale Ressourcen, was den Arbeiter in diesem Fall zu einem Big Stack macht.

• • • *Unter Stacks versteht man die Anzahl der zur Verfügung stehenden Ressourcen. Jemand mit einem Big Stack hat viele, einer mit einem Small Stack wenige.*

Bei der Definition, was ein Big und Small Stack ist, ist immer der Durchschnitt wichtig. Entweder man hat einen einfachen Vergleich wie soeben der mit Manager und Arbeiter, oder man kennt den Durchschnittswert, über welchen Stack ein Mensch verfügt.

Wenn man behauptet, das Durchschnittsvermögen beträgt 80 000 Euro, so haben Sie mit mehr Geld einen Big, mit weniger einen Small Stack. Vergleichen Sie sich selbst mit einem Obdachlosen, so werden Sie (hoffentlich) feststellen, dass Sie den größeren Stack haben, unabhängig von den 80 000 Euro Durchschnittsvermögen.

Angenommen, die durchschnittliche Anzahl an guten Freunden beträgt vier, so lässt sich der eigene Stack ganz leicht definieren. Vergleichen Sie sich aber mit einem sehr unbeliebten Menschen, der höchstens seine Mutter als Freund bezeichnet, so sollten Sie in diesem Vergleich den Big Stack haben.

Es ist möglich, alle diese Bereiche in einen direkten oder indirekten Vergleich zu bringen. Daraus definiert sich dann die letztendliche Stack-Höhe; sie ist immer auch eine relative Größe.

Tom im Nachtleben Tom macht wieder einmal eine Tour durch das Münchner Nachtleben und fährt mit seinem neuen Audi A4 vor die Discotür. Er parkt neben einem alten Zweier Golf und stellt fest, dass er wohl in Sachen Geld und Statussymbolen einen größeren Stack hat als der Inhaber dieses Autos. Auf dem Weg zur Tür fährt allerdings ein Ferrari vorbei, und Tom kommt sich nun sehr durchschnittlich vor, gerade mal mit einem Medium Stack gesegnet.

Tom muss jetzt erst mal in der Warteschlange stehen und beobachtet neidisch den Ferrari-Besitzer. Dieser nähert sich der Tür, ignoriert die Wartenden und wird vom Türsteher freundlichst hineingebeten. Jetzt sieht Tom ein, dass dieser Typ nicht nur in Sachen Auto den größeren ... äh, größeren Stack hat.

Endlich drinnen bestellt sich Tom einen Drink und macht sich auf Beutefang. Irgendwie scheinen ihm aber die Bräute nicht so zuzusagen, doch um nicht mit leeren Händen nach Hause zu gehen, schmeißt er sich an die nächstbeste und schon leicht beschwipste Frau ran.

Nun sieht er wieder seinen Kontrahenten, der sich inzwischen mit Paris Hilton und teurem Champagner in der VIP-Ecke begnügt. Tom ist jetzt definitiv davon überzeugt, dass dieser Kerl einen richtigen Big Stack hat. Etwas aggressiv pöbelt er auf dem Weg nach draußen ein paar Leute an, bis die beiden gut gebauten Türsteher darauf aufmerksam werden. Sie drohen Tom mit einer kleinen Abreibung. Er erkennt schließlich, dass die beiden in einer ganz anderen Position sind als er, und sieht ein, dass er gegen diese beiden Big Stacks keinerlei Chance hätte.

Soweit ein kleiner Ausflug mit Tom.

Big Stacks: Größe ist alles

Unseren Ferrari-Fahrer haben wir eben als Spieler mit einem richtigen Big Stack kennengelernt. Er hat offensichtlich Geld, kommt bei sehr hoch im Kurs stehenden Frauen an und scheint einen hohen gesellschaftlichen Status zu genießen. In all diesen Kategorien wird er der Einschätzung als Spieler mit einem Big Stack gerecht.

Da er sich einen Ferrari leisten kann, kann man davon ausgehen, dass er über ein gutes, weit überdurchschnittliches Vermögen verfügt. Im Bereich Geld hat er daher ganz klar einen Big Stack.

Ein weiterer Bereich wären die Frauen. Während Zigtausende Männer auch gern eine Nacht in Paris oder immerhin mit Paris verbringen würden, scheint dies für unseren Mann mit Big Stack nichts Besonderes zu sein. Er bekommt etwas, wovon viele nur träumen, und das mit scheinbarer Leichtigkeit. Genau das zeichnet einen Spieler mit Big Stack aus: geringe Investition, aber hohe Auszahlung – und das ohne großartige Anstrengung. Im Spiel um die Frauen sitzt der Paris-Beglücker mit einem sehr großen Stack am Tisch.

Auch sein gesellschaftlicher Status scheint für einen hohen Chipstapel zu sprechen. Ohne sich mit dem einfachen Volk in der Warteschlange abgeben zu müssen, wird der VIP in die Disco gelassen. Egal, ob er Inhaber ist oder nicht, er ist in dieser Hinsicht vielen überlegen und hat damit einen überdurchschnittlichen Stack auf dem »Status-Tisch«.

Im Leben gibt es keine vollkommenen Big Stacks. Niemand kann von sich behaupten, wirklich *alles* zu haben und wunschlos glücklich zu sein. Einige sind nahe dran, weil sie in wichtigen Bereichen wie Geld, Familie, Liebe, Gesundheit und Ansehen große Stacks haben, aber auch ihnen fehlt es irgendwo.

Ihre eigenen Stacks sollten Sie natürlich schon gut einschätzen können. Jedoch müssen Sie sich nicht mit allen Stacks Ihrer Mitmenschen auseinandersetzen. Wenn Sie auf der Arbeit wissen möchten, wer Small und Big Stacks hat, so interessiert Sie auch nur dieser Bereich und nicht unbedingt Freunde, Liebe und Gesundheit.

Möchten Sie Ihr Vermögen mit anderen messen, so ist auch nur dieser Teil wichtig. Deswegen reicht es, immer nur die relevanten Stacks der Gegenspieler und Mitmenschen einschätzen zu können.

Menschen mit Big Stacks zeichnen sich dadurch aus, dass sie über überdurchschnittlich viele Ressourcen verfügen. In Sachen Geld erübrigt sich eine genaue Erläuterung. Um in dieser Beziehung einen Big Stack zu haben, muss man nur mehr Geld als der Durchschnittsmensch haben.

Ein Schüler, der nebenbei fleißig arbeitet und über ein Eigenkapital von 10 000 Euro verfügt, sollte gegenüber dem Großteil seiner Mitschüler ein Player mit Big Stack sein.

Ein Schüler, der soeben fünf Millionen Euro geerbt hat, besitzt nicht nur im Vergleich zu seinen Mitschülern einen ziemlich hohen Stack, sondern auch im Vergleich zum allgemeinen Durchschnitt.

Auch bei kleinen Kindern gibt es schon Stack-Unterschiede. Ihr Vermögen bemisst sich nicht unbedingt in Geld, sondern eher in Spielsachen. Ein Kind, das von seinen Eltern alles bekommt, hat im Vergleich zu einem sparsamen Kind einen richtigen Big Stack. Letzteres kann vom verwöhnten Kind leicht unter Druck gesetzt und ausgenutzt werden. Das Kind mit dem neuesten Playmobil-Bauernhof oder fahrbaren Spielzeugbagger ist in der Position, weniger privilegierte Kinder unter Druck zu setzen und auch auszunutzen.

• • • *Wer einen Big Stack hat, verfügt über viele Ressourcen und kann Menschen mit kleineren Stacks spielend leicht unter Druck setzen und ausnutzen.*

Ein gesunder Mensch, der bisher noch keine größeren Verletzungen oder Krankheiten erlitten hat, verfügt über viele »gesundheitliche Ressourcen« und somit über einen Big Stack. Kleinere Krankheiten steckt er ohne Probleme weg. Ein kranker Mensch muss mehr für seine Gesundheit tun, sei es Tabletten nehmen, mehr Sport treiben oder in Behandlung gehen, während der Gesunde mit dem Big

Stack kaum etwas investieren muss, um in Form zu bleiben. Er dominiert folglich den Kranken mit dem Small Stack.

Im Beruf wimmelt es geradezu von unterschiedlichen Stack-Höhen. Menschen mit Big Stacks sind dabei in gehobenen Positionen vertreten. Jeder Vorgesetzte hat im Vergleich zum Untergebenen einen Big Stack. Doch auch dieser hat meist Vorgesetzte, die ihn zu jemandem mit kleinerem Stack herabstufen. Überall, wo es hierarchische Strukturen gibt, wird – abgesehen von der Spitze – jeder Stack stufenweise dominiert, selbst in der Schule, wo die Lehrer die Spieler mit Big Stacks und die Schüler die mit Small Stacks sind. Doch auch Lehrer haben Vorgesetzte, die wiederum die größeren Stacks besitzen.

Die Figuren der Fernsehsendung »Die Simpsons« verdeutlichen diese Hierarchie sehr gut. Während Bart häufig Probleme mit seiner Lehrerin Miss Krabappel hat, ist diese an die Anweisungen von Rektor Skinner gebunden, welcher wiederum Oberschulrat Chalmers zu gehorchen hat. Das erinnert sehr ans Militär.

Die Stackgröße definiert sich demnach aus der Position. Je höher diese Position, desto größer sind die Ressourcen und damit der Stack.

Da wir schon bei der Schule sind: Klassentreffen zeichnen sich immer durch ein erneutes Aufeinandertreffen der Schüler-Stacks aus. Was ist aus welchem Schüler geworden? Welchen Beruf hat er jetzt? Hat er einen Big oder einen Small Stack? Jeder Mensch scheint das Bedürfnis zu haben, es allen anderen zu zeigen. Ein direkter Vergleich in Form eines Klassentreffens ist dafür natürlich wie gemacht. Dort wird sozusagen überprüft, was die ehemaligen Schüler aus ihren jeweiligen Stacks gemacht haben. Die mit den klassischen Big Stacks sind Ärzte, Anwälte, Wissenschaftler, Unternehmer und so weiter, während Langzeitstudenten, Arbeiter im Allgemeinen und natürlich Arbeitslose nur einen Small Stack erringen konnten.

Diese Stacks definieren sich aus dem sozialen Status. Wessen Beruf ein größeres Ansehen genießt, hat auch gleichzeitig einen größeren Stack.

Ein Big Stack in diesem Bereich ist zudem gleichzusetzen mit Autorität und einer Person, der man Respekt entgegenbringt. Am

Pokertisch sind Spieler mit hohen Stacks deswegen Autoritäten, weil sie ohne großartige Investition Druck aufbauen können. Sie sind imstande, anderen mit der Eliminierung aus dem Turnier zu drohen. Die Gegner gehen ihnen deshalb gern aus dem Weg, und dem Spieler mit einem Big Stack wird oft sogar zu viel Respekt gezollt.

Auch im richtigen Leben gibt es diese Respektspersonen, mit denen man sich aufgrund des gesunden Menschenverstands nicht anlegt, sei es ein Türsteher, ein Prominenter, ein Lehrer, ein Profisportler oder andere Personen, die ein entsprechendes Ansehen genießen. Wer möchte sich schon mit einem Schrank von Türsteher anlegen, den Lehrer herausfordern oder mit Tiger Woods um die Wette golfen? Diese Personen haben ganz klar Big Stacks, sie sitzen am längeren Hebel, und man sollte sich nicht auf eine Konfrontation mit ihnen einlassen.

Wie bekommt man einen Big Stack? Beim Pokern gibt es zwei Möglichkeiten, einen Big Stack zu ergattern. Entweder man ist seinen Gegnern spielerisch überlegen und kann gewinnbringend spielen, oder man hat einfach nur Glück. Im Leben ist es ebenso. Viele Menschen mit einem Big Stack werden einfach damit geboren, andere wiederum nur mit einem Small Stack. Doch auch die können ihren Stack ausbauen und irgendwann einen Big Stack daraus machen. Einfaches Beispiel sind Selfmademen, die arm geboren werden, es aber ganz nach oben schaffen. Vom Tellerwäscher zum Millionär. Oder im Poker-Jargon: vom Small zum Big Stack!

Ein Prinz, der einfach nur als privilegierter Mensch geboren wird, hatte einfach das Glück, mehr aber nicht. Bei Lottogewinnern ist es genauso. Sie kennen sicherlich die Sorte Mensch, denen scheinbar alles in den Schoß gelegt wird. Papa schenkt ihnen einen Porsche zum achtzehnten Geburtstag, finanziert ihr Studium und überlässt ihnen die Firma. Oder sie rutschen irgendwie ohne große Anstrengung durchs Leben, schaffen Schule und Studium »irgendwie« und ergattern »irgendwie« einen hohen Posten als Manager. Mittlerweile ist es ja auch möglich, bei »Deutschland sucht den Superstar« die Aufmerksamkeit der Masse auf die eigene Person zu lenken, der Schwarm aller Teenager zu werden und nebenbei noch gutes Geld zu machen. Diese Menschen ziehen Neider magnetisch an, und das auch aus gutem Grund: sie gewinnen nämlich einen Big Stack, ohne viel Arbeit zu investieren und wirklich hart für ihren Erfolg zu kämpfen. Andere mit kleineren Stacks sehen das nicht ein und werden eifersüchtig.

Auch im Liebesleben gibt es diese Privilegierten, denen das andere Geschlecht ständig auf den Fersen ist. Andere hingegen sind seit Jahren Single und verzweifelt auf der Suche nach dem richtigen Lebenspartner. Die Frauen- oder Männerschwärme können von Natur aus so sein oder sich selbst zu einem gemacht haben.

- • • *Man kann auf zwei Wegen einen Big Stack erlangen: Entweder man hat das nötige Glück, oder man ist den anderen überlegen und hat bessere Voraussetzungen.*

Egal, wie man zu seinem Big Stack gekommen ist, man befindet sich in der bestmöglichen Ausgangslage und hat viele Probleme, mit denen Menschen mit Small Stacks zu kämpfen haben, nicht. Man ist zum Beispiel in der Lage, Druck auszuüben, aber nicht mit direkten Drohungen oder dergleichen, sondern nur durch bloßes Auftreten. Wenn der Chef am Arbeitsplatz vorbeimarschiert, scheint jeder den Drang zu verspüren, besonders fleißig zu wirken. Und das, ohne dass er den Angestellten in irgendeiner Form gedroht oder sie unter Druck gesetzt hat. Nur durch seine Existenz übt er entsprechenden Druck auf seine Mitmenschen mit Small Stacks aus.

Der Großteil der Schüler hütet sich, gegen Schulregeln zu verstoßen oder zu schwätzen, wenn ein Lehrer in der Nähe ist. Dieser muss die Schüler nicht einmal explizit ermahnen und ihnen befehlen, gefälligst ruhig zu sein oder im Unterricht nicht zu trinken. Schon durch eine nur *mögliche* Bestrafung kann der Big-Stack-Lehrer die Schüler derart unter Druck setzen, dass sie einfach brav auf ihrem Stuhl sitzen (zumindest in der Regel).

Bei Wettbewerben sieht man ganz deutlich den unsichtbaren Druck eines Menschen mit Big Stack. Wenn dieser ein entsprechendes Ansehen und einen guten Ruf hat, erstarren die mit kleineren Stacks meist in Angst und kommen mit dieser Situation häufig nicht klar. Dieses Einschüchtern ist vor allem bei Sportwettkämpfen zu beobachten. Der Spieler oder die Mannschaft muss sportlich gar nicht so überlegen sein, aber bisherige Erfolge, Namen, Statistiken und so weiter entscheiden manche Konfrontationen schon im Vorfeld.

Menschen mit einem Big Stack können nicht nur Druck ausüben, sie kommen noch dazu sehr komfortabel voran. Kleine Taten, manchmal auch gar keine Taten haben eine große Wirkung. Sie müssen kaum etwas machen, um das zu bekommen, was sie wollen.

Ein reicher Mensch hat weit weniger Geldsorgen als einer mit Small Stack. Letzterer muss erst noch mit großer Anstrengung aufholen, um die Differenz auszugleichen, während sich der mit einem Big Stack zurücklehnen und einen Gang runterschalten kann. Er kann sich seine Investitionen in Ruhe aussuchen, während der mit kleinerem Stack die meisten Gelegenheiten wahrnehmen *muss*. Der mit Big Stack hat zum Beispiel eine Firma gegründet, die solide aufgebaut ist und netten Profit abwirft. Der mit Small Stack jedoch muss noch hart für seine Rente kämpfen, um seine Zukunft zu sichern, während sich der mit Big Stack die Füße auf den Tisch legt und seinem Vermögen einfach beim Wachsen zuschaut.

Ein zuckerkranker Mensch kann nicht einfach essen, was er will. Er muss Zeit investieren, damit sich sein Gesundheitszustand nicht verschlechtert. Ein Mensch mit einem großen Stack in Sachen Gesundheit kann es sich sparen, auf seine Ernährung zu achten.

• • • *Menschen mit Big Stacks können schon durch ihre bloße Existenz Druck aufbauen. Mit weniger Einsatz erreichen sie mehr als Menschen mit kleineren Stacks.*

Bad Beats und Downswings bei den Stacks Der Mensch mit einem Big Stack hat auch erheblich weniger Probleme mit Rückschlägen im Leben. Diese kann er aufgrund der vielen Möglichkeiten, die er hat, oft leicht einstecken, und auch Fehler darf er sich erlauben. Ein Frauenschwarm kann einmal eine Frau schlecht behandeln und sie verlieren. Das macht ihm nichts, weil er ohnehin einen Angebotsüberschuss hat. Ein Multimillionär verkraftet es, 100 000 Euro zu verlieren. Für einen weitaus ärmeren Menschen bedeutet dies die Insolvenz. Ein sehr gesunder Mensch wird an einer leichten Erkältung nicht sterben, ein mit HIV belasteter durchaus. Menschen mit vielen und starken sozialen Bindungen können den Verlust von geliebten Personen, also sehr harten Bad Beats, besser wegstecken als solche, die in diesem Bereich nur kleine Stacks und damit keine solchen Rücklagen haben. Das einfache Kompensieren von Fehlern, Bad Beats und Antiläufen stellt für einen Menschen mit einem Big Stack ein geringeres Problem dar.

- • • *Bad Beats und Downswings treffen einen Menschen mit Big Stacks weniger hart als jemanden mit kleineren Stacks.*

In den allermeisten Situationen im Leben geht es darum, für sich die besten Entscheidungen und einen eigennützigen Vorteil zu finden. Deshalb ist es auch wichtig zu wissen, wie man mit einem Big Stack umgehen sollte, entweder, um ihn nicht zu verspielen, oder um ihn sogar weiter auszubauen.

Sie wissen jetzt, welche Vorteile derjenige mit Big Stack gegenüber seinen unterlegenen Mitmenschen hat. Nun geht es noch darum, diesen Vorteil zu nutzen.

Druck ohne große Arbeit aufzubauen, kann Ihnen natürlich nur entgegenkommen. Wenn Sie Vorgesetzter sind, sollten Sie derartigen Druck auf Ihre Angestellten ausüben, dass diese ihre Arbeit so verrichten, wie Sie sich das vorstellen. Damit ist nicht gemeint, dass Sie ihnen mit der Peitsche in der Hand bei der Arbeit zusehen, sondern den erwähnten unsichtbaren Druck ausüben, der gerade seinen Zweck erfüllt. Mit unnötigem Druck wie Entlassungsdrohungen schaden Sie mehr Ihrem Ansehen, als dass es produktivitätssteigernd wäre.

Natürlich gibt es auch Situationen, in denen Sie alle Register ziehen müssen, um die Small Stacks nach Ihrer Pfeife tanzen zu lassen. Lehrer müssen manchmal mit ihrer ganzen Macht drohen, damit sich die Schüler richtig verhalten.

Es ist eigentlich ganz leicht, weil Sie als jemand mit einem Big Stack alle Möglichkeiten und Ressourcen ausnutzen können.

- • • *Menschen mit Big Stacks regieren die mit kleineren Stacks, und das häufig mit Leichtigkeit.*

Das einzig Schwierige ist, den großen Stack auszubauen beziehungsweise nicht zu verlieren. Darin liegt die große Gefahr, und es zeigt sich immer wieder, wie real sie ist. Angefangen bei absolutistischen Herrschern, die ihren Mega Stack für falsche Ziele eingesetzt haben und auf der Guillotine gelandet sind, über Vorgesetzte, die ihre Macht dazu benutzen, ihre Angestellten herumzuschubsen, wie es ihnen passt, bis hin zu Lehrern, die glauben, ihre Schüler schlagen zu dürfen, wenn diese nicht parieren. Ihr Stack steigt ihnen sprichwörtlich zu Kopf, sie verlieren ihr Urteilsvermögen und glauben, sich alles erlauben zu können.

Ein Lottogewinner, der bisher nichts hatte und jetzt glaubt, sich alles leisten zu können, ist häufig schneller wieder arm, als er sich vorstellen kann. Er kann den plötzlich angestiegenen Stack nicht richtig spielen und verliert ihn entsprechend schnell. »A fool and his money are soon parted«, lautet ein englisches Sprichwort. Zu Deutsch: Ein Idiot und sein Geld sind schnell getrennt.

Beim Pokern ist dies ständig zu beobachten. Ein Spieler gewinnt zwei, drei dicke Pots, hat einen Big Stack und verpulvert alle Chips wieder binnen weniger Hände, weil er glaubt, jedes noch so schlechte Blatt spielen zu müssen und sich alles leisten zu können.

Wenn ein Frauenheld mit seinen vielen Gespielinnen umspringt, wie es ihm gerade in den Sinn kommt, sie herumkommandiert und schlecht behandelt, wird er seinen großen Stack schnell wieder verlieren. Mit sozialen Bindungen ist es nicht anders: Wer seine vielen Freunde nicht zu schätzen weiß und ihnen keinen Respekt entgegenbringt, kann sie schneller verspielen, als ihm lieb ist.

Gerade bei Leuten mit Big Stacks, die sich sehr schnell nach oben gearbeitet haben, ist dieses Verhalten auffällig. Typisch sind Neureiche, die plötzlich glauben, sich alles leisten und erlauben zu können. Sie behandeln Mitmenschen oft abwertend und als minderwertig, und alle Stacks – abgesehen vom Geld-Stack – gehen flöten. Die Pokerspieler unter Ihnen werden diesen Typus aus den Kasinos wohl sehr gut kennen. Ärmere Freunde sind von heute auf morgen unter seinem Niveau, Frauen kann er sich kaufen und muss nicht lieb zu ihnen sein, und die Gesundheit leidet unter dem Kokskonsum. Für diesen Höhenflug mit späterem Absturz gibt es unzählige Beispiele. Zum Glück gibt es auch Neureiche, die mit ihrem neuen großen Stack umzugehen wissen und ihn und ihre anderen Stacks nicht aufs Spiel setzen.

> • • • *Menschen mit Big Stacks, die es mit ihrer Macht übertreiben oder mit diesem großen Stack nicht umgehen können, werden ganz schnell zu Menschen mit Small Stacks degradiert.*

Das Aufeinandertreffen der Stacks Eine weitere Gefahr für den Big Stack ist es, sich mit einem anderen Big Stack anzulegen und auf eine Konfrontation einzulassen. Das Einzige, was jemandem mit einem Big Stack wirklich schaden kann, ist ein anderer mit einem Big Stack, und genau diesem sollte er aus dem Weg gehen, wenn eine Kooperation nicht sinnvoll erscheint.

In einem Pokerturnier ist es ein ungeschriebenes Gesetz, sich als großer Stack gegen die kleineren Stacks zu verbünden. Es werden teilweise sogar falsche Entscheidungen getroffen, nur um die Small Stacks auszuschalten. Zwar ist man als Einzelner mit Big Stack schon im Vorteil, aber zusammen fast unschlagbar. Das sogenannte Kooperations-Spiel ist in einem Turnier gang und gäbe.

Für den Spieler mit einem Big Stack gilt es demnach, sich nur mit anderen Big Stacks einzulassen, wenn sie zusammenarbeiten können. Allerdings gibt es auch große Stacks, die ihren Chips nicht gewachsen sind. Nämlich die, die damit nicht umzugehen wissen, Fehler machen und sich leicht ausbeuten lassen. Angenommen, zwei Millionäre wetten um ihr gesamtes Vermögen. Millionär eins hat diverse Firmen aufgebaut und gelernt, mit Geld umzugehen. Sein Kontrahent, Millionär zwei, ist hingegen glücklicher Erbe und war zuvor eher arm. Natürlich ist Millionär eins ihm gegenüber im Vorteil, denn seine Erfahrung ist ein zusätzlicher Big Stack. Er wird sich auf die Wette nur einlassen, wenn er hundertprozentig sicher ist, zu gewinnen, während Millionär zwei vielleicht etwas fahrlässiger ist; er ist durch Glück zu seinem Big Stack gekommen und vertraut womöglich wieder auf sein Glück. Dennoch sollte sich Millionär eins der Gefahr bewusst sein, die er eingeht, wenn auch nur das geringste Risiko besteht, seinen Big Stack zu verlieren – denn bei einem Alles-oder-Nichts-Spiel steht er im ungünstigsten Fall am Ende mit nichts da.

Menschen mit Big Stacks können zwar Risiken eingehen und sich Fehler leisten, müssen allerdings alles vermeiden, was ihnen ihre komfortable Ausgangssituation verderben könnte. Weitaus besser als ein Konfrontationskurs ist eine Kooperation. In so gut wie allen Bereichen ist eine Zusammenarbeit sinnvoll, auch wenn das auf den ersten Blick anders erscheinen mag, seien es große Fusionen von Unternehmen oder eine gegenseitige Unterstützung durch Austausch von Ressourcen. Sinn solchen Zusammenarbeitens ist es, den eigenen Nutzen zu steigern, und das ist häufiger der Fall, als man denkt.

So schließt sich eine Autofirma mit einer Stahlerzeugungsfirma zusammen, um die Produktionskosten zu senken und den Profit zu erhöhen. Staaten mit Big Stacks schlossen sich in Kriegen zu Allianzen zusammen, um die Ressourcen, also den gemeinsamen Stack, zu erhöhen und eine bessere Chance zu haben, den Krieg zu gewinnen.

Bei all diesen Big-Stack-Konfrontationen und -Kooperationen stellt sich vorab jedoch die Frage, ob der Stack überhaupt erweitert werden muss oder ob es nicht besser wäre, sich einfach mit dem zufriedenzugeben, was man hat. Ein Beispiel hierfür sind finanziell desaströse Firmenfusionen, zum Beispiel zwischen Daimler und Chrysler. Eine allgemeingültige Antwort ist hier nicht möglich, doch mit einer einfachen Überlegung wird deutlich, was entscheidend ist: Es gilt, die Risiken gegen die Belohnung abzuwägen.

• • • *Wenn derjenige mit Big Stack überhaupt ein Risiko eingeht, dann sollte dies nur ein sehr kleines sein, und es sollte sich wirklich auszahlen.*

Angenommen, ein Multimillionär sieht auf der anderen Straßenseite eine Euro-Münze. Wie von der Tarantel gestochen, rennt er los, wird überfahren und ist tot. Der Fehler war, wegen einer lächerlichen Belohnung, einer Euro-Münze, ein solches Risiko einzugehen, nämlich, überfahren zu werden.

Small Stacks – die armen Kurzen

Am Pokertisch sitzt er verzweifelt herum und wartet auf eine Gelegenheit, seine Chips zu vermehren. Meist bleibt diese aber aus, und der Spieler mit Small Stack fliegt aus dem Turnier. Er hat es wirklich nicht leicht, und auch im richtigen Leben ist er seinen Mitmenschen mit größeren Stacks deutlich unterlegen.

Menschen mit Small Stacks werden von denen mit größeren Stacks dominiert und herumgeschubst. Während der mit einem Big Stack kaum etwas machen muss, hat es der mit einem Small Stack nicht so leicht und muss irgendetwas unternehmen, um seine Chips zu vermehren.

Menschen mit Small Stacks gibt es im richtigen Leben viele. Seien es solche mit wirklichen Short Stacks wie Obdachlose, gesundheitlich beeinträchtigte Menschen, Einzelgänger ohne soziale Bindungen oder verzweifelte Singles – sie alle haben einen deutlich unterdurchschnittlichen Stack.

Doch selbst Menschen mit einem komfortableren Stack können von noch größeren Stacks dominiert werden. Als Lehrer haben Sie keinen Small Stack, haben aber dennoch einen Menschen mit noch größerem Stack im Nacken. Ein Oberfeldwebel hat ebenfalls einige Chips, aber dennoch weniger als einer seiner Vorgesetzten. Während er gegenüber einem Rekruten jemand mit einem Big Stack ist, zieht er gegen einen General den Kürzeren.

• • • *Menschen mit Small Stacks verfügen entweder über unterdurchschnittliche Ressourcen, oder sie werden von solchen mit größeren Stacks klar dominiert.*

Es gibt viele Gründe, dass man nur einen Small Stack hat. Das kann am Pech oder am eigenen Unvermögen liegen, so wie bei jemandem mit einem Big Stack am Glück oder der eigenen Leistungsfähigkeit und Cleverness. Ein Proletarierkind im 19. Jahrhundert zum Beispiel konnte wenig dafür, mit einem Small Stack geboren zu sein, und konnte die wenigen Chips nur sehr schlecht vermehren, weil es von vielen mit Mega Big Stacks dominiert und unter Druck gesetzt wurde. Dieser Mensch wurde nicht durch eigenes Unvermögen zum Small Stack, sondern schon so geboren.

Ein reich geborener Mensch, der an einem Abend alles im Kasino verspielt, wurde zwar mit einem Big Stack geboren, ist aber durch eigene Schuld zu jemandem mit Small Stack geworden.

In Sachen Freunde und Liebe wird jeder Mensch mit einem Small Stack geboren. Schließlich ist kein Baby der Welt in einer festen Beziehung oder hat Dutzende Freunde, mit denen es über seine Probleme sprechen kann. Wer dann als Erwachsener immer noch keine sozialen Bindungen aufgebaut hat, hat aus eigenem Unvermögen immer noch nur einen Small Stack. Es gibt demnach für Small Stacks prädestinierte Menschen und solche, die selbst schuld sind, nur über wenige Chips zu verfügen.

Die Lage als jemand mit nur einem Small Stack ist keineswegs wünschenswert. Es sollte verständlich sein, dass jeder versucht, den kleinen Stack auszubauen, was nicht immer leicht ist. In manchen Fällen ist es sogar ganz unmöglich oder nur mit unglaublich viel Glück zu bewältigen.

Als Gefangener sind Sie ein hoffnungsloser Small-Stack-Fall und können an Ihrer Situation nichts ändern, bis Sie schließlich befreit werden. Ein Ausbruch wäre natürlich eine Lösung, aber wann gelingt das schon?

Wenn Sie eine schlimme Krankheit quält, die nicht heilbar ist, können Sie nur auf ein Wunder hoffen. Auch als sehr armer Mensch mit nur einem Short Stack haben Sie kaum die Möglichkeit, etwas an Ihrer Lage zu ändern, wenn die Voraussetzungen einfach nicht gegeben sind. Menschen mit Short Stacks in den Entwicklungsländern werden von Leuten mit größeren Stacks derart dominiert, dass keine soziale Mobilität herrscht und sie weder eine gute Ausbildung noch Aussichten auf eine hochbezahlte Arbeit haben.

Das sind Beispiele für hoffnungslose Small-Stack-Fälle, die aber zum Glück nicht die häufigsten sind. Die meisten Menschen mit einem Small Stack in unseren Breitengraden sind es heutzutage aus eigenem Unvermögen und hätten theoretisch die Voraussetzungen, ihren Stack zu erweitern. Sie nehmen diese Möglichkeiten nur nicht wahr und sitzen aus diesem Grund immer noch mit wenigen Chips am Tisch.

• • • *Es gilt, zwischen hoffnungslosen Small-Stack-Fällen und Menschen mit Small Stacks aus eigenem Unvermögen zu unterscheiden.*

Menschen mit kleinen Stacks in Sachen Liebe und sozialen Bindungen können nicht einfach behaupten, unschuldig an ihren wenigen Ressourcen zu sein. Jeder Topf findet seinen Deckel, man muss sich eben nur auf die Suche begeben.

Vieles haben Sie selbst in der Hand, manches wiederum nicht. Hoffnungslose Small-Stack-Fälle sind in der Minderheit, und zumeist können sie an ihrem Small Stack arbeiten.

Wann habe ich nur einen Small Stack?

Beim Poker ist es ganz einfach, den eigenen Stack zu beurteilen. Man zählt die Chips und weiß, ob man einen Small Stack hat oder nicht. Im richtigen Leben ist es deutlich komplizierter. Viele Menschen lassen sich blenden und bilden sich ein, gar nicht so schlecht dran zu sein. Magersüchtige Models finden sich gar nicht zu dünn und sehen gar nicht ein, magersüchtig zu sein. Sie müssen erst erkennen, im gesundheitlichen Bereich nur einen Small Stack zu haben.

Andere wiederum leasen sich mit ihrem ganzen Gehalt einen Porsche und verschulden sich auch gern, nur um einen scheinbaren Status aufrechtzuerhalten. Sie möchten den dicken Macker, den Super-Big-Stack-Guy heraushängen lassen, sind aber eigentlich arm dran und verfügen in Wirklichkeit nur über einen Small Stack. Viele Singles möchten gar nicht wahrhaben, dass sie beziehungsmäßig nur einen Small Stack haben. Sie finden Ausreden wie »Ich warte eben auf die Richtige« oder »Im Moment hab ich gar keine Lust und genieße das Single-Leben!«. Wenn sie ehrlich mit sich sind, wollen sie unbedingt eine Beziehung führen, finden aber keinen Partner und haben deshalb nur einen Small Stack in diesem Bereich.

Beispiele gäbe es noch zur Genüge. Es liegt schließlich in der Natur des Menschen, den bestmöglichen Eindruck machen zu wollen. Es scheint gar nicht so falsch zu sein, andere und auch sich selbst zu blenden und so zu tun, als würde man die von der Gesellschaft diktierten Anforderungen erfüllen. Ohne eine richtige Einschätzung des eigenen Stacks ist es aber überhaupt nicht möglich, daran zu arbeiten. Sie müssen Ihre eigenen Small-Stack-Ressourcen erkennen und – wenn Ihnen etwas an diesem Bereich liegt – versuchen, ihn auszubauen.

• • • *Seien Sie bei der Einschätzung der eigenen Stacks objektiv, und belügen Sie sich nicht selbst!*

Wo setze ich Prioritäten? Das bringt uns auch schon zum nächsten wichtigen Punkt, nämlich den Prioritäten. Manchen Menschen ist es egal, ob sie in irgendeiner Beziehung einen Small Stack haben. Man braucht kein Geld, um glücklich zu sein, denken viele. Andere möchten nur in Sachen Geld einen Big Stack haben, und diesen Leuten sind ihre sozialen Stacks wie Freunde, Familie und Liebe völlig schnurz. Wenn Ihnen ein Stack egal ist, so besteht kein Grund, diesen auszubauen. Wir halten daher gleich fest:

• • • *Konzentrieren Sie sich auf die Stacks, die Ihnen wichtig sind, und vernachlässigen Sie die anderen.*

Haben Sie Geld, viele Freunde und sind gesund, möchten aber unbedingt wieder einen festen Partner, so ist das der Small Stack, an dem es zu arbeiten gilt. Kurz gesagt, müssen Sie sich einen solchen Partner suchen. Fehlt Ihnen zusätzlich auch noch Geld, was Ihnen aber herzhaft egal ist, so gibt es zwei Small Stacks, aber nur die Liebe ist Ihnen wichtig, und deshalb sollten Sie auch nur daran arbeiten.

Sie haben eben nicht unendlich Energie und Zeit. Es geht darum, diese gezielt und richtig einzusetzen, um aus den Ihnen wichtigen Small Stacks Big Stacks zu machen.

Den Stack letztendlich zu vergrößern, ist natürlich nicht so leicht. Man kann nicht von heute auf morgen einfach reich werden oder zig Freunde gewinnen. Es gilt, die eigenen Entscheidungen zu verbessern, Gelegenheiten zu erkennen und wahrzunehmen. Dieses Buch soll Ihnen dabei behilflich sein und es Ihnen ermöglichen, mit den richtigen Strategien den eigenen Stack zu vergrößern.

Wie baue ich meine Stacks aus? Beim Poker ist es nur möglich, den kleinen Stack auszubauen, indem man sich die besten Gelegenheiten aussucht und gewisse Risiken eingeht. Natürlich kann man auch mit enorm viel Glück wieder ins Spiel zurückfinden, aber darauf hat man keinen Einfluss.

Der Unterschied zu jemandem mit einem Big Stack ist eben, dass dieser gemütlich durchs Leben ziehen kann, während derjenige mit einem Small Stack nicht die Zeit dafür hat und etwas riskieren muss, um die Chips zu vermehren.

Angenommen, Sie sind unglücklicher Single und damit Small Stack in Sachen Beziehung. Sie können nicht einfach in Ihrer Bude sitzen und warten, bis der Seelenpartner durch die Tür kommt. Sie müssen sich selbst auf die Suche machen und auch das Risiko eingehen, nicht nur einmal, sondern wahrscheinlich mehrmals abserviert zu werden. Je öfter Sie es versuchen, desto größer ist die Wahrscheinlichkeit, dass es klappt. Daher halten wir fest:

- • • *Als jemand mit einem Small Stack müssen Sie Risiken eingehen und brauchen viele Anläufe, um den Stack erfolgreich auszubauen.*

Ein sehr beliebter Weg, Small Stacks zu vergrößern, sind Kooperationen untereinander. Indem sich zwei Spieler mit kleinen Stacks zusammenschließen, erweitern sie ihre Ressourcen erheblich und gewinnen damit an Bedeutung.

Diese Situationen sind alltäglich, und Sie haben bestimmt schon häufiger solches Zusammenarbeiten ausprobiert. Wenn sich Schüler zusammensetzen und gemeinsam an ihren Hausaufgaben arbeiten, erweitert jeder seinen eigenen kleinen Stack, weil ihm die Kooperation einen Wissensvorsprung bringt. Menschen mit politischen Small Stacks schließen sich zu Gruppierungen und Parteien zusammen, um ihre eigenen sehr kleinen Stacks zu erweitern. Das Wort eines einzigen Bürgers zählt so gut wie nichts, werden aber mehrere Stimmen gebündelt, so erlangen sie Bedeutung.

Ein extremes Beispiel hierfür sind Arbeiteraufstände, Demonstrationen oder Streiks. Wenn ein Lokführer streikt, weil er mehr Lohn haben möchte, wird das seinen Arbeitgeber kaum interessieren. Gruppieren sich aber viele Lokführer zu einer Gewerkschaft, die mal eben den gesamten Schienenverkehr lahmlegt, werden diese von der Deutschen Bahn sicherlich ernst genommen.

- • • *Durch kooperativen Zusammenschluss von Small Stacks erlangen diese Bedeutung. Suchen Sie als jemand mit einem Small Stack daher stets nach möglichen Kooperationen!*

Das Leben ist ein Pokerturnier

Im letzten Abschnitt haben wir schon die Eigenheit eines Pokerturniers dargestellt: Jeder beginnt mit dem gleichen Stack, aber der Preis pro Runde steigt kontinuierlich an und setzt jeden Spieler unter Druck.

Wenn man einmal ein Leben vom Anfang bis zum Ende betrachtet, fällt einem ein ähnlicher Verlauf auf. Jeder hat zu Beginn im Durchschnitt ähnliche Voraussetzungen, aber die Uhr tickt, und je weiter das Leben fortschreitet, desto mehr Risiken muss man eingehen, um seine Lebensziele zu erreichen.

Die Anfangsphase im Leben Zu Beginn eines Pokerturniers hat man alle Optionen: Man kann sich zurücklehnen und auf die richtigen Hände warten, oder man spielt etwas herum und fordert das Glück heraus. Wenn man den ein oder anderen Pot verliert, ist das nicht tragisch, denn man hat noch genug Zeit, Verluste auszugleichen.

Diese Situation ähnelt der eines Kindes. Es ist noch jung, hat noch viel vor sich und kann sich auch den einen oder anderen Fehltritt leisten. Wie viele Fehler haben Sie als Kind gemacht und spüren deren Auswirkungen jetzt gar nicht mehr! Ein Kind, das in die Grundschule geht, hat immer noch alle Optionen. Viel später entscheidet sich, ob es sich möglichst schnell ins Berufsleben stürzen oder Abitur machen und später studieren will. Großer Druck herrscht zu dieser Zeit keineswegs, und niemand nimmt es einem Kind wirklich übel, wenn es mal einen Nachmittag mit Freunden spielt, statt fleißig die Hausarbeiten zu machen.

Die mittlere Phase: Langsam wird es ernst Wenn ein Pokerturnier schon mehrere Stunden alt ist und die Kosten pro Runde langsam, aber sicher spürbar werden, befindet man sich in der mittleren Phase, die von wichtigen Entscheidungen geprägt werden kann. An dieser Stelle können Fehler drastische Auswirkungen haben und Sie aus dem Turnier verbannen.

Die mittlere Phase ist auch im Leben der Zeitraum, in dem die Weichen für die Zukunft gestellt werden und Fehler nicht ohne Weiteres rückgängig gemacht werden können. Geht ein Schüler lieber auf die Hauptschule statt aufs Gymnasium? Für welches Studienfach entscheidet sich jemand, wenn er sich auf einer Hochschule einschreibt? Beginnen Sie eine Ausbildung zum Elektromechaniker, können Sie nicht morgen einfach etwas anderes anfangen, nur weil Ihnen das auf einmal besser gefällt.

Ihre Entscheidungen in dieser Phase sind sehr wichtig, und Fehler können nicht mehr so einfach bereinigt werden wie in der Anfangsphase. Während Sie als Kind auch mal einen Tag ohne zu büffeln überlebt haben, stehen Sie im Studium schon unter einem größeren Druck.

Die Spätphase: Es ist höchste Eisenbahn Die letzten Phasen eines Pokerturnieres sind pures Gemetzel: Die Kosten pro Runde sind derart hoch, dass jeder ums Überleben kämpfen muss. Jeder Fehler bedeutet das Ende. Sie müssen gnadenlos angreifen und Vollgas geben, sonst gehen Sie unter.

Auch ein Leben geht irgendwann zu Ende. In der Spätphase tickt die Uhr unaufhaltsam gegen Sie. Alles, was Sie sich jetzt noch vorgenommen haben, müssen Sie schnell umsetzen, anstatt noch auf bessere Gelegenheiten zu warten.

Ein gutes Beispiel ist eine kinderlose Frau, die kurz vor den Wechseljahren steht und unbedingt noch Mutter werden will. Ohne Zweifel hat sie keine Zeit mehr, auf den perfekten Partner und den perfekten Augenblick zu warten. Wenn sie das wirklich noch erreichen will, dann wird es höchste Zeit!

Das Leben in seiner Gesamtheit hat eine wichtige Parallele zu einem Pokerturnier: Je länger es andauert, desto höher wird der Druck. Dessen sollten Sie sich immer bewusst sein und sich auf die jeweiligen Phasen, in denen Sie sich befinden, einstellen.

• • • *Behalten Sie bei Ihren Entscheidungen stets im Hinterkopf, in welcher Phase Sie sich soeben befinden. Entscheidungen, die in der frühen Phase nicht von Bedeutung waren, können nun entscheidende Auswirkungen haben!*

Betrüger, Bluffer und Blender: Die hohe Kunst der Täuschung

Der Bluff im Poker – Notwendigkeit oder linke Aktion? Der Bluff ist ein wichtiger Move beim Poker, bei dem es darum geht, die Gegner zum eigenen Vorteil in die Irre zu führen. Man setzt relativ viel und hofft, der Gegner denkt, man habe ein gutes Blatt. Man bläht sich künstlich auf, um den anderen so ins Bockshorn zu jagen. Langfristig kommt man im Poker um das Bluffen nicht herum.

Man hat beim Poker nicht die Wahl, ob man ehrlich spielt oder nicht. Sie müssen aus folgenden Gründen bluffen:

• Wenn Sie nicht bluffen, sind Sie sklavisch den Gesetzen der Wahrscheinlichkeit ausgeliefert. Wenn Sie keine guten Blätter bekommen und auch nicht bluffen, können Sie die ganze Zeit nicht spielen. Das können Sie sich beim Poker nicht erlauben. Wenn Sie nur auf starke Hände warten und die anderen munter mit Schrotthänden setzen, erhöhen und damit auch noch gewinnen, ist Ihr Chipstapel nach kurzer Zeit »down«.

• Sie müssen beim Poker bluffen, damit Ihr Spiel für die anderen nicht so leicht zu durchschauen ist. Wenn Sie immer nur setzen, wenn Sie ein gutes Blatt haben, werden Ihre Gegner das sehr schnell mitbekommen, und keiner wird mehr mitgehen. Sie müssen also den Eindruck erwecken, dass Sie auch mal mit Schrotthänden erhöhen. So werden die Gegner auch Ihre guten Blätter ausbezahlen.

Bluffs im Leben   Die Frage, die sich nach dieser kurzen Einführung zum Bluffen aufdrängt, ist natürlich, wie es mit Bluffs im Leben aussieht. Poker ist ein Spiel der Täuschung. Man spielt weniger seine Karten – man spielt den Gegner.

Während Bluffen im Poker quasi zum guten Ton gehört, sieht es im Leben schon anders aus. Ein Bluff kann hier schnell ein Betrug sein, und man wird bestraft, oder man gilt bei seinen Freunden und Bekannten schnell als »linke Ratte«. Wenn Sie jemandem einen gefälschten Picasso für mehrere Millionen verkaufen, ist das natürlich eine Art Bluff, aber leider auch ein Betrug im Sinne des Strafrechts. Wenn Sie beim Vorstellungsgespräch dick auftragen und Ihre Berufserfahrungen etwas beschönigen, indem Sie sagen, Sie wären Sales Manager gewesen, obwohl Sie am Straßenrand Erdbeeren verkauft haben, ist das auch eine Art von Betrug, aber doch noch eher im Rahmen des Erlaubten.

Es gibt folglich Bereiche des Lebens, die eher einem Pokertisch ähneln und wo Bluffen völlig in Ordnung ist, und Bereiche, in denen Ehrlichkeit angesagt ist. Es gibt sozialverträgliche Bluffs und Bluffs, die als Betrug strafbar sind.

Der Betrug als sozial geächtete Form des Bluffs   Betrachten wir zunächst die durch das Strafrecht als Betrug geächtete Form des Bluffs. Die große Frage der Menschheit lautet eigentlich immer gleich: Wie nimmt man anderen Menschen ohne viel Aufwand das Geld ab? Beim Betrug geschieht das knallhart durch Täuschung. In der Geschichte gab es immer wieder Betrüger, die Meister dieser Disziplin waren. Klar, für die geschädigten Opfer waren diese Menschen einfach nur miese Ratten, denn die Erfahrung, ausgetrickst worden zu sein und dabei sein Vermögen verloren zu haben, gehört nicht zu den angenehmsten des Lebens. Die Betrüger und Falschspieler denken da eher nach dem Motto: »Es ist unmoralisch, einem Idioten sein Geld zu lassen.«

Was ist eigentlich ein Betrug? Die Grenzen zwischen »normalem Geschäftsgebaren« und Betrug sind oft fließend. Schließlich bezahlt man in einem Café auch drei Euro für einen Kaffee, der eigentlich nur einen Materialwert von wenigen Cent hat. Um einen waschechten Betrug zu begehen, muss man nach deutschem Recht eine Täuschung vornehmen, die zu einem Irrtum beim Opfer führt, und aufgrund dieses Irrtums muss das Opfer dann eine Vermögensverfügung vornehmen, die zu einem Vermögensschaden führt. Das alles besagt § 263 des deutschen Strafgesetzbuchs.

Es gibt provokante Stimmen, die sagen, dass der Betrugsparagraph mehr oder weniger die Definition von Intelligenz ist. Die wahre Fähigkeit, die man auf dieser Welt braucht, ist, anderen Leuten ihr Geld abzunehmen. Das ist zwar sehr radikal gedacht, ein Funken Wahrheit ist in dieser These aber enthalten.

Wie viel Bluff verträgt das Leben? Dennoch ist festzustellen, dass sich Betrug langfristig selten auszahlt. Die meisten kriminellen Betrüger werden zudem geschnappt, weil sie es in der Regel ganz einfach übertreiben. Es stellt sich somit die Frage, wie viel Bluff das Leben verträgt.

Das Leben ist viel komplexer als der Pokertisch, an dem die Verhältnisse relativ klar geregelt sind und Bluffen, wie oben schon erwähnt, mehr oder weniger zum guten Ton gehört. Im echten Leben kann man Menschen durch Lügen und Hochstapelei enttäuschen oder sogar tödlich beleidigen. Die Wahrheit kommt oft im Nachhinein ans Licht, weil die anderen nicht doof sind und oft mitbekommen, dass das dummes Gerede ist und die Fakten irgendwie nicht zusammenpassen. Die umworbene Dame wird zum Beispiel schnell merken, dass ihr Verehrer kein Manager ist, seine tolle Wohnung nur von einem Freund geliehen hat und der Porsche gar nicht existiert.

Im echten Leben haben wir das Problem, dass man sich bei zu vielen Lügen und Blendereien dauerhaft in Widersprüche verstrickt, die die anderen letztlich durchschauen. Das gilt natürlich besonders für die Täuschung von Mitmenschen, mit denen wir häufig zu tun haben und mit denen wir auch in Zukunft viel zu tun haben werden. Hier zahlt sich Bluffen langfristig nicht aus.

Wir merken uns:

- • • *Es bringt meist nichts, seine Freunde oder enge Bekannte zu täuschen oder zu blenden. Der kurzfristige Vorteil lohnt in der Regel angesichts des potenziellen Vertrauensverlusts in der Zukunft nicht!*

Anders ist es in Situationen mit Menschen, mit denen man nur selten beziehungsweise nur einmal zu tun hat. Das Stichwort heißt hier »Laufkundschaft«. Es gibt gerade in Innenstädten viele Restaurants und Geschäfte, die genau wissen, dass ihre Kunden ohnehin nur einmal kommen, sodass es auf ein langfristiges Vertrauensverhältnis nicht ankommt. Das Ergebnis ist, dass mieses Essen zu überteuerten Preisen angeboten wird. Ein Japaner, der nur einmal im Leben nach Rüdesheim kommt, muss nicht unbedingt ein positives Bild vom Ladengeschäft mit in die Heimat nehmen. Hier geht es nur um kurzfristigen Profit.

Das Laufkundengeschäft soll uns als Metapher für Situationen dienen, in denen Bluffen potenziell sinnvoll ist. Es beschreibt eine Situation, in der es nur das eine isolierte Geschäft gibt, das seinen Profit durch Bluffen maximiert. Ein anderes Beispiel ist der One-Night-Stand, am besten noch im Urlaub. Hier kommt es nur darauf an, in dieser einen Nacht Spaß zu haben, und dazu kann man erzählen und erfinden, was das Zeug hält. Der Spaß soll schließlich nur eine Nacht lang gehen, und somit ist es egal, ob der »Spaßpartner« in einer Woche die Prahlereien durchschaut. Problematisch wird es, wenn aus dem geplanten One-Night-Stand eine längere Beziehung wird und der Partner nach und nach kapiert, was für einen Mist wir in der besagten Nacht verzapft haben, um ihn ins Bett zu bekommen.

Wir merken uns:

- • • *Bluffen ist eher möglich, wenn wir mit den betreffenden Menschen nur einmal oder nur selten zu schaffen haben. Die Chance, dass der Bluff durchschaut wird, ist hier nur klein, und wenn dies dann tatsächlich geschieht, ist es meist egal, da man mit der betreffenden Person ohnehin nicht mehr viel zu tun hat.*

Weitere Voraussetzungen zum erfolgreichen Bluffen im Leben Nach der »Laufkundschaft« wollen wir nun die anderen geeigneten Situationen für erfolgreiches Bluffen unter die Lupe nehmen. Hierzu betrachten wir wieder einmal mehr das Pokerspiel, das uns gewissermaßen als Metapher und Experimentierfeld fürs Bluffen dient.

Eine wichtige Regel im Poker besagt, dass es immer besser ist, nur einen oder wenige Gegner zu bluffen als viele. Warum das so ist, ist klar: Bei mehreren Gegnern ist die Chance größer, dass einer den Bluff durchschaut oder ein so gutes Blatt hat, dass er auf jeden Fall mitgehen wird. Ist das auch im wahren Leben so? In der Regel schon: Beim Bluffen kommt es nämlich darauf an, sein Gegenüber genau zu kennen und zu wissen, was einem noch »abgekauft« wird. Wenn ich zum Beispiel meiner Freundin sage, dass die neue Gangschaltung an meinem Rennrad nur 20 Euro kostet, obwohl ich in Wirklichkeit das Zehnfache berappen musste, stehe ich auf relativ sicherem Ufer, wenn ich weiß, dass sie eh keine Ahnung von solchen Dingen hat und sich auch nicht sonderlich dafür interessiert. Wenn ich das aber beim Sonntagsfamilienbrunch erzähle, ist die Chance natürlich größer, dass einer der »Mitesser« Ahnung von der Materie hat und unangenehme Fragen stellt.

Wir merken uns:

- • • *Ein Bluff im Leben funktioniert in der Regel besser, wenn nur eine oder wenige Personen getäuscht werden sollen, die ich einschätzen kann. Seien Sie umso vorsichtiger, je mehr Menschen Sie täuschen wollen. Die Chance, dass Sie durchschaut werden, steigt mit der Anzahl der Personen, die Sie bluffen wollen.*

Eine weitere Voraussetzung für einen gelungenen Bluff im Poker ist, dass die Gegner Schwäche zeigen oder gezeigt haben. Wenn beispielsweise von vier Spielern drei Spieler nicht setzen, ist dies für Sie als vierten Spieler ein guter Zeitpunkt für einen Bluff. Inwiefern lässt sich dieses Prinzip auf das wahre Leben übertragen?

Nehmen wir das Beispiel der guten alten Kneipenschlägerei: Wenn Sie Ihrem Gegner kurz vor der beginnenden Schlägerei vortäuschen, Sie hätten einen roten Gürtel im Judo, wird das einen Bodybuilder, der voll mit Alkohol, Koks und gespritzten Steroiden ist, wahrscheinlich nur wenig beeindrucken. Anders, wenn sich Ihr Widersacher ohnehin unsicher ist, ob er sich auf den Kampf einlassen soll. Das Beispiel zeigt uns sehr anschaulich, dass Bluffs oft dann gut funktionieren, wenn eine Situation der Unklarheit oder der Unentschlossenheit gegeben ist. Hier klappt ein Bluff besonders gut.

Wenn Sie einen leichten Unfall bauen und wissen, dass Sie schuld sind, wollen Sie möglichst keine Polizei vor Ort. Wenn der Unfallgegner juristisch gebildet ist und keine Angst vor der Polizei hat, wird Ihr nicht ernst gemeinter Vorschlag, die Polizei zu holen, natürlich sofort angenommen, und ehe Sie sich versehen, ist Ihr »Freund und Helfer« vor Ort und stellt fest, dass Sie wohl die Alleinschuld tragen. Das Ergebnis ist, dass die Prozente für Ihre Versicherung hochgehen und Ihnen allmählich aufgeht, dass es wohl besser gewesen wäre, einfach abzuhauen.

Wenn Sie aber bemerken, dass Ihr Gegenüber selber keine Polizei rufen will, sei es, weil er ohnehin irgendwelchen Ärger mit der Ordnungsmacht hat, weil die Fahrerlaubnis seines Autos abgelaufen ist, weil er vielleicht ein Bierchen mehr als erlaubt getrunken hat oder weil er denkt, er selber wäre schuld an dem Unfall, wird der Polizeibluff oft funktionieren. Wenn Sie diesem Menschen vorschlagen, die Polizei zu rufen, wird er relativ schnell klein beigeben, schlichtweg deshalb, weil er keine Polizei dabeihaben will.

Wir sehen also, dass es wichtig ist, die Position des anderen genau auszuloten, bevor Sie zu einem Bluff ansetzen.

• • • *Es macht oft keinen Sinn, einen Gegner durch einen*
Bluff aus einer starken Position verdrängen zu wollen.
Bessere Angriffsziele sind Menschen in schwachen
und unentschlossenen Positionen.

Was dabei eine starke und was eine schwache Position ist, muss natürlich im Einzelfall sehr differenziert betrachtet werden. Wichtig ist jedenfalls, dass Sie im Leben beim Bluff immer den Überblick behalten und sich nicht in Widersprüche verstricken. Wenn Sie ständig bluffen und die Unwahrheit erzählen, müssen Sie natürlich wie ein Schießhund darauf aufpassen, dass alles schön stringent bleibt. Bleiben Sie bei der Wahrheit, haben Sie es – langfristig gesehen – leichter.

Der Bluff und die Glaubwürdigkeit Der wohl wichtigste Faktor bei einem guten Bluff ist die Glaubwürdigkeit! Mit Ihrem Bluff erzählen Sie eine Geschichte. Was Sie erreichen möchten, ist, dass Ihnen Ihr Gegenüber diese Geschichte abkauft. Wenn Sie eine gebrauchte Schrottkarre verkaufen möchten und behaupten, dieser Wagen wäre 40 000 Euro wert, werden Sie nur ein müdes Lächeln ernten, aber sicherlich keinen Kaufvertrag.

Oder Sie erzählen einem alten Schulfreund von den fünf Unternehmen, die Ihnen gehören, und den Millionenbeträgen, mit denen Sie täglich jonglieren … Dann sollten Sie nicht mit Bahn und Bus zum Klassentreffen kommen und Klamotten tragen, die aussehen, als hätten Sie sie von der Heilsarmee aus dem Billig-Kasten. Solche bodenlosen Bluffs wird Ihnen niemand glauben und sind von vornherein zum Scheitern verurteilt.

Versetzen Sie sich in Ihr »Opfer«: Welche Geschichte wird er Ihnen abkaufen? Bieten Sie ihm Ihren oben genannten Gebrauchtwagen für 550 statt der 500 Euro an, die ermittelt wurden, ist das sicherlich ein glaubhafter Bluff und die Wahrscheinlichkeit hoch, dass Sie damit Erfolg haben.

• • • *Versuchen Sie Ihrem Gegenüber eine Geschichte aufzutischen, die glaubhaft ist. Nur dann hat Ihr Bluff eine Erfolgschance.*

Slowplay: Der umgekehrte Bluff

Im Poker nennt man die umgekehrte Situation des klassischen Bluffs Slowplay. Hier wird nicht Stärke, sondern Schwäche simuliert, um ein bestimmtes Ergebnis zu erreichen. Manchmal ist es nämlich sinnvoller, seine Stärke nicht hinauszuposaunen, sondern sich zurückzuhalten, weil die Gegner sonst schnell merken, dass man ein verdammt gutes Blatt hat, und deshalb aussteigen.

Geben Sie sich allerdings so, als wären Sie mit Ihrem Blatt überhaupt nicht glücklich und würden innerlich sogar mit sich kämpfen, selbst auszusteigen, und Ihr Gegenspieler kauft Ihnen das ab, wird er vielleicht sogar noch erhöhen. Der Pot, den Sie mit Ihrem für Ihre Gegner überraschenden erstklassigen Blatt gewinnen, ist dann umso höher. Sie sorgen dafür, dass Ihr Gegenspieler Ihre Stärke unterschätzt, deshalb pokert er zu hoch, und Ihr Gewinn erhöht sich dadurch erheblich. Würde er Ihre Stärke erkennen, würde er vorher aussteigen, und Ihr Gewinn wäre nicht so hoch.

Gibt es so etwas auch im Leben? Gibt es Situationen, in denen man seine Stärke herunterspielen muss, um Vorteile zu erlangen?

Vielleicht lässt man sich von einem Freund ein Bier ausgeben, indem man vorgibt, kein Geld dabeizuhaben. In größerem Maßstab wäre das der Sozialbetrug: Man verschweigt dezent seine Einnahmen und kassiert monatlich Hartz IV. Das sind Extrembeispiele, aber im Prinzip sind all das Bluffs, nur eben umgekehrt, und es gelten die gleichen Grundsätze wie beim normalen Bluff.

Understatement – eine große Tugend Wichtiger in dem Zusammenhang ist das sogenannte Understatement. Mitmenschen, die ständig erzählen, wie toll alles bei ihnen läuft, wie viel Kohle sie verdienen und was sie alles Tolles gemacht haben, sind doch sehr nervig. Unterm Strich wirkt das einfach unsympathisch, und obwohl wir in einer Welt des Blendwerks und der Oberflächlichkeit leben, sollte man sich klarmachen, dass es tödlich ist, bei seinen Freunden und Bekannten als Angeber dazustehen. Natürlich sollte man es auch nicht übertreiben und sein Licht ständig unter den Scheffel stellen, aber Angeberei wirkt letztendlich furchtbar abstoßend!

Eine andere Konsequenz solcher Prahlerei ist, dass die Leute in der Regel misstrauisch werden. Den meisten Menschen kommen gleich Zweifel, wenn ihnen jemand erzählt, dass bei ihm alles sooo klasse abgeht. Wir alle haben nämlich schon die Erfahrung gemacht, dass es dann meist umgekehrt ist und die betreffende Person sich selbst nur einzureden versucht, dass bei ihr alles ganz toll ist, quasi als Selbsttherapie.

• • • *Lassen Sie sich nicht blenden. Werden Sie umso misstrauischer, je mehr schöne Geschichten Ihr Gegenüber über sich selbst erzählt.*

Slowplay könnte man auch umschreiben mit »mehr Sein als Schein«. Die Personen, die nach diesem Motto leben, sind in der heutigen Welt klar in der Unterzahl. Der »Mehr Schein als Sein«-Typ überwiegt deutlich. Und wenn Sie sich in Ihrer Umwelt umsehen, finden Sie genug von ihnen – vielleicht gehören Sie ja selbst auch dazu!?

Der »Mehr Sein als Schein«-Typ hat häufig das Problem, dass er sich nicht gut genug verkaufen kann. Er stapelt tief und taucht mit seiner Bescheidenheit förmlich unter in einer Welt von Bluffern. Wenn ein Slowplayer und ein Bluffer in der Disco eine Frau anmachen, ist der Bluffer zunächst klarer Favorit. Er erzählt ihr von seinem geilen Penthouse in Toplage, obwohl es nur eine Einzimmerwohnung neben einer Schnellstraße ist. Der Slowplayer spricht von »seinem kleinen Haus«, auch wenn es sich um eine Villa mit Pool und Gartenanlage handelt. Letzteres wird die umworbene Dame nur leider selten herausfinden.

Auch in einem Bewerbungsgespräch macht Slowplay wenig Sinn. Sie müssen beweisen, dass Sie der geeignete Kandidat sind, und sich gut vermarkten.

Slowplay ist aber nicht immer schlecht, und man kann es gezielt einsetzen. Auch Homer Simpson hat schon das ein oder andere Mal erfolgreich Slowplay angewandt. In einer Folge der Serie »Die Simpsons« hatte er zum Beispiel über eine kurze Zeit nur seinen rechten Oberarm trainiert und war unschlagbar im Armdrücken. In Kooperation mit Moe, dem Barkeeper, verkleidete er sich dann als

»warmes Würstchen« und versteckte den starken rechten Arm. Ein reicher Texaner nahm die Herausforderung zum Armdrücken an, denn so ein Würstchen ist ja ganz einfach zu schlagen. Homer aber packt seinen trainierten rechten Arm aus und gewinnt.

Slowplay kann extrem profitabel eingesetzt werden, und Sie sollten es unbedingt in Ihr Repertoire aufnehmen. Stellen Sie sich folgende Situation vor: Sie quatschen mit einem alten Schulfreund in einer Kneipe, den Sie schon lange nicht mehr gesehen haben. Er erzählt Ihnen, dass er einen Audi fährt, geht aber nicht ins Detail. Da Sie schon etwas beschwipst sind, bietet er Ihnen an, Sie heimzufahren. Sie nehmen natürlich an und lassen sich chauffieren. Auf dem Parkplatz angekommen, fällt Ihnen auf, dass es nicht irgendein Audi ist, sondern der Audi R8 mit 420 PS, der schlappe 125 000 Euro kostet. Sie erkennen schnell, dass Ihr alter Schulfreund ein Slowplayer ist und nicht viel Wirbel um seine Reichtümer macht.

Was denken Sie sich in diesem Fall noch? Dass er nur bei seinem Auto slow gespielt hat oder dass er so wohlhabend ist, dass er einen R8 tatsächlich für einen ganz normalen Audi hält? Letzteres wage ich zu bezweifeln. Wahrscheinlich werden Sie zu dem Schluss gelangen, dass er auch bei allen anderen Bereichen, über die Sie in der Kneipe gesprochen haben, slow gespielt hat und dies wohl auch in Zukunft tun wird. Hat er behauptet, er habe eine nette Wohnung in Hamburg, wird diese in Ihrer Vorstellung auf einmal zu einem Penthouse am besten Flecken der Stadt. Hat er Ihnen erzählt, er würde eine führende Position in einem Unternehmen einnehmen, dann ist er womöglich sogar Geschäftsführer oder sitzt im Vorstand.

Auch im Berufsleben können Sie Slowplay gezielt einsetzen. Nehmen wir an, Sie sollen wieder mal auf einer Konferenz vor der Geschäftsführung Ihrer Firma ein Projekt vorstellen, das Ihnen sehr am Herzen liegt, ein übler Kollege macht dieses Projekt jedoch von Anfang an madig, weil er Sie als Konkurrenten ausschalten will oder Sie schlichtweg auf dem Kieker hat. Sie aber haben schlagkräftige und starke Argumente für Ihr Projekt und warum Sie es so durchziehen wollen, wie Sie es planen. Wenn Sie Ihrem Gegenspieler schon vor der entscheidenden Konferenz Ihre überzeugenden Argumente unter vier Augen darlegen, zieht er sich entweder zurück und spinnt dann womöglich eine neue Intrige gegen Sie, oder er überlegt sich ein paar Gegenargumente (die vielleicht nicht mal wirklich logisch sind), um vor der Geschäftsführung gegen Ihre Argumente zu kontern.

Effektiver ist es da, Sie verschleiern zunächst Ihre starke Position und warten, bis Ihr Gegenspieler Sie und Ihr Projekt auf der Konferenz vor Ihren Chefs niedermacht, um dann Ihre schlagkräftigen Argumente, auf die Ihr Gegner nicht vorbereitet ist, auf den Tisch zu legen und ganz souverän vor Ihren Vorgesetzten damit aufzutrumpfen. Ihr Gegenspieler, der sich vorab keine Konter überlegen konnte, wird wahrscheinlich baff sein, denn er hat nicht damit gerechnet, aus welcher starken Position heraus Sie agieren. Er steht vor der Geschäftsführung als Idiot da, der die Sache nicht durchschaut hat und sogar gegen ein Erfolg versprechendes Projekt gewettert hat.

Im Grunde haben Sie hier eine klassische Pokersituation: Ihr Gegner hat Ihr Blatt völlig unterschätzt und deswegen zu hoch gepokert, und Sie haben ihn genüsslich ins Messer laufen lassen und den Riesenpot einkassiert.

Zudem wird er sich beim nächsten Mal dreimal überlegen, vor Vorgesetzten über Sie herzufallen, selbst wenn Ihre Position dann vielleicht gar nicht mal stark ist, denn er kann sich nie sicher sein, ob Sie nicht schon wieder ein Ass im Ärmel haben und er anschließend wieder als Depp dastehen wird.

• • • *Hin und wieder ist es sinnvoll, seine starke Position zu verschleiern, um die eigenen Stärken im richtigen Moment noch effektiver einzusetzen.*

In vielen Situationen ist Slowplay keine gute Taktik, weil Sie sich unter Wert verkaufen. Aber es gibt Situationen, in denen Slowplay eine extrem profitable und auch noch risikoarme Strategie des Bluffs sein kann, die Sie ganz gezielt einsetzen können.

Ganz im Gegensatz dazu verhält sich der Effekt des aufgeflogenen Bluffs. Wenn Sie eine Frau abschleppen möchten und ihr erzählen, dass Sie einen dicken 5er BMW mit super Felgen und Ledersitzen fahren, und sich später herausstellt, dass es eher ein gebrauchter Asi-3er BMW aus den 80ern ist und die Felgen aussehen, als wären sie bei Ebay für einen Euro ersteigert worden, ist das schlecht. Ihr Bluff fliegt auf, und das wirkt sich natürlich verdammt negativ auf Ihr Image aus, denn Ihre Glaubwürdigkeit ist dahin.

Schaffen Sie es trotzdem, diese Frau in Ihrem Auto abzuschleppen, und Sie haben ihr vorher noch von Ihrer Villa am See mit Whirlpool erzählt, dann wird sie nun eher eine schäbige Wohnung mit dreckiger Badewanne erwarten. Von den anderen Geschichten über diverse Körperteile ganz zu schweigen.

Das gilt nicht nur fürs Privat-, sondern auch fürs Berufsleben. Erzähle ich Kollegen und Vorgesetzten ständig, was für ein toller Hecht ich bin und dass meine Projekte den millionenschweren Gewinn einfahren werden, können Kollegen und Vorgesetzte mit entsprechender Erfahrung im Job das schnell als Aufschneiderei durchschauen. Glauben sie mir aber, setzen sie natürlich entsprechende Erwartungen in mich, und wenn ich die nicht erfüllen kann, stehe ich anschließend als noch größerer Loser da, als wenn ich ein Projekt durchgezogen hätte, das zwar gescheitert ist, von dem ich aber zuvor auch nicht zu viel versprochen oder vielleicht sogar auf damit verbundene Risiken hingewiesen habe.

Mehr noch: Mein Projekt ist vielleicht gar nicht gescheitert, und ich konnte damit Gewinn erwirtschaften, nur ist der längst nicht so hoch, wie ich vorher stets überschwänglich prophezeit hatte. Dadurch wird mein Sieg zur Niederlage, denn ich habe die Erwartungen, die ich selbst geweckt habe, nicht erfüllt.

Vielleicht hätte die oben erwähnte Dame sich ja auch von mir abschleppen lassen, ohne dass ich ihr von der angeblichen Villa erzählt hätte. Ich hätte möglicherweise trotz fehlenden Whirlpools eine Eroberung für mich verbuchen können, aber durch die zu hohen Erwartungen, die ich geweckt habe, sieht sie in mir die totale Pfeife.

Man sollte sich nicht zu billig verkaufen, aber wenn man es übertreibt, gibt man sich das Image eines Schwätzers und Aufschneiders, weil man dem Bild, das man von sich selbst vermittelt hat, in keinster Weise gerecht geworden ist.

Darum ist es extrem wichtig, eine ausgewogene Strategie einzusetzen. Spielen Sie in manchen Situationen slow, streuen Sie aber auch bei Gelegenheit und günstigen Umständen den einen oder anderen Bluff ein.

Die Musterung – der Megabluff

Irgendwann im Leben eines Mannes kommt es zur ultimativen Prüfung. Er wird auf Herz, Nieren und andere Körperteile geprüft, und es stellt sich heraus, ob er ein wirklicher Mann ist oder nicht. Wir reden nicht vom ersten Mal, sondern von der Musterung bei der Bundeswehr. Viele nennen den Wehrdienst »nicht zeitgemäß«, viele sehen es verständlicherweise nicht ein, zehn Monate ihrer besten Jahre durch den Schlamm zu robben und mit 20 Kilo auf dem Rücken sinnlos in der Gegend herumzuwandern.

Darum ist es der große Wunsch vieler Männer, ausgemustert zu werden und von dieser perfiden Maschinerie erlöst zu werden. Für manch Glückliche ist der Tag der Ausmusterung einer der schönsten im Leben. Doch so einfach ist es nicht, auch wenn heutzutage nur noch gut die Hälfte aller jungen Männer im entsprechenden Alter als tauglich eingestuft wird. Um letztendlich ausgemustert zu werden, ist ein guter Bluff nahezu Pflicht – kurzsichtige, krummbeinige und suizidgefährdete Asthmatiker mal ausgenommen. Sie müssen sich als ungeeigneter verkaufen, als Sie sind, müssen Krankheiten und Verletzungen vortäuschen, die Sie nicht haben, und am allerwichtigsten: Der Diensthalbgott in Weiß muss es Ihnen glauben!

Eine bewährte Methode, um die Sie bei dem Versuch einer Ausmusterung nicht herumkommen werden, ist es, »etwas verbogene« Atteste vorzulegen. Sie kennen sicherlich einen Arzt, der ein Bein kürzer als das andere oder den Rücken etwas krummer erscheinen lassen kann. Und wenn Sie einen solchen Arzt nicht kennen, müssen Sie nun mal aggressiv an die Sache herangehen und alle Ärzte in der Umgebung abklappern. Der eine oder andere ist sicherlich bereit, Ihnen etwas entgegenzukommen. Schließlich variieren auch die »ehrlichen« Diagnosen von Arzt zu Arzt: Während Sie der eine als komplett gesund attestiert, schickt Sie der andere direkt in den OP-Saal. Um die Wahrscheinlichkeit zu erhöhen, »gute« Atteste zu finden, müssen Sie alle Möglichkeiten nutzen, und falls Ihnen ein Arzt ein Attest schreibt, in dem Sie als vollständig gesund eingestuft werden, werden Sie so klug sein, es nicht unbedingt bei der Musterung vorzulegen.

Die meisten Ärzte sind hierbei natürlich vorsichtig und stellen keine x beliebigen Atteste aus. Auch sie achten auf Glaubwürdigkeit, und das liegt auch in Ihrem Sinne. Oder was würden Sie sich als Musterungsarzt denken, wenn ein Attest über Tourette vorliegt, der zu Musternde aber während der ganzen Prozedur höflich und stillschweigend dasitzt?

Wenn Sie keine offensichtlichen Krankheiten haben, bringt es Ihnen auch nichts, wenn Sie einen Chefarzt zum Onkel haben. Viel erfolgversprechender ist es, die vorliegende Informationsasymmetrie auszunutzen. Sie erinnern sich bestimmt an den Positionsfaktor beim Bluff. Liegen Ihrem Gegner zu wenige Informationen vor, ist er in einer schlechten Position und darum leicht zu bluffen. Als Versicherungsvertreter können Sie zum Beispiel naiven Menschen Versicherungen aufschwatzen, die diese eigentlich gar nicht brauchen, weil sie nichts davon verstehen. Sie nutzen damit eine Informationsasymmetrie aus.

Genauso sollte es bei einer Musterung sein. Der Musterungsarzt kann im Winter zum Beispiel schlecht überprüfen, ob Sie tatsächlich unter so starkem Heuschnupfen leiden, wie Sie behaupten. Genauso wenig kann er in Ihre Psyche schauen. (Natürlich wäre das technisch möglich, aber die Bundeswehr hat Besseres zu tun, als die Psyche bei jedem potenziellen Hirni zu screenen.) Es ist daher recht einfach, schwere Depressionen aufgrund von Todesfällen oder sonstigen Schicksalsschlägen vorzutäuschen.

Auch der Legastheniker-Test ist ein probates Mittel. Man kann sich relativ leicht beibringen, wie ein Legastheniker zu schreiben. Nach einem kleinen Test wird man dann schon mal als ein solcher abgestempelt – und das auch bei der Musterung. Ihr Arzt kann Sie ja prüfen, denn da Sie wüssten, wie ein Legastheniker schreibt, hätten Sie leichtes Spiel. Beim Hörtest ist es nicht viel anders: Niemand kann nachvollziehen, ob Sie den Ton hören oder nicht. Sie könnten sich also fast taub stellen, während der Musterung mehrmals »Wie bitte?« sagen, und schon gibt es einen Grund mehr, Sie auszumustern, ohne dass dieser Bluff auffliegen könnte.

Cheating: Die verführerischen Abkürzungen auf dem Weg zum Ziel

Nicht zu verwechseln mit einem guten Bluff ist das Cheating oder Schummeln. Es bezeichnet im Poker ein regelwidriges Verhalten, das darauf abzielt, einem Spieler einen ungerechtfertigten Vorteil gegenüber den anderen zu verschaffen. Konkret gibt es schummelnde Dealer, die sich oder Komplizen die gewünschten Karten zuschustern, markierte Kartendecks, unerlaubtes Zusammenwirken durch Zeichen und noch viel mehr. Die Liste der Schummeltechniken ist lang. All diese Techniken haben gemeinsam, dass sie von Menschen erdacht und praktiziert werden, denen es nicht reicht, auf normalem Weg zu gewinnen. Nein, diese Menschen wollen nicht den Weg gehen, den die »Normalos« beschreiten. Sie wollen schnell ans Ziel kommen, und dazu ist ihnen jedes Mittel recht.

Beim Poker gibt es allerdings auch eine Form des Schummelns, die nicht eindeutig verboten ist, das sogenannte Angle Shooting, das dem Bluff noch am nächsten kommt. Der Angle Shooter nutzt ganz einfach jeden sich bietenden Vorteil für sich und gegen die anderen aus. Der Angle Shooter versucht zum Beispiel, indem er so tut, als werfe er seine Hand hin, andere Spieler dazu zu bringen, ihre Karten hinzuschmeißen, obwohl sie gar nicht an der Reihe sind. Er sagt beim Showdown wahrheitswidrig, dass er eine Straße hat, und bringt seine Gegenspieler auf diese Weise möglicherweise dazu, die besseren Hände auf den Muck zu werfen. Wenn Sie auf so etwas hereinfallen, sind Sie erledigt, denn sobald die Karten den Muck, also die anderen abgelegten Karten, berührt haben, ist die Hand tot, und Sie haben den Pot unabhängig von Ihrer Hand verloren. Wir merken uns folglich, dass es einen unehrlichen und einen »halb-unehrlichen« Weg im Poker gibt.

Cheating im Leben – was ist kriminell?   Im Spiel des Lebens ist es ähnlich. Cheating heißt hier Kriminalität. Wie wird man kriminell? Ganz einfach: indem man sich betrunken ans Steuer setzt, seinen Müll in die Natur kippt, einen anderen als »Arschloch« tituliert, ohne Fahrkarte U-Bahn fährt, Beamte beschenkt und dafür

Vorteile erhält, mit 180 km/h durch die Innenstadt rast, sich als Putzkraft schwarz etwas dazuverdient, einer fremden Frau an den Busen fasst, mit unbezahlter Ware unterm Arm das Kaufhaus verlässt, handgreiflich wird, ein Sümmchen bei der Einkommensteuererklärung verschweigt und so weiter…

Wir alle kennen bestimmt jemanden, der solche Delikte schon mal begangen hat. Oder ist es sogar der Sohn Ihres Vaters?

Kriminell ist in Deutschland all das, was das Parlament als strafwürdig erachtet und in Strafgesetzen niedergeschrieben hat. Dazu gehört das Konsumieren von illegalen Betäubungsmitteln genauso wie Mord und Totschlag. Alle diese geächteten Verhaltensweisen haben gemeinsam, dass sie sozialschädlich sind und das Zusammenleben der Menschen negativ beeinflussen. Klar, denn wenn Sie ständig Angst haben müssen, betrogen, beklaut oder ermordet zu werden, weil die Täter keine negativen Konsequenzen zu fürchten haben, leben Sie in einer Anarchie.

Crime doesn't pay? Zum Kriminellwerden gehört vor allem eines: erwischt werden! Wer nicht ertappt wird – und das sind die allermeisten Delinquenten, zum Beispiel neunzig Prozent der Ladendiebe, aber auch eine ganze Reihe Mörder –, wird nicht bestraft und kann sein Leben als vorgeblich braver Bürger weiterführen. Aber auch wer erwischt wird, muss nicht gleich hinter Gitter; nur zwei bis drei Prozent aller polizeilichen Tatverdächtigen landen im Gefängnis. Die Frage, ob sich Kriminalität lohnt, ist daher nicht eindeutig zu beantworten. Viele Faktoren spielen hier eine Rolle:

- Selbst wenn man nicht ins Gefängnis muss, kann es sein, dass man vorbestraft ist und darum keinen Job mehr findet und ein Leben lang stigmatisiert ist. Ab drei Monaten Freiheitsstrafe beziehungsweise ab neunzig Tagessätzen bekommt man in Deutschland einen Eintrag ins polizeiliche Führungszeugnis und gilt somit als vorbestraft.
- Es gibt Delikte, die sehr streng bestraft werden, und Delikte, die weniger drastisch geahndet werden. So wird beispielsweise der illegale Handel mit Betäubungsmitteln verhältnismäßig härter bestraft als beispielsweise Wirtschaftskriminalität, ob-

wohl man mit Letzterem im Normalfall viel mehr Geld machen kann.

- Sie müssen Ordnungswidrigkeiten strikt von Straftaten trennen. Falschparken oder zu schnelles Fahren sind zum Beispiel keine Straftaten und werden vergleichsweise mild geahndet.

Bleibt immer noch die Frage, ob sich Kriminalität lohnt. Im Poker kann Schummeln sehr lukrativ sein. Wenn man erwischt wird, ist man aber sozial geächtet und bekommt Kasinoverbot. Im wahren Leben müssen wir damit rechnen, vor dem Strafrichter zu landen und verurteilt zu werden.

Im Endeffekt läuft das Ganze auf eine Abwägung hinaus. Was sind die Vorteile kriminellen Verhaltens und was die negativen Konsequenzen im Falle einer Entdeckung? Zu bedenken ist auch, dass die strafrechtlichen Konsequenzen für den einen schlimmer sind als für den anderen. Einen erfolgreichen Rockstar wird es weniger kümmern, ob er wegen Drogenmissbrauchs vorbestraft ist, als einen Arzt, Anwalt oder Beamten, der dadurch das Recht zur Ausübung seines Berufs verlieren kann und somit seine Existenzgrundlage. Es geht vor allem darum, was Sie zu verlieren haben. Wenn Sie Familie haben, trägt diese die negativen Konsequenzen einer strafrechtlichen Verurteilung mit – auch nicht so schön.

Machen Sie sich klar, dass die Entscheidung, kriminell zu handeln, Konsequenzen hat, die nicht mehr rückgängig gemacht werden können. Es geht also nicht um die Frage, ob Sie lieber Mercedes oder BMW fahren, sondern darum, wie Ihr gesamtes zukünftiges Leben verläuft.

Grundsätzlich raten wir von allen Straftaten ab, die das Risiko in sich bergen, dass man nachher vorbestraft ist. Das Problem dabei ist aber, dass man vorher nicht so genau sagen kann, wie das Strafmaß ausfällt. Die Richter haben einen großen Ermessensspielraum, und im schlimmsten Fall ist man dem Richter schlicht unsympathisch, oder seine Frau hat am Morgen die Scheidung eingereicht, oder er ist mies drauf und hat ganz einfach Lust, jemanden so richtig zu verdonnern.

Gibt es das perfekte Verbrechen? Was ist, wenn ich es so mache, dass es keiner merkt? Im Prinzip sollte niemand davon ausgehen, dass er seine kriminelle Handlung so perfekt durchzieht, dass sie mit Sicherheit nicht auffliegt. Das Problem ist nämlich, dass man bei einer Straftat aus den normalen Verhaltensmustern ausbricht und sich somit in einer unwägbaren Ausnahmesituation befindet. Hier keine Fehler zu begehen, ist nahezu unmöglich. Die Situationen, in denen Straftaten begangen werden, sind letztlich so atypisch, dass man schon ganz schön abgebrüht sein muss, damit man in seiner Nervosität nicht zwangsläufig Fehler macht. Gerade bei schweren Straftaten, bei denen DNA-Beweisverfahren zur Anwendung kommen, hat man heutzutage fast keine Chance mehr, und das ist natürlich auch gut so.

Echte Verbrechen – und dazu gehört nicht Schwarzfahren oder bei Rot über die Straße gehen – lohnen sich im Grunde nicht. Das Risiko des Erwischtwerdens und der anschließenden sozialen Ächtung ist einfach zu hoch. Diese Verhaltensweisen haben, um im Poker-Jargon zu bleiben, einen recht hohen negativen Erwartungswert.

Was verrät die Körpersprache über die lieben Mitmenschen?

Beim Poker spielt man den Menschen und nicht die Karten – das haben wir schon mehrmals erwähnt. Poker ist ein Spiel der Täuschung, und es geht immer darum, die wahre Absicht einer Person zu erkennen und die eigenen Absichten so gut es geht zu verschleiern.

Im Poker gibt es dabei die sogenannten Tells, also gewisse Anzeichen, die einem verraten, welche Hand der Gegner haben könnte. Es gibt zum Beispiel Spieler, deren Hände zittern, wenn sie ein gutes Blatt haben. Bei anderen kann ein geübter Spieler eine minimale Erweiterung der Pupillen beobachten, wenn sie gute Karten haben.

Die Liste der potenziellen Tells ist lang, aber auch ungenau, denn leider kann man Tells nicht gut kategorisieren oder katalogisieren. Dafür ist das menschliche Verhalten viel zu komplex. Jeder Mensch ist anders und reagiert unterschiedlich auf seine Umwelt. Was man von außen wahrnimmt, hat meist wenig mit den inneren Vorgängen zu tun, und viele Menschen sind wahre Artisten, wenn es darum geht, sich nach außen hin anders zu geben, als es in ihnen aussieht. Die menschliche Psyche ist wie ein großer, dunkler Wald. Es gibt Wege durch diesen Wald, Haupt- und Nebenwege. Es gibt aber auch Regionen, in die keine Wege führen und die ein Außenstehender selten oder niemals kennenlernen wird. Vergessen Sie bitte nie, dass der Mensch im Laufe der Jahrmillionen seiner Evolution zu einem König der Lüge und der Täuschung geworden ist.

Wann fängt der Mensch zu lügen an? – Ein Versuch
In einem Kinderspital in Zürich haben Wissenschaftler herausgefunden, dass Kinder erst mit etwa vier Jahren anfangen, gezielt zu lügen. Voraussetzung fürs Lügen ist nämlich, dass man sich in das Denken einer anderen Person hineinversetzen kann.

Psychologen stellten Kinder mit einem Test auf die Probe:

Der dreijährige Thomas muss von drei Stickern denjenigen nennen, der ihm am besten gefällt. Doch bevor er sich den Sticker dann nehmen darf, ist die böse Puppe Rex dran, die vor Thomas zugreifen darf und sich immer ausgerechnet den Sticker krallt, den Thomas gern hätte. Thomas findet keinen Weg, die Puppe auszutricksen. Zu lügen ist ihm noch fremd.

Johanna ist fünfeinhalb und in der Lage, Rex zu täuschen. Sie kann erfolgreich lügen und nennt vorher eben nicht genau den Sticker, der ihr am besten gefällt, sondern denjenigen, den die böse Puppe nehmen soll.

Kinder unter vier Jahren können nicht lügen, weil sie noch nicht gelernt haben, anderen die Unwahrheit zu sagen oder ihnen etwas vorzumachen. Danach perfektionieren Kinder im Laufe ihrer Entwicklung die Fähigkeit, andere in die Irre zu führen oder zu täuschen. Das Lügen ist – objektiv betrachtet – durchaus eine beachtliche intellektuelle Leistung.

Lügen und wie man sie erkennt Daraus folgt, dass alle erwachsenen Menschen die Fähigkeit haben, zu lügen, zu tricksen und zu täuschen. Willkommen in der wunderbaren menschlichen Gesellschaft!

Das ist ja alles grundsätzlich nichts Neues, werden Sie sagen. Stimmt. Es hat sich aber in der Psychologie genau wie im Poker eine Liste von Indizien herausgebildet, die einem Aufschluss darüber geben können, wann ein Mensch lügt. Es gibt äußerlich sichtbare Anzeichen dafür, dass jemand gezielt die Unwahrheit sagt, ähnlich den oben erwähnten Tells beim Poker. Sie ähneln den unbewussten Verhaltensänderungen, die durch Stress hervorgerufen werden.

Folgende Handlungen und Merkmale können Anzeichen einer Lüge sein:

- Meidung von Augenkontakt mit dem Gesprächspartner.
- Das Verschränken der Arme als Abwehrhaltung. Überhaupt fühlt sich der Lügner unwohl dabei, seinem Gesprächspartner direkt gegenüberzustehen, und versucht oft, das Gesicht oder den Körper abzuwenden.
- Arme und Beine werden weniger bewegt als sonst.
- Kratzen im Gesicht, oft an der Nase, oder allgemein das häufige Berühren des Gesichts mit den Händen.
- Ein rotes Gesicht.
- Das Befeuchten der Lippen mit der Zunge.
- Übertriebene Ausdrücke, meist im Gesicht, zum Beispiel Stirnkrausen.
- Weniger häufige Augenbewegungen, als sie sonst bei der entsprechenden Person üblich sind.
- Häufiges Augenblinzeln, oder die Augen bleiben beim Blinzeln länger geschlossen.
- Erweiterte Pupillen.
- Das Drehen der Handflächen nach außen.
- Die Stimme verändert sich, nimmt etwa beim Lügen eine höhere Tonlage an.
- Gesagtes und Mimik widersprechen sich, zum Beispiel »Nein« sagen und dabei nicken oder »Ich liebe dich« mit finsterem Gesichtsausdruck sagen.

- Oft sind das Gesagte und die damit verbundenen emotionalen Gesten zeitlich versetzt. Eine Person erhält zum Beispiel ein Geschenk und sagt »Das finde ich toll« und lächelt erst danach und nicht schon vorher oder währenddessen.
- Der emotionale Ausdruck im Gesicht ist beim Lügen oft auf den Mund reduziert und erstreckt sich nicht auf das ganze Gesicht. Oft ist zu beobachten, dass eine Person beim Lügen nur mit dem Mund und nicht mit dem ganzen Gesicht lächelt, was vor allem mit einem Zusammenkneifen der Augen einhergeht.
- Eine unschuldige Person geht oft in die Offensive, eine schuldige Person eher in die Defensive, wobei dieses Kriterium gerade bei schlauen Lügnern nicht immer zutrifft.
- Ein Lügner neigt dazu, unbewusst Objekte zwischen sich und seinen Gesprächspartner zu platzieren.
- Ein Lügner wird oft Ihre Worte benutzen, um sich daraus seine Antwort zu basteln. Zum Beispiel fragen Sie: »Hast du den letzten Joghurt gegessen?« Der Lügner wird antworten: »Nein, ich habe den letzten Joghurt nicht gegessen.«
- Lügner versuchen, die direkte Lüge zu vermeiden, indem sie Antworten implizieren und nicht direkt geben. Sie sagen zum Beispiel: »Warum sollte ausgerechnet *ich* den letzten Joghurt gegessen haben?«
- Der Lügner redet mehr und schneller als sonst, um Sprechpausen zu vermeiden, in denen sein Gegenüber nachhaken könnte.
- Der Lügner wiederholt sein Statement zumeist mantraartig, denn er will nicht ins Detail gehen, weil er sich dann in Widersprüche verstricken könnte.

Leider unterscheiden sich diese Erkennungsmerkmale von Mensch zu Mensch – beim Lügen gibt es wahre Meister, bei denen Ihnen all diese Indizien nichts nützen. Deshalb ist es selbst für geübte Personen sehr schwer herauszufinden, ob jemand lügt, und bei »professionellen« Lügnern hilft auch ein Lügendetektor nicht. Sie selbst müssen immer genau bestimmen, was ein einzelnes dieser Anzeichen bei einem bestimmten Menschen bedeuten könnte.

Hüten Sie sich davor, sie zu verallgemeinern. Wie oben erwähnt:

Jeder Mensch ist anders. Es gilt immer, eine Art Base-Line-Verhalten, das Grundverhalten eines Menschen, zu ermitteln, um zu erkennen, wann er davon abweicht. Dann aber sollte Ihr Alarm losgehen.

Bedenken Sie auch, dass Ihnen diese Anzeichen nur als Hilfsmittel dienen sollten. Andere Faktoren wie die tatsächliche Situation oder die harten Fakten sind viel wichtiger. Wenn Ihr Partner mit Nutella-verschmiertem Mund beteuert, er habe das Nutella-Glas nicht leergegessen, dann brauchen Sie keine weiteren Lügenindizien mehr …

Die Körpersprache – eine wichtige Form der Kommunikation und wie Sie sie nutzen Neben den speziellen Lügensignalen gibt es noch die Körpersprache im Allgemeinen. Wer sich mit der Körpersprache beschäftigt, wird eine Menge über Persönlichkeit und Kommunikation lernen, über Verhalten, Aggressivität, Instinktverhalten oder Affekthandlungen.

Die wichtigsten Anwendungsgebiete hinsichtlich der Körpersprache sind:

- Signale im Gespräch richtig deuten.
- Angeblich unbewusste Signale bewusst vortäuschen.
- Verbesserung der Menschenkenntnis.
- Selbsterkenntnis.
- Persönlichkeitsentwicklung durch Rückkopplung von Körpersprache.
- Vermeidung von falschen Signalen beim Verhandeln oder Telefonieren.

Ständig geben wir Informationen über uns preis, ohne dafür die Sprache zu benutzen. Schon Paul Watzlawick bemerkte treffend:

»Man kann nicht nicht kommunizieren.«

Mimik, Gestik, Tonfall, Haltung und Gang hinterlassen bei unseren Mitmenschen einen Eindruck, ob wir es nun wollen oder nicht. Man kann diese Signale aber auch vortäuschen oder – um vielleicht ein milderes Wort zu benutzen – selber beeinflussen. Damit Sie bei Ihrem Gegenüber eine möglichst positive und selbstbewusste Figur abgeben, beachten Sie die folgenden Tipps:

- Arbeiten Sie an Ihrer Haltung. Eine aufrechte Haltung und ein sicherer Gang gelten als Zeichen von Selbstsicherheit, während eine eher gebückte oder geduckte Haltung einem schwachen Menschen zugeschrieben werden.
- Wenn Sie einen Raum betreten, bleiben Sie nicht wie ein scheues Tier in der Tür stehen, sondern gehen Sie selbstbewusst hinein, und »nehmen Sie den Raum ein«.
- Achten Sie bei Ihren Mitmenschen immer darauf, dass Sie nicht näher als einen bis eineinhalb Meter an sie herantreten. Das ist die sogenannte Distanzzone, deren Verletzung meist als negativ empfunden wird, als bedrohlich oder zu intim.
- Bleiben Sie nach außen hin stets ruhig und souverän, auch wenn Sie es eigentlich nicht mehr sind. Lassen Sie sich nicht unter Druck setzen, und erledigen Sie eine Sache nach der anderen. Das strahlt Selbstsicherheit und Selbstbeherrschung aus.
- Unterdrücken Sie Nägelkauen, Haaredrehen und sonstige Ticks, die von Ihren Mitmenschen fast immer als Zeichen von Nervosität gewertet werden.
- Achten Sie auf Ihre Hände. Versteckte Hände, zum Beispiel in den Taschen, werden oft als negativ empfunden. Vermeiden Sie blockierende Gesten wie verschränkte Arme oder das Zeigen des Handrückens statt der Handfläche.
- Versuchen Sie beim Sprechen positive Aspekte durch entsprechende Gesten zu verstärken, zum Beispiel durch das Öffnen der Hände. Gleichzeitig sollten Sie darauf achten, negative Aspekte nicht durch entsprechende negative Gesten zu verstärken, zum Beispiel durch Kopfschütteln.
- Hüten Sie sich vor allem vor sogenannten Hand-Hals-Gesten. Fassen Sie sich beim Sprechen möglichst nicht an Hals, Brille, Nase oder Mund. Oft will man unbewusst sein Gesicht verdecken und weicht dann im letzten Moment noch auf den Hals aus. Das wirkt extrem unsicher und linkisch.
- Wenn Sie lächeln, obwohl Ihnen eigentlich nicht danach zu-

mute ist, versuchen Sie, die Augen »mitlachen« zu lassen. Der Eindruck eines falschen Lachens entsteht, wie oben schon erwähnt, vor allem dadurch, dass die Augen nicht mitlachen.

- Vermeiden Sie den sogenannten Schmollmund oder einen angehobenen Mundwinkel. Beides wirkt oft unsympathisch.
- Sehen Sie Ihrem Gegenüber direkt und offen in die Augen, aber übertreiben Sie es nicht, sonst wirkt es penetrant.
- Drehen Sie Ihren Oberkörper zu Ihrem Gesprächspartner hin, und blicken Sie ihn nicht über die Schulter an.
- Sitzen Sie ruhig und bequem, und rutschen Sie nicht ständig auf Ihrem Stuhl herum.
- Umklammern Sie weder Stuhllehnen, Tischkante noch sich selber. Das wirkt so, als bräuchten Sie Halt.
- Achten Sie auf Ihr Erscheinungsbild. Körperpflege und saubere, der Situation angepasste Klamotten sind absolute Grundvoraussetzungen für ein positives Auftreten.

Wichtig ist aber, dass Sie all diese Tricks nicht übertrieben und die Mittel der Körpersprache nicht zu offensichtlich einsetzen. Ihre Mitmenschen sind nicht blöd und merken schnell, dass man versucht, sie zu manipulieren.

Wenn Sie, statt eine aufrechte Haltung zu bewahren, stocksteif durch die Gegend marschieren, wirkt das eher lächerlich und unbeholfen. Wenn Sie zu selbstbewusst in den Raum poltern und »mit der Tür ins Haus fallen«, gelten Sie leicht als aufdringlich und prollig. Vielleicht kennen Sie diese Möchtegern-Spitzenmanager, die neu in den Betrieb kommen, sich der Belegschaft vorstellen und dabei schon allein von der Körpersprache her derart vor Selbstüberschätzung strotzen, dass die Mitarbeiter sofort auf Abstand gehen und sich anschließend in der Kantine das Maul zerreißen. Solche Übertreibungen sollten Sie vermeiden, denn das wird schnell durchschaut.

Denken Sie nach der Lektüre dieses Kapitels also nicht, Sie könnten zaubern und Ihre Umwelt durch Auftreten und Körpersprache manipulieren, wie es Ihnen in den Sinn kommt. Lassen Sie die gelernten Dinge einfach langsam sacken, und verbessern Sie so Ihr Auftreten und Ihre Wirkung auf die Mitmenschen.

Rückkopplung der Körpersprache – ein Paradoxon   Man hat herausgefunden, dass der bewusste Einsatz von Körpersprache auch das Befinden verändern kann. Hierzu wurde folgender Versuch gemacht: Die Versuchspersonen mussten mimisch ein Lachen »produzieren«, indem sie sich einen Bleistift zwischen die Zähne steckten. Danach fanden diese Personen dieselben Comics viel komischer als andere, die den Stift nur mit den Lippen halten durften und damit »eine traurige Schippe zogen«.

Diese Rückkopplung sollten Sie für sich nutzen. Indem Sie auf positive Körpersprache achten und bewusst Signale erzeugen, verändert sich auch Ihre innere Haltung hin zum Positiven. Natürlich darf man diesen Aspekt nicht überbewerten. Wenn ich eine halbe Stunde künstlich lächle und dabei immer depressiver werde, bringt es auch nichts, weiterzulächeln.

Das Pokerface: Seien Sie keine wandelnde Litfaßsäule Ihrer Emotionen

Was ist ein Pokerface? Bei vielen tauchen bei diesem Begriff spontan Bilder aus irgendwelchen alten Gangsterfilmen auf, in denen finstere Gesellen mit Hut und Zigarre im Mundwinkel mit versteinerten Mienen am Tisch sitzen, keinen Gesichtsmuskel bewegen und auch nicht sprechen. Das ist das Klischee. Mit der Realität hat das leider wenig zu tun.

Ein Pokerface bedeutet, dass ein Pokerspieler nicht »lesbar« ist. Völlig falsch wäre es, wenn ein Spieler, sobald er eine gute Hand bekommt, plötzlich ein Pokerface aufsetzt. In dem Moment würde er sich ja verraten, und das wäre dumm von ihm.

Ein Pokerface ist kein bestimmter Gesichtsausdruck. Es bedeutet vielmehr, dass das Verhalten und der Gesichtsausdruck eines Spielers immer völlig gleich sind, unabhängig davon, welche Hand er gerade spielt.

Das menschliche Gesicht als Emotions-Display Menschliche Gesichter interessieren wegen ihrer großen Ausdruckskraft. Ein menschliches Gesicht verfügt über zahlreiche Muskeln und Nerven, die keine klar zu benennende Funktion haben, außer dass sie für eine reichhaltige Mimik sorgen. Das Gesicht ist also von Natur aus ein »Emotions-Display«, und neben der Sprache teilen wir vor allem über das Gesicht den Mitmenschen unsere Gefühle mit.

Vor allem Frauen sind von Natur aus darauf programmiert, Gesichter zu lesen und Emotionen in ihren Gesichtern zu zeigen. Wenn man einer Frau eine Geschichte erzählt, spiegelt sich die Geschichte häufig emotional im Gesicht der Frau. Bei einer traurigen Wendung wird auch das Gesicht unserer Zuhörerin traurig und bei freudigen Ereignissen eben fröhlich. Bei Männern ist das Ganze weniger ausgeprägt, aber dennoch vorhanden.

Im wahren Leben beobachte ich gerade bei Frauen oft das Gegenteil eines Pokerface. Die Emotionen liegen im Gesicht völlig offen zutage. Das ist auch in vielen Bereichen sinnvoll, zum Beispiel bei der Kommunikation mit Kindern oder in einer Beziehung. Die Sprache, kombiniert mit dem ausdifferenzierten Gesichtsausdruck, ermöglicht eine intensive und emotionale Form der Kommunikation. Das macht Sinn.

Ein Pokerface wirkt in stark emotional aufgeladenen Situationen kühl und emotionslos. Wenn Sie bei einem Heiratsantrag oder bei der Mitteilung vom Tod eines nahen Verwandten ein Pokerface zeigen, wirkt das auf Ihre Mitmenschen befremdlich. Hier ist ein Pokerface fehl am Platze, und in solchen Situationen ist es absolut sinnvoll, auch über unser Gesicht emotional zu kommunizieren.

Wann braucht man ein Pokerface, und wie macht man es?
Kommen wir nun zu den Situationen, in denen es Sinn macht, nicht »lesbar« zu sein, und wie man es anstellt. Nehmen wir eine Verkaufsverhandlung als Beispiel: Wenn Sie der Käufer sind und gierig auf das Kaufobjekt schielen, haben Sie praktisch schon verloren. Der Verkäufer wird den Preis hochtreiben, weil er merkt, dass Sie die Ware unbedingt haben wollen. Hier wäre beispielsweise ein Pokerface angesagt. Der Verkäufer darf nicht merken, dass Sie die

Sache unbedingt haben wollen – er darf aber auch nicht glauben, dass Sie absichtlich desinteressiert tun.

Ein anderes Beispiel: Wenn Sie sich bei einem Vorstellungsgespräch um einen neuen Job bewerben, sollte Ihr Gegenüber schon den Eindruck haben, dass Sie sich für den Job interessieren, aber wenn Sie auch einen fairen Lohn aushandeln wollen, sollte er nicht glauben, dass Sie den Job »um jeden Preis« annehmen, denn dann zahlt er Ihnen höchstens den Tariflohn. Wenn Sie mit Ihrem Personalchef über eine Lohnerhöhung sprechen, sollte deutlich werden, dass Ihnen das Thema nicht völlig gleichgültig ist und Sie tatsächlich mehr Kohle haben wollen. Sie sollten aber nicht den Eindruck erwecken, andernfalls gleich in die innere Kündigung zu gehen, denn sonst beschäftigt sich der gute Mann mental eher schon mal mit Ihrer Nachfolge statt mit der gewünschten Lohnerhöhung. Sie müssen also ausgeglichen wirken.

Wir merken uns folglich:

• • • *Gerade in geschäftlichen Verhandlungen ist es absolut notwendig, seine Emotionen nicht im Gesicht zu zeigen.*

Um das zu erreichen, brauchen Sie ein Pokerface. Entspannen Sie Ihre Gesichtsmuskeln, und versuchen Sie, das Gesicht von Ihren Emotionen abzukoppeln. Leiten Sie die Verarbeitung der Emotionen auf ein Nebengleis um, zwischenspeichern Sie sie in einer Art Puffer, abgekoppelt von Ihrem Verstand. So verhindern Sie unbewusste Reaktionen im Gesicht. Versuchen Sie auch nicht krampfhaft, Ihrem Gesicht einen anderen Ausdruck zu geben als sonst. Das ist gar nicht nötig. Bleiben Sie quasi in der »Default-Einstellung«.

Gerade gegenüber fremden Menschen müssen Sie sich dabei nicht einmal besonders anstrengen. Die kennen Sie nicht und können Ihr Gesicht noch nicht so gut lesen wie Menschen, die regelmäßig mit Ihnen Kontakt haben. Frauen können gewöhnlich besser in Gesichtern lesen als Männer. Vorsicht vor allem bei Frauen, die Sie gut kennen …

Das Involvement: Wie viel steht auf dem Spiel?

Die Chips beim Pokern sind Ihr Kapital, Ihre Ressourcen. Je mehr Chips Sie haben, desto mehr Ressourcen haben Sie zur Verfügung. Je kleiner der Chipstapel wird, desto knapper werden die Ressourcen. Beim sogenannten Involvement – zu Deutsch »Verwicklung« – geht es um nichts anderes als einen Ressourcen-Einsatz. Wenn Ihre ganzen Chips auf dem Spiel stehen, ist das Involvement maximal, und Sie können alles verlieren oder auch alles gewinnen. Spielen Sie allerdings nur kleine Pots und setzen einen kleinen Prozentsatz Ihrer vorhandenen Chips, so ist der Ressourcen-Einsatz klein und das Involvement niedrig. Wenn Sie Pots mit geringem Involvement verlieren, macht Ihnen das relativ wenig aus.

Natürlich gibt es im richtigen Leben ebenfalls ein Involvement, denn auch dort haben Sie Ressourcen. Das muss nicht immer Geld sein, sondern können auch Sachgüter, Unabhängigkeit oder Freiheit von sozialen Verpflichtungen sein.

• • • *Als Involvement bezeichnet man den persönlichen Ressourceneinsatz. Je mehr davon auf dem Spiel steht, desto höher ist das Involvement.*

Ihre Entscheidungen am Pokertisch richten sich unter anderem nach diesem Involvement. Wenn der Spieler schon früh erkennt, dass es diesmal um einen großen Pot gehen wird und er erheblich viele seiner Ressourcen aufs Spiel setzen muss, überlegt er es sich besser dreimal, dieses Risiko einzugehen. Er muss sich schon sehr sicher sein, diesen großen Pot zu gewinnen. Zudem sollte bei einem hohen Risiko auch die mögliche Belohnung entsprechend hoch sein.

Bei kleinen Pots hingegen ist auch das eigene Involvement niedrig. Der Spieler weiß, dass seine Hand nicht wirklich gut genug ist, um viele seiner Chips zu setzen. Entwickelt sich der Pot jedoch anders und erfordert plötzlich doch einen großen Ressourcen-Einsatz, so kann er ganz einfach die Hand beenden. Andererseits sollte er für einen kleinen Gewinn auch nur wenige Chips riskieren.

Der Pokerspieler muss also stets auf seine Ressourcen und den möglichen Gewinn achten. Je höher der Ressourcen-Einsatz, desto riskanter ist das Spiel, und desto höher muss der Gewinn ausfallen.

Im richtigen Leben spielen Sie zum Glück nicht mit unhandlichen Chips, sondern verfügen über andere Ressourcen. Diese können als »positive Güter« definiert werden: Geld, Sachvermögen wie Haus, Auto, Computer, Unabhängigkeit wie glückliches Single-Leben, Arbeitsplatz und so weiter. Das alles sind Ihre Ressourcen. Manche Menschen haben mehr, manche weniger, doch das ändert nichts daran, dass jeder versuchen sollte, aus seinen eigenen Ressourcen das Beste zu machen.

Als Involvement bezeichnet man den Einsatz von Ressourcen. Jedes Mal, wenn Sie Geld setzen oder, besser gesagt, etwas kaufen, verwenden Sie die Ressource Geld, beim Kauf im Austausch mit einer neuen Ressource. Doch dies geschieht nicht eins zu eins. Nicht jeder Geldeinsatz hat den entsprechenden Gegenwert. Das heißt, dass manchmal ein überproportionaler Zuwachs an Ressourcen erfolgt und manchmal ein unterproportionaler.

Wenn Sie für 100 Euro einen ordentlichen Kleinwagen kaufen (können), hat dieser einen zum Verkaufspreis vergleichsweise hohen Wert. Denn Sie besitzen nicht nur einen Wagen, der sicherlich mehr als 100 Euro wert ist, sondern gewinnen auch an Unabhängigkeit und können in Zukunft auf Bus und Bahn verzichten. Dieser Ressourcen-Einsatz ist positiv: Sie erhalten mehr zurück, als Sie eingesetzt haben. Kaufen Sie sich aber für 100 Euro eine Spur Koks, so mag die neue Ressource Koks zwar ebenfalls 100 Euro wert sein, aber sie ist ganz schnell wieder verbraucht, und Sie verlieren eventuell wegen Suchtgefahr Ihre Unabhängigkeit. Der Kauf von Koks wäre damit ein ganz schlechter Ressourcen-Einsatz. Wenn Sie die Wahl hätten, sich einen extrem günstigen Kleinwagen oder eine Ladung Koks für 100 Euro zu kaufen, sollten Sie ganz klar das Auto bevorzugen.

• • • *Ressourcen werden nicht einfach eins zu eins getauscht. Es gibt einen guten und einen schlechten Tausch. Bei einem guten Tausch haben Sie nach dem Einsatz mehr Ressourcen als vorher, beim schlechten ist es umgekehrt.*

Das ist ein wichtiges Prinzip, das zum Beispiel auch den Profit von Händlern erklärt. Diese tauschen ihre Ressourcen – zuerst Geld in Ware und anschließend wieder Ware in Geld – so, dass es sich um eine profitable Umwandlung handelt. Der normale Supermarkt kauft zum Beispiel Müsli recht günstig ein und verkauft dieses mit einem erhöhten Preis an den nächsten Abnehmer, den Verbraucher. Ein guter Händler weiß, wie er seine Ressourcen am besten einsetzt, und erwirtschaftet dadurch Profit.

Das Involvement bezeichnet nun die Menge/Größe an Ressourcen, die umgesetzt werden. Kauft der Supermarkt mit einem Kapital von einer Million Euro zehn Packungen Müsli für 10 Euro ein, so ist der Ressourcen-Einsatz verschwindend gering, das Involvement damit niedrig. Kauft er sich für dieses Geld aber eine neue Filiale, ist der Ressourcen-Einsatz sehr hoch, ebenso wie das Involvement.

Natürlich setzen nicht nur Supermarktbesitzer ihre Ressourcen um, sondern jeder andere Mensch auch. Beim Kauf dieses Buches haben Sie eine Ressource gegen eine andere getauscht: Geld gegen Gut. Sie erhoffen sich für das eingesetzte Geld einen höheren Ressourcen-Wert durch das erworbene Gut. Wenn Sie auch nur ein paar nützliche Gedanken aus diesem Buch ziehen können, war der Ressourcen-Einsatz positiv und hat sich ausgezahlt.

Haben Sie zum Beispiel ein Job-Angebot aus einer weit entfernten Stadt erhalten und möchten dort hinziehen, müssen Sie Freunde, Familie und Wohnung erst einmal hinter sich lassen, und das bedeutet einen sehr hohen Ressourcen-Einsatz: Sie müssen die Wohnung verkaufen, sich eine neue suchen, riskieren, Ihre Freunde zu verlieren und dort keine neuen zu finden, und so weiter. Möchten Sie zum Beispiel heiraten, erfordert dies auch eine Menge Ressourcen: Geld für die Hochzeit, eheliche Bindung, »bis dass der Tod euch scheidet …«, Verlust der Unabhängigkeit, und als Frau geben Sie meist auch noch Ihren Namen auf.

Das Involvement ergibt sich also aus jedem Ressourcen-Einsatz. Ob Sie sich ein Auto, ein Haus oder sonst etwas kaufen, Ihre Unabhängigkeit für den »heiligen Bund der Ehe« oder für ein eigenes Kind abtreten – alles involviert Sie mehr oder weniger und erfordert damit eine Ressourcen-Umwandlung.

Low und High Involvement   Man unterscheidet zwischen einem Low Involvement, wenn der Erwerb einer neuen Ressource nur wenige Ressourcen erfordert, und einem High Involvement, wenn Sie viele Ressourcen ausgeben müssen.

Low-Involvement-Entscheidungen sind kaum spürbar und verändern den Ressourcen-Bestand im Prinzip nicht. Wenn Sie sich entscheiden, heute Abend ins Kino oder zum Pizza-Essen zu gehen, oder sich ein neues Buch kaufen, ist dies eine Low-Involvement-Entscheidung beziehungsweise eine Low-Investition, und Sie machen keinen existenzgefährdenden Verlust, sollte der Film schlecht sein oder die Pizza nicht schmecken. Solche Entscheidungen können Sie auch einfach aus dem Bauch heraus treffen und sich spontan entscheiden, denn sollten sie sich als Fehlentscheidungen herausstellen, haben sie im Prinzip keine nennenswerten Folgen. Ein solcher »Griff ins Klo« tut weder Ihrer Brieftasche noch Ihren sonstigen Ressourcen wirklich weh.

Low-Involvement-Entscheidungen werden daher selten wirklich voll durchdacht getroffen. Niemand analysiert die Auswirkungen des Kaufs eines Kaugummis und wägt die Pros und Contras bei einer solchen Aktion ab. Wenn man irgendwie die Idee hat oder die Lust darauf verspürt, greift man einfach mal zu. Darum finden Sie alle Low-Involvement-Produkte in allen Märkten direkt neben den Kassen: Wenn man zufällig ein solches Low-Involvement-Produkt beim Warten entdeckt, greift man eben schnell einmal zu, ohne großartig darüber nachzudenken.

Computer, Waschmaschinen oder dergleichen neben die Kasse zu stellen, macht keinen Sinn, weil es sich hierbei nicht um Low-Involvement-Produkte handelt, denn diese Produkte kauft kaum jemand aus dem Bauch heraus, sondern plant eine solche Investition im Voraus.

Aber nicht nur bei preisgünstigen Waren gibt es Low-Involvement-Entscheidungen. Denken Sie einmal an Entscheidungen in Ihrem Leben, bei denen Ihnen der Ausgang nahezu gleichgültig ist und bei denen Sie nur wenige Ressourcen investieren. Wenn Sie auf unverbindliche One-Night-Stands stehen, gehen Sie auch keine Ressourcen verbrauchende Bindung ein. Sie haben Ihren Spaß ohne Verpflichtungen oder Geld auszugeben (hoffentlich). Verlieben Sie sich aber sofort in Ihren Sexpartner, werden viel mehr Ressourcen aktiviert. Sie verlieren Ihre Unabhängigkeit und binden sich emotional. Damit wird ein One-Night-Stand von einer geplanten Low-Involvement- zu einer High-Involvement-Handlung. Viele haben damit Probleme und bereuen allzu oft, sich überhaupt darauf eingelassen zu haben.

Wenn Sie eine neue Bekanntschaft schließen, geschieht dies meist ebenfalls ohne hohes Involvement. Doch vor allem bei Freundschaften gibt es viele, die höheres Involvement fordern. Ein klassisches Beispiel sind die sogenannten »besten Freunde«, die man meist schon aus der Schulzeit kennt. Diese Freundschaften bringen gewisse Verpflichtungen (vor allem die regelmäßige Pflege) mit sich. Wenn Ihr bester Freund Liebeskummer hat, sind Sie wahrscheinlich die erste Adresse, an die er sich wendet, und Sie müssen ihm beistehen. Auch ist es nicht denkbar, sich wochenlang nicht zu melden und mit ihm nur einmal im Monat etwas zu unternehmen.

• • • *Entscheidungen, die wenig Ressourcen erfordern und deren Ausgang Ihnen mehr oder weniger gleichgültig ist, werden als Low-Involvement-Entscheidungen bezeichnet.*

Es gibt natürlich keine klare Grenze zwischen High und Low Involvements. So können auch einfache Freunde viele Ressourcen beanspruchen oder sehr gute Freunde nur wenige. Doch es gibt viele eindeutige Involvements.

So sind alle lebenswichtigen Entscheidungen wie Schule, Ausbildung und Beruf High-Involvement-Entscheidungen. Wenn Sie eine Lehre anfangen, beansprucht Sie das meist drei Jahre, bindet Sie an Ihre Arbeitsstelle, und Sie können die Sache nicht einfach ohne größere Verluste aufgeben. Genauso die Wahl des Studiums: Meist müssen Sie Ihre Schulfreunde hinter sich lassen, in eine andere Stadt ziehen und sich für einen Studiengang entscheiden. Je weiter fortgeschritten Ihr Studium ist, desto involvierter sind Sie. Im letzten Semester ein Studium abzubrechen, ist eigentlich undenkbar, weil Sie schon sehr viele Ressourcen investiert haben. Sie sind – im Poker-Jargon – »committed« und kommen nicht mehr ohne große

Verluste heraus. Auch müssen Sie bei der Studienwahl eine Entscheidung treffen, die Sie Ihr ganzes Leben verfolgen kann. Wenn Sie sich für ein Mathestudium entscheiden und das Studium erfolgreich beenden, dürfen Sie auch nach dem Studium jahrzehntelang mit Zahlen jonglieren, es sei denn, Sie schmeißen den Kram anschließend hin, und Ihr ganzer Ressourcen-Einsatz war für die Katz.

Die Entscheidungen, die sich auf Ihr Leben auswirken, sind größtenteils High Involvements. Aber es gibt auch Fälle, für die sind eigentlich hohe Involvements nur sehr kleine, und eine Fehlentscheidung führt kaum negative Konsequenzen mit sich. Beispiel hierfür sind Menschen, die über derart viele Ressourcen verfügen, dass selbst eine eigentlich viele Ressourcen erfordernde Entscheidung keine großen Risiken birgt. Angenommen, ein Schüler ist sehr wohlhabend, hat ein Familienunternehmen hinter sich und wird einmal Millionen erben. Er trifft mit der Studienwahl kaum eine High-Involvement-Entscheidung. Ja, ihm kann es vielleicht sogar völlig egal sein, was er studiert und ob er überhaupt einmal einen Abschluss schafft. Für jemanden mit derart vielen Ressourcen ist meist nur eine Entscheidung um Leben oder Tod eine High-Involvement-Entscheidung.

Genauso kann nicht klar definiert werden, wie hoch das Involvement beim Kauf eines neuen PCs ist. Für Otto Normalverbraucher mit durchschnittlichen Ressourcen mag ein solcher Kauf wichtig und damit mit hohem Involvement verbunden sein. Ein Millionär bestellt sich mal kurz einen im Internet und merkt nicht einmal die Abbuchung per Kreditkarte.

Die klassischen High-Involvement-Entscheidungen beschränken sich natürlich nicht nur auf Sachgüter. Eine Heirat erfordert viele Ressourcen und hat damit ein hohes Involvement: Sie binden sich »Ihr Leben lang« an einen einzigen Menschen und verlieren eine enorme Menge von Freiheiten. Ob Sie das wollen oder nicht, spielt keine Rolle. Wichtig ist nur, dass es eine High-Involvement-Entscheidung ist und Sie sich Ihrer Sache lieber mehr als sicher sein sollten.

Auch kann eine einfache Liebesbeziehung hohes Involvement erfordern, schließlich gehen Sie damit auch gewisse Verpflichtungen ein. Das kostet nicht nur Freiheit und Unabhängigkeit, sondern auch Zeit und meistens auch Geld.

Die Entscheidung, ein Kind in die Welt zu setzen, ist eine, die wohl selbst für Millionäre mit hohem Involvement verbunden ist, denn der Nachwuchs ist immerhin Ihr ganzes Leben lang *Ihr* Kind, und Sie können eine solche Entscheidung nicht mehr rückgängig machen. Sie verpflichten sich damit, das Kind aufzuziehen, Zeit und vor allem Geld zu investieren und nehmen sich sehr viele Freiheiten. Ein Kinderwunsch sollte gut überlegt sein. Es ist keine Low-Involvement-Investition wie ein Kaugummi im Supermarkt, den man für einen Euro mal kurz einsteckt und nach Gebrauch in die Mülltonne spuckt. Solche Entscheidungen lassen sich nicht aus dem Bauch heraus treffen, zumindest tun das vernünftige Menschen nicht.

Und damit sind wir auch schon beim Knackpunkt des ganzen Involvements:

• • • *Je höher das Involvement, desto fundierter muss Ihre Entscheidungsgrundlage sein.*

In vielen Bereichen des Lebens ist Ihnen dieses Prinzip sicherlich schon einmal untergekommen, doch viele verstehen es nicht und treffen selbst High-Involvement-Entscheidungen mit schwacher Informationsgrundlage und ohne sich der Sache wirklich sicher zu sein.

Ein sechzehnjähriges Mädchen, das sich mal eben aus dem Bauch heraus entscheidet, mit ihrem derzeitigen Freund, mit dem sie seit zwei Monaten zusammen ist, ein Kind in die Welt zu setzen, begeht zum Beispiel einen solchen Fehler ebenso wie jemand, der viel zu kurzfristig eine High-Involvement-Ware kauft; ein Auto sollte man nicht kurz im Vorbeigehen erstehen, nur weil einem die Farbe gefällt, und auch ein Haus sollte man sich erst kaufen, wenn man es und die Lage ausreichend geprüft hat und ein solides Finanzierungsmodell vorzuweisen hat. Tausende Abiturienten begehen jedes Jahr den Fehler, sich kurzfristig und nur aus dem Bauch heraus oder aus »Sympathiegefühlen« für einen Studiengang zu entscheiden. Bei manchen geht das gut, und sie haben Glück; andere wiederum quälen sich frustriert durchs Studium oder müssen diese Entscheidung später korrigieren und haben die Ressourcen Zeit und

Geld verplempert. Auch ein Pärchen, das sich für eine Spontanhochzeit in Las Vegas entscheidet, tätigt eine High-Involvement-Entscheidung zu kurzfristig und emotional.

Gehen wir zurück zu unserem Beispiel mit der Firmenkonferenz. Ein unliebsamer Kollege will Ihr Projekt madig machen, und Sie geben ihm ordentlich kontra. Handelt es sich um einen Angestellten, der unter Ihnen oder auf gleicher Ebene steht und in der Firma ohnehin nicht viel zu melden hat und von dem es Ihnen egal ist, ob er Sie anschließend noch eines Blickes würdigt, wäre dies für Sie eine Low-Involvement-Entscheidung. Hat dieser Mann aber in der Firma einen ausgezeichneten Ruf, gilt als der Crack, der immer recht hat, und Sie sind bei zukünftigen Entscheidungen auf sein Wohlwollen angewiesen, oder noch schlimmer, der Kerl ist der Schwiegersohn vom obersten Chef, sollten Sie genau abwägen, ob das von Ihnen geplante Projekt so wichtig ist, sich mit diesem Mann anzulegen. Trotz aller Taktiken befindet er sich vielleicht aufgrund seiner Stellung in einer besseren Position und kann Ihnen das Leben madig machen. Machen Sie sich einen so wichtigen Menschen zum Feind, tätigen Sie eindeutig eine High-Involvement-Entscheidung.

• • • *Überlegen Sie bei High-Involvement-Entscheidungen, ob sich Ihr Einsatz wirklich lohnt oder ob es nicht besser ist, den Kürzeren zu ziehen und das Risiko zu meiden!*

Bankroll Management   Beim Pokern bezeichnet man sein verfügbares und für das Spiel bestimmte Kapital als Bankroll. Haben Sie 1000 Euro übrig, um damit zu spielen, bildet dieser Betrag Ihre Bankroll. Das Bankroll Management bezeichnet den Umgang mit eben dieser Bankroll: Was machen Sie mit den 1000 Euro, und wofür setzen Sie sie ein? Natürlich können Sie sich für Ihre ganzen 1000 Euro in ein Pokerturnier einkaufen und damit Ihre ganze Bankroll aufs Spiel setzen. Oder Sie investieren 100 Euro davon und setzen sich mit diesem Betrag an einen Cash-Game-Tisch.

Optionen haben Sie natürlich viele, aber nicht alle sind auch gut. Wenn Sie sich das 1000-Euro-Turnier leisten, riskieren Sie alles in einem einzigen Spiel – keine gute Idee! Wenn Sie Ihre ganze Bankroll auf ein Internet-Poker-Konto einzahlen und Ein-Euro-Turnier spielen, ist Ihre Bankroll deutlich zu hoch.

Es gilt, für sich und das jeweilige Spiel das richtige Limit zu finden. Hierbei geht es einfach darum, dass Sie nicht Opfer der Varianz werden und mit Swings umgehen können. Auch wenn Sie der beste Spieler der Welt sind, sollten Sie nicht Ihre ganze Bankroll in einem einzigen Spiel riskieren. Denn auch als Bester können Sie verlieren, und schon ist Ihr Kapital futsch!

Ganz analog hierzu verhält sich Ihre Bankroll im richtigen Leben. Sie haben eine bestimmte Bankroll und müssen diese managen. Wenn Sie 100 000 Euro auf dem Konto haben, macht es wenig Sinn, sich davon einen Ferrari zu kaufen und anschließend darauf achten zu müssen, genug Essen im Kühlschrank zu haben. Auch macht es wenig Sinn, ein großes Vermögen auf der Bank zu haben und sich sein Essen aus der Mülltonne zu fischen. Natürlich liegt das alles auf der Hand, aber an dieser Stelle geht es erst mal nur um das Konzept des Bankroll Managements.

Mit folgenden drei Tipps werden Sie Ihre Bankroll besser im Griff haben, falls Sie damit bisher, wie viele andere auch, Probleme hatten:

- Ermitteln Sie Ihre Bankroll lieber konservativ. Wenn Sie im nächsten Monat 3000 Euro Gehalt erhalten, heißt das nicht, dass Sie dann auch diesen Betrag mehr auf dem Konto haben. Ausgaben, auch unerwartete, werden auf Sie zukommen.
- Verplempern Sie niemals einen großen Prozentsatz Ihrer Bankroll für vermeintliche Luxusgüter. Achten Sie darauf, dass Ihre Luxusausgaben nur einen kleinen Teil der Bankroll ausmachen.
- Lebensnotwendige Güter wie Essen, Miete und Kleidung dürfen ruhig einen großen Prozentsatz Ihrer Bankroll beanspruchen. Aber auch hier gilt: Je weniger, desto besser!

Risiko und Gewinn

Als Pokerspieler ist man ein Investor. Man versucht, seine Chips in günstigen Situationen zu investieren, und erwartet, unterm Strich mehr zurückzubekommen. Für Investoren und Pokerspieler ist es wichtig, bei allen Investitionen ihr Risiko und den möglichen Gewinn zu ermitteln und gegeneinander abzuwägen.

Pot Odds beim Poker Beim Pokern geschieht dies ganz einfach durch den Pot und den zu erbringenden Einsatz. Liegen zum Beispiel 500 Euro im Pot, kann der Spieler diese auch gewinnen. Das wäre der mögliche Gewinn. Das Risiko des Spielers sind die eigenen Chips, die er riskieren muss, um den Pot zu gewinnen. Wenn er 100 Euro setzt, geht er das Risiko ein, diese zu verlieren. Darum ergibt sich am Pokertisch die einfache Situation: Die Einsätze sind das Risiko und die Pots die Gewinne.

Dieses Verhältnis aus Risiko und Gewinn beziehungsweise Einsatz und Pot nennt man beim Poker »Pot Odds«. Muss der Spieler 100 Euro setzen, um 500 gewinnen zu können, sind die Pot Odds 100:500, oder, kurz gesagt, 1:5. Dieses Verhältnis sagt Ihnen ganz einfach, ob ein günstiges Verhältnis aus Risiko und Gewinn oder ein ungünstiges vorliegt.

Pot Odds im Leben Wenn Sie schon etwas mit Versicherungen zu tun hatten oder BWL studiert haben, ist Ihnen dieser Gedanke sicherlich schon einmal untergekommen. Die Abwägung von Risiko und Gewinn ist nicht nur am Pokertisch oder für bestimmte Berufe wichtig, sondern in allen Lebenssituationen. Wer sich dessen nicht bewusst ist, wird über kurz oder lang viele schlechte Entscheidungen treffen. Pot Odds, also die Risiko-Gewinn-Konstellation, verfolgen Sie durchs ganze Leben. Sie treffen im Minutentakt Entscheidungen, bei denen es genau auf dieses Verhältnis ankommt.

Wie sieht es mit dem Kauf dieses Buches aus? Kaum vorstellbar, dass Sie im Buchladen standen und das Verhältnis von Risiko und Gewinn ausgerechnet haben. Sie haben sich wohl einfach vom Titel, vom Cover oder sonstigen Faktoren hinreißen lassen und sich kurzerhand entschlossen, einfach zuzugreifen. Doch mit dem Kauf des Buches investieren Sie Geld, zwar nicht viel, aber Sie investieren. Und immer, wenn Sie investieren, muss es einen Gewinn geben. Der Gewinn in diesem Fall ist nicht einfach der Besitz eines Buches, sondern der Nutzen, den Sie aus diesem Buch erzielen. Wenn Sie sich einen Roman kaufen, erwarten Sie Unterhaltung, bei einem Lehrbuch hingegen Fachwissen. Bei diesem Buch sollten Sie unterhalten werden und kostbare Tipps und Lebenshilfen aufnehmen. Das ist Ihr Nutzen, Ihr Gewinn. Wir erlauben uns einfach zu behaupten, dass das von Ihnen getätigte Risiko beim Kauf des Buches in einem sehr günstigen Verhältnis zum Nutzen steht. Darum haben Sie eine gute Entscheidung getroffen.

Beim eingegangenen Risiko geht es nicht immer nur um Geld. Wenn Sie zum Beispiel mit Ihrem Wagen ein anderes Fahrzeug im Verkehr überholen, besteht immer das Risiko, einen Unfall zu bauen. Je ungünstiger die Überholsituation, desto größer ist dieses Risiko. Der Gewinn wäre, beim Überholen eines langsameren Verkehrsteilnehmers, Zeit zu sparen. Das Unfallrisiko steht hier also einem Zeitgewinn gegenüber.

Wie sieht das Risiko beim Betrügen Ihres Partners aus? Aller Wahrscheinlichkeit nach ist Ihr Partner zumindest sehr sauer, wenn die Sache auffliegt, und trennt sich vielleicht sogar von Ihnen. Die Belohnung liegt ganz im eigenen Ermessen. Manche betrügen ihren Partner aus sexueller Langeweile oder der Lust zur Abwechslung, andere möchten sich selbst beweisen, und andere machen es einfach nur aus Spaß. Sogar in solchen emotionalen Situationen gibt es ein Verhältnis aus Risiko und Gewinn.

Auch beim Anbaggern des Objekts der Begierde lässt es sich finden. Der mögliche Gewinn ist natürlich die Eroberung, das Risiko, einen Korb zu bekommen.

Viele Berufstätige träumen davon, sich selbstständig zu machen. Einfach der eigene Chef sein und sich nicht mehr herumkommandieren lassen. Häufig muss hierfür der bisherige Job aufgegeben werden, was das Risiko der Verselbstständigung wäre. Die Belohnung ist Unabhängigkeit und vielleicht ein besserer Lohn.

Am Pokertisch ist es ganz leicht, seine Pot Odds zu berechnen.

Man muss nur die Chips im Pot zählen und wissen, wie hoch der eigene Einsatz aussehen soll. Beim Online-Poker wird einem das sogar alles angezeigt, und man muss im Prinzip nur noch ablesen.

Ganz so leicht ist es im richtigen Leben leider nicht. Risiko und Gewinn lassen sich meist nicht in Zahlen ausdrücken, sondern müssen anders gewichtet werden. Es ist aber absolut wichtig, diese beiden Faktoren gut einschätzen zu können. Je besser Ihnen das gelingt, desto besser werden Ihre Entscheidungen aussehen.

• • • *Pot Odds sind das Verhältnis zwischen möglichem Gewinn und dem Risiko, das diesem gegenübersteht.*

Die richtige Bewertung der Risiken im Leben Wenn es darum geht, die Risiken richtig einzuschätzen, sollte man mit den einfachsten Konsequenzen anfangen. Fragen Sie sich, was passieren kann. Bei einem Einkauf ist das Risiko ganz offensichtlich und einfach zu bewerten. Sie müssen nur den Preis kennen und sich fragen, was Ihnen die Ware tatsächlich wert ist, und schon wissen Sie Bescheid. Bei allen anderen Entscheidungen, bei denen Geld keine Rolle spielt, müssen Sie Ihr Risiko aus den gefährlichen Konsequenzen herleiten.

Angenommen, Sie überlegen, Ihrem Gegenüber die Meinung zu sagen. Was kann die Folge, das Risiko sein? Er kann Ihnen eins auf die Nase geben oder Sie emotional mit Worten verletzen. Wenn Sie zum Beispiel Ihrem Chef mal anständig die Meinung geigen, könnte er Sie vielleicht entlassen. Ihr Lebenspartner könnte Schluss machen, wenn Sie mal so richtig auf den Tisch hauen.

Jeder Mensch hat in der Regel genug Lebenserfahrung, dass er die zwangsläufigen Konsequenzen und die Risiken vieler Aktionen kennt. Meist sind die Risiken recht offensichtlich, zum Beispiel, wenn Sie nachts auf der Straße einen Haufen besoffener Punks, die gerade eine Telefonzelle kurz und klein hauen, als »Sozialschmarotzer« und »arbeitsscheues Pack« beschimpfen oder sich mit einem Dortmund-Trikot in eine Schalker Fan-Kneipe wagen.

• • • Machen Sie es sich bei der Risiko-Einschätzung nicht zu kompliziert, gehen Sie von den offensichtlichsten Konsequenzen aus, und bringen Sie Ihre Lebenserfahrung mit ein!

Gehen Sie bei der Beurteilung der Risiken nach Ihrer Lebenserfahrung. Grüßen Sie einen Mitmenschen auf der Straße, müssen Sie natürlich nicht damit rechnen, verprügelt zu werden, weil Ihr Gegenüber nicht gern gegrüßt wird. Möchten Sie einen Spaziergang unternehmen, ist es absolut unnötig, unwahrscheinliche Risiken wie das Herunterstürzen eines Satelliten oder den Überfall eines Exhibitionisten zu bedenken. Gehen Sie einfach nur von den wahrscheinlichsten denkbaren Konsequenzen aus, und bewerten Sie diese als Risiken.

Die richtige Bewertung des zu erwartenden Gewinns

Kaum anders ist die Einschätzung des zu erwartenden Gewinns. Auch hier gilt es, die wahrscheinlichsten Fälle zu werten und sich danach zu orientieren. Die möglichen Gewinne ergeben sich aus dem Wunschresultat einer Entscheidung: Wenn Sie ins Kino gehen, wollen Sie nicht gelangweilt, sondern unterhalten werden. Das erwarten Sie auch, und darum bezahlen Sie die 10 Euro Eintritt.

Gewinne können vielseitig sein. Im Prinzip ist jedes positive Empfinden ein Gewinn. Ob Sie jetzt einem Menschen die Meinung sagen, um Genugtuung zu erlangen, und sich anschließend besser fühlen, oder ob Sie für Ihr mühsam zubereitetes Abendessen als Belohnung Ihren Partner vernaschen dürfen – das sind alles Gewinne, also Ergebnisse, die Sie gern erzielen möchten.

Das Ziel eines Pokerspielers ist es, bei jeder Aktion sein Risiko so gering wie möglich zu halten und seinen Gewinn zu maximieren. Genau das sollte auch Ihr Anliegen im richtigen Leben sein: Versuchen Sie, Risiken möglichst zu vermeiden, und wenn, dann gehen Sie nur größere Risiken ein, wenn der potenzielle Gewinn ebenfalls sehr groß ist.

• • • Auch bei der Gewinn-Einschätzung sollten Sie von den offensichtlichsten Erwartungen ausgehen und die Sache nicht zu kompliziert machen.

Pot Odds und der Weg in die Selbstständigkeit Es gibt immer wieder Leute, die sich den Traum erfüllen möchten, ihr eigener Boss zu werden, und sich selbstständig machen. Der regelrechte Hype um die »Ich-AGs« zeugt von diesem Unabhängigkeitsdrang. Manche kündigen ihren Job, weil sie soeben ihren ersten Vertrag für einen Roman unterschrieben haben und davon überzeugt sind, einen Bestseller zu landen. Andere kündigen und versuchen, ihr »eigenes Ding zu machen«: sie eröffnen eine Pommesbude oder setzen ihre bisherige Arbeit als Selbstständiger fort. Teilweise funktioniert das, teilweise aber auch nicht, und so mancher Traum endet leider in Hartz IV.

Jeder, der einen solchen Schritt in Erwägung zieht, sollte zuerst in aller Ruhe Risiko und Gewinn abwägen. Das Risiko des Scheiterns, dass man später in Arbeitslosigkeit endet oder seinem ehemaligen Chef die Stiefel lecken muss, um wieder angestellt zu werden, muss genau abgeschätzt werden. Sicherlich sind manche derart qualifiziert und in ihrem Job so gut positioniert, dass sie sich eine Kündigung leisten können. Die meisten sind aber doch abhängig von ihrem Arbeitsplatz. Ihn aufs Spiel zu setzen, bedeutet ein hohes Risiko.

Auch der zu erwartende Gewinn muss gut abgeschätzt werden. Dass Sie mit einer eigenen Pommesbude am Stadtrand Umsätze in Millionenhöhe erzielen, ist ausgeschlossen. Der Traum vom Ferrari oder einem Ferienhaus im Süden ist hier reine Illusion. Bei einem fähigen und hochqualifizierten Beschäftigten, der sich auf seinem Spezialgebiet unabhängig macht, kann der zu erwartende Gewinn allerdings durchaus vielversprechend sein. Auf diese Weise wurden schon viele erfolgreiche Unternehmer geboren, die gute Umsätze erwirtschaften. Sogar der eigene Ferrari kann in diesem Fall in greifbare Nähe rücken.

Wer diesen Schritt in Erwägung zieht, muss so ehrlich wie möglich den potenziellen Gewinn abschätzen. Wegen des hohen Risikos bei eigenen Unternehmungen ist es durchaus empfehlenswert, sich beraten zu lassen, um das Risiko eben genau abschätzen zu können und vielleicht sogar zu minimieren. Viele Gründer sind einfach naiv, wollen irgendwie ihren Traum erfüllen, wissen aber nicht genau, wie, und genau daran scheitern sehr viele …

Auch Homer Simpson kündigte in einer Folge der »Simpsons« seinen Job im Atomkraftwerk, weil sein Sohn im T-Shirt-Gewerbe »so viel« verdiente. Am Ende wurde Bart übers Ohr gehauen, und Homer durfte wieder bei seinem Chef Mr. Burns anklopfen. Er hat weder das Risiko noch den zu erwartenden Gewinn beachtet und ist folglich auf die Nase gefallen.

• • • *Achten Sie vor allem bei Entscheidungen mit hohem Involvement ganz genau auf die möglichen Risiken!*

Das Konzept der langfristigen Gewinnmaximierung

Worum geht es im Leben ebenso wie beim Pokern? Die Antwort lautet knallhart: darum, den eigenen Gewinn zu maximieren. Doch es gibt unterschiedliche Definitionen und Vorstellungen von Gewinnmaximierung. Ein großer Unterschied besteht vor allem zwischen kurzfristiger und langfristiger Gewinnmaximierung.

Während vor einigen Jahrzehnten in der Wirtschaft noch das kurzfristige Konzept vorherrschte, haben Unternehmen mittlerweile erkannt, dass sie mit langfristiger und nachhaltiger Wirtschaftlichkeit viel weiter kommen. Wir zum Beispiel bieten Ihnen nicht irgendein Geschreibsel ohne Nutzen, sondern möchten Ihnen in Ihrem Leben weiterhelfen, sodass Sie einen Gegenwert für den Preis erhalten, den Sie für dieses Buch ausgegeben haben. Im Prinzip könnte es uns egal sein, welchen Wert Ihnen das Buch gibt, schließlich erhalten wir sowieso unser Honorar und einen Anteil an dem Verkaufspreis, wenn Sie das Buch gekauft haben. Doch das wäre eine kurzfristig orientierte Gewinnerwartung. Die langfristige ist aber tausendmal attraktiver. Wenn wir zum Beispiel ein Nachfolgebuch schreiben, würden Sie es sich bestimmt nicht kaufen, wenn schon das erste Buch Mist wäre. Entspricht das erste Buch aber Ihren Erwartungen, und Sie glauben, eine gute Investition getätigt zu haben, stehen die Chancen gut, dass wir Sie mit einem zweiten Buch auch wieder als Käufer gewinnen können. Hinzu kommt, dass Sie dieses Buch sicherlich auch weiterempfehlen, wenn es Ihnen gefällt, und wir so weitere Leser und damit Käufer finden.

Quick Cash ist nicht die Lösung
Das schnelle Geld zu machen, geht meist auf Kosten der Nachhaltigkeit. Wenn Sie zum Beispiel eine Kuhherde besitzen, würde Ihnen zwar ein sofortiger Verkauf des ganzen Bestandes kurzfristig Profit bescheren, aber da Sie keine Tiere mehr haben, die sich vermehren können, werden Sie nie wieder auch nur ein einziges Rind verkaufen können. Es bleibt einfach bei diesem einmaligen Profit, Gewinne in der Folgezeit bleiben aus.

Genauso dürfen Sie als Arbeitgeber Ihre Arbeiter nicht ausbeuten und nahezu versklaven. Natürlich sprechen da heutzutage in unseren Breitengraden Gesetzgeber, Betriebsräte und Gewerkschaften ein Wörtchen mit, aber es gab eine Zeit, da war das nicht der Fall, und Sie durften mit Ihren Mitarbeitern anstellen, was Sie wollten. Doch was brächte es Ihnen, sie zum Arbeiten zu prügeln, wenn die Folge Krankheiten und vielleicht sogar Arbeiteraufstände wären? Diese Zeiten sind zum Glück vorbei und man hat einfach erkannt, dass diese kurzsichtige Profitgier niemanden weiterbringt.

Stellen Sie sich vor, Sie haben einen Zeitschriftenverlag und starten eine neue Illustrierte. Wenn Sie nur wenig Geld für billige Reportagen und schlechte Fotos ausgeben und Ihre Illustrierte ohne viel Investition zusammenschustern, haben Sie natürlich viel Geld gespart, und wenn sich die erste Ausgabe dennoch gut verkauft, weil Sie das meiste Geld in ein gutes Titelbild gesteckt haben, haben Sie mit dieser Ausgabe sicherlich gutes Geld verdient. Aber der Leser dürfte enttäuscht sein und in der nächsten Woche am Kiosk wohl eher zum Konkurrenzblatt greifen. Sie haben zwar mit der ersten Ausgabe gutes Geld gemacht, vor allem, weil Sie so billig produziert haben, aber auf lange Sicht fallen Sie auf die Nase, weil Sie Ihre Kunden enttäuschen.

Auch Frauenheld Tom hat nur kurzfristigen Erfolg, wenn er die Frau seines Herzens damit abschleppt, dass er damit prahlt, was für ein erfolgreicher Geschäftsmann er ist, obwohl er nur Arbeiter bei den Stadtwerken ist und die Kanalisation reinigen darf. Hat er es nur auf einen One-Night-Stand abgesehen, kann er seinen Stich machen, wenn er sich richtig vorbereitet hat. Aber eine langfristige Beziehung wird er mit seiner »gefakten« Geschichte nicht erreichen, denn die Angebetete wird ihm sehr schnell auf die Schliche kommen.

Wenn Sie bei einem Bewerbungsgespräch zu sehr auf den Putz hauen und mit Fähigkeiten prahlen, die Sie möglicherweise gar nicht haben, erzielen Sie zwar möglicherweise den kurzfristigen Erfolg, den Job zu bekommen, den Sie wahrscheinlich ansonsten nie gekriegt hätten. Der langfristige Erfolg bleibt Ihnen jedoch verwehrt, wenn Ihr Bluff während der Probezeit auffliegt und man Ihnen kommentarlos die Papiere in die Hand drückt.

In vielen beruflichen Bereichen ist es besser, sich »von unten nach oben zu arbeiten«, als ganz oben anzufangen und aufgrund der fehlenden Berufserfahrung kläglich zu scheitern.

• • • *Denken Sie nicht von zwölf Uhr bis Mittag, sondern streben Sie eine langfristige Gewinnmaximierung an!*

Der kluge Egoist Ohne Zweifel sollen Sie in diesem Buch lernen, Ihren eigenen Profit zu maximieren. Manche nennen dies Egoismus und finden es verachtenswert. Allerdings gibt es zwei Sorten von Egoisten: den dummen und den klugen Egoisten. Der dumme Egoist achtet nur – und wirklich nur! – auf seinen eigenen Vorteil. Er interessiert sich nicht für andere. Der kluge Egoist hingegen versucht, sich langfristig seinen eigenen Vorteil zu sichern, und beschränkt sich nicht nur auf materielle Dinge. Er schaut nicht nur auf sich, sondern auch auf andere, wenn ihm das langfristig einen Vorteil bringt. Zum Beispiel können Sie kluger Egoist sein und Obdachlosen helfen. Denn solange *Sie* sich besser fühlen, indem Sie anderen helfen, widerspricht das nicht dem Konzept des klugen Egoismus. Auch können Sie höhere Beträge spenden, wenn es *Ihnen* danach besser geht.

Der dumme Egoist hingegen würde niemals anderen helfen, »weil es ihm nichts bringt«. Natürlich kostet Spenden Geld, und es bringt dem Spender keinen Geldwert, aber es kann durchaus einen immens wichtigen immateriellen Wert darstellen.

Auch würde der dumme Egoist seinem Partner keinen größeren Gefallen tun. Statt Blumen oder Ohrringe zu kaufen, gibt er das Geld lieber für sich selbst aus. Eine solche Investition kann sich aber für den klugen Egoisten durchaus auszahlen, auch wenn es nur eine schöne Nacht mit dem Partner als Belohnung für dieses oder jenes ist. Der kluge Egoist würde dies beachten und würde bereitwillig etwas für seinen Partner opfern, auch wenn er keinen direkten Gegenwert erhält.

Dumme Egoisten sind im Prinzip bemitleidenswert und können langfristig nicht glücklich werden. Dem klugen Egoisten mag man den Vorwurf machen können, dass er auch nur wohltätig ist, um sich selbst zu bereichern, aber er bringt wenigstens andere weiter, ganz im Gegensatz zum dummen Egoisten.

Außerdem ist es immer gut, Freunde zu haben oder wenn andere Menschen einem »etwas schuldig« sind. Kommen wir zu unserem Beispiel mit der Firmenkonferenz zurück, bei der Sie Ihr neues Projekt vorstellen, das aber Ihre Konkurrenz und Neider madig machen will. Da wäre es doch schön, unverhofft Unterstützung von anderen Kollegen zu erhalten, auch wenn die nicht unbedingt von Ihrem Projekt überzeugt sind, sondern einfach nur, weil Sie ihnen in ähnlichen Situationen beigestanden haben. Im Leben wäscht häufig eine Hand die andere, und häufig geschieht das sogar ganz unbewusst. Wenn Sie Rücksicht auf Ihre Mitmenschen nehmen und nicht nur den schnellen Gewinn im Kopf haben, können Sie davon profitieren – und wenn es Sie einfach nur glücklich macht.

Denn letztlich geht es im Leben doch nur darum, glücklich zu sein. Oder warum lesen Sie dieses Buch? Um uns den Gefallen zu tun und uns zu bereichern? Oder weil *Sie* Leseunterhaltung haben und Lebensstrategien erfahren möchten, sodass *Sie* einen Nutzen haben? Irgendwo läuft es immer auf Ihren eigenen Vorteil hinaus, auch wenn Sie noch so altruistisch sein wollen.

• • • *Stehen Sie zu Ihrem Egoismus – aber werden Sie ein*
       kluger Egoist, kein dummer.

Die Implied Pot Odds – Versteckte langfristige Vorteile erkennen Was den dummen Egoisten ebenfalls auszeichnet, ist ein zu kurzsichtiger Blick auf Risiko und Gewinn. Er fragt sich, was er in diesem *einen* Moment gewinnen kann, ohne auf einen zukünftigen Profit zu achten. Der tatsächliche Gegenwert liegt aber meist noch weit entfernt, in der Zukunft.

Am Pokertisch sieht das Ganze so aus: Im Moment liegt diese oder jene Summe im Pot, aber in späteren Setzrunden lässt sich meist noch viel mehr Geld gewinnen. Das sind die sogenannten Implied Pot Odds, sozusagen der potenzielle Gewinn, der erst später messbar wird und sich noch nicht einschätzen lässt.

Diese Implied Pot Odds gibt es natürlich auch im Leben. Mehr noch, sie kommen im Leben noch viel besser zur Geltung als beim Pokern. Denn das Leben dauert keine vier Setzrunden, sondern viele, viele Jahre. Manches zahlt sich nicht sofort aus, sondern erst nach langer Zeit.

Als Unternehmer kommt man fast nicht umhin, in den Anfangsjahren der Expansion auf dem Zahnfleisch zu kriechen und alles vorhandene Kapital in die Expansion zu investieren. Der große Gewinn bleibt natürlich zunächst aus, aber wenn der Stein einmal rollt, kann man die saftigen Früchte seiner jahrelangen Arbeit ernten. Der Unternehmer investiert also hauptsächlich in die meist ungewisse Zukunft, denn da wird die Belohnung viel attraktiver sein als die derzeit mögliche.

Auch Studenten wissen das Konzept der Implied Pot Odds zu schätzen. Statt für ihre Tätigkeit Geld zu bekommen, investieren sie es dafür. Dabei könnten sie einfach einen Job annehmen und verdienen. Doch sie verfolgen natürlich das Ziel, nach dem Studium eine lukrativere Arbeit annehmen und noch mehr Geld verdienen zu können.

Ein Gymnasiast, der trotz durchschnittlich guter Noten die Schule nach der 10. Klasse schmeißt, um »endlich Geld zu verdienen und auf eigenen Beinen zu stehen«, hat nur ein kurzfristiges Ziel vor Augen und trifft eine Entscheidung, die er wahrscheinlich für den Rest seines Lebens bereuen wird. Wenn Sie sich in Ihrem Job pudelwohl fühlen, aber abzusehen ist, dass Sie in der Firma langfristig nicht weiterkommen oder die Firma kaum Zukunftschancen hat, zum Beispiel weil sie Bildröhrenfernseher herstellt, aber sich mehr und mehr nur noch Fernseher mit Flachbildschirm verkaufen, sollten Sie sich langfristig um eine andere Anstellung bemühen, so sehr Ihnen der jetzige Job gefällt.

Swings und Bad Beats: Die Achterbahn des Lebens

Jeder Pokerspieler kennt diese Tage, an denen man machen kann, was man will – es will einfach nicht klappen. Man verliert eine Hand als deutlicher Favorit, und zwei Minuten später darf man sich auch schon aus dem Turnier verabschieden, weil man in eine Monsterhand rennt. Solche Pechsträhnen können kurzfristig sein – sie können leider auch über Monate anhalten.

Das läuft – oder auch nicht ... Der Otto Normalverbraucher bezeichnet es einfach als Pech, wenn der Lauf der Dinge unglücklich erscheint.

Sie kennen diese Pechsträhnen sicherlich auch ohne jahrelange Poker-Erfahrung. Das Essen brennt an; Sie kommen zu spät zur Arbeit, weil alle Ampeln auf Rot stehen; Ihr Chef ist sauer auf Sie, obwohl Sie ganz sicher nicht dafür verantwortlich sind; und dann nimmt Ihnen auf der Heimfahrt auch noch irgendein Idiot die Vorfahrt und »schrottet« Ihr Auto.

Das Prinzip dahinter ist eigentlich ganz einfach: All diese Ereignisse sind nur Wahrscheinlichkeiten. Wenn Sie durch die Stadt fahren, ist die Möglichkeit, dass die Ampel auf Rot steht, immer gegeben, und bei der nächsten ebenfalls und so weiter. Auch besteht immer die Gefahr, dass Ihnen jemand die Vorfahrt nimmt; das lässt sich leider nicht ausschließen.

Von Pech oder Glück spricht man, wenn der sehr unwahrscheinliche Fall eintritt, dass alle Ampeln auf Rot stehen oder dass der rücksichtslose Autofahrer ausgerechnet Ihnen die Vorfahrt nimmt anstatt den tausend anderen Autos. Kommt es vor, dass sich diese

Ereignisse auch noch aneinanderreihen, so liegt eine Pechsträhne vor, und es scheint einfach gar nichts zu funktionieren.

Kurzfristig sind solche Antiläufe denkbar, und Sie werden sie zur Genüge kennen. Auf lange Zeit gesehen, gleicht sich jedoch alles aus, gute und schlechte Verläufe liegen im Gleichgewicht. Angenommen, Sie sind in einer Pokerhand 80-prozentiger Favorit und verlieren zwei von zwei Durchgängen, so ist das ein sehr schlechter Verlauf. Treten Sie aber tausend Mal als ein solcher Favorit an, werden Sie bestimmt nicht immer verlieren; ungefähr 800 Mal werden Sie gewinnen. Je größer die Zahl dieser Versuche, desto präziser wird das mathematisch korrekte Ergebnis ausfallen.

Das heißt im Klartext:

• • • *Glück und Pech gehören zum Leben und sind auf lange Sicht ausgeglichen.*

Das Problem vieler Menschen ist, dass sie nicht in Wahrscheinlichkeiten denken, sondern in absoluten Werten. Aussagen wie »Ich bin jetzt schon zehn Mal schwarzgefahren und noch nie erwischt worden, deswegen werde ich auch in Zukunft nicht kontrolliert« oder »Der Zug hatte bisher immer Verspätung, also wird er heute auch nicht pünktlich sein« sind Beispiele für absolute Denkweisen.

Diese Thematik ist so wichtig, dass wir ihr ein ganzes Kapitel gewidmet haben. Tatsächlich beeinflusst diese absolute Denkweise und das Nichterkennen von Wahrscheinlichkeiten unsere Entscheidungen radikal, häufig sogar auf fatale Weise.

Swings – das Auf und Ab im Leben Kurzfristig auftretendes Pech und Glück muss grundsätzlich von den Swings unterschieden werden. Swings sind Verkettungen von glücklichen oder unglücklichen Ereignissen, die auf die sogenannte Varianz zurückzuführen sind. Wenn unser Frauenheld Tom bei seiner 99-prozentigen Erfolgsquote mal einen Korb bekommt, so ist das Pech. Folgen diesem Korb aber noch weitere, so handelt es sich um eine Verkettung von unglücklichen Umständen, was man im Poker-Jargon als Downswing oder Antilauf bezeichnet. Es will einfach nicht laufen, und es scheint, als könne man daran nichts ändern.

Zum Glück gibt es aber nicht nur Downswings, sondern auch Upswings, also Verkettungen glücklicher Ereignisse. Man sagt auch »Rush« oder »Lauf« dazu.

Wenn Sie ehrlich mit sich sind, hatten Sie schon öfter einen solchen Lauf. Es scheint einfach alles zu gelingen, Sie kommen sich vor wie der König der Welt und haben das Gefühl, nichts machen zu müssen, weil es von ganz allein läuft wie geschmiert. Man kennt diese Tage als Golfer, wenn man schlagen kann, wie man will, der Ball fliegt einfach dorthin, wo er hin soll, im Beruf, wenn einem alles gelingt, oder natürlich als Pokerspieler, wenn man die wunderlichsten Karten trifft und jeden Pot gewinnt.

Vorsicht! Selektive Wahrnehmung Das Leben ist ein Auf und Ab. Eine Abwechslung von Up- und Downswings, sozusagen eine Achterbahn. Am Ende eines Lebens ließe sich theoretisch eine Linie zwischen diesen Swings ziehen, die gerade wäre und anzeigen würde, dass sich Glück und Pech auf lange Sicht ausgleichen. Ausgenommen hiervon sind natürlich krasse Schicksalsschläge, wie ein Unfalltod mit siebzehn Jahren oder ähnlich schlimme Sachen. Gemeint ist hier ein »durchschnittliches« Leben.

Trotz der Tatsache, dass sich irgendwann alles ausgleicht, leiden viele Menschen an selektiver Wahrnehmung. Sie sehen nur das, was sie sehen wollen, meistens eben unglückliche Verläufe. Bei ihnen ist Glück selbstverständlich und wird kaum beachtet.

Dem Pech hingegen wird deutlich mehr Aufmerksamkeit gewidmet. Häufig versinken diese Menschen im Selbstmitleid und fragen sich, warum immer ausgerechnet ihnen das passieren muss. Sie wollen nicht einsehen, dass zum Leben sowohl Glück als auch Pech gehören, nehmen nur Letzteres wahr und kommen sich vor wie ein gebeutelter Hund.

Diese Menschen können in Depressionen fallen, weil sie überwiegend negativ denken und auch ihrem Glück nichts Positives abgewinnen, weil sie es als selbstverständlich betrachten. In ihren Augen haben alle anderen Glück, sie selbst aber nie.

In so gut wie jeder Hinsicht ist dieser Standpunkt kontraproduktiv, und solche Menschen können aufgrund ihrer negativen Einstellung weit weniger Erfolge verzeichnen als ihre Mitmenschen.

Ein gutes Beispiel für selektive Wahrnehmung sind Fußballfans. Jede gegnerische Aktion ist ein Foul, ein Vergehen des eigenen Teams hat aber keinen Pfiff zur Folge, und beim guten alten Abseits können selbst eingezeichnete Linien den Fan nicht überzeugen.

Und natürlich gibt es auch beim Pokern selektive Wahrnehmung. Man selbst hat niemals so viel Glück wie der Gegner, alle haben immer bessere Karten und gewinnen deshalb. Das Gehirn vieler Menschen merkt sich eben nur das, was es will, ohne andere Ereignisse abzuspeichern. Es kommt ganz klar zu einer verzerrten Sicht.

In dem Zusammenhang schrieb Jack King in dem berühmten Buch »Confessions of a Winning Poker Player« einst: »So komisch es sich anhört, nur wenige Spieler erinnern sich an die großen Pots, die sie gewonnen haben, aber jeder Spieler erinnert sich mit bemerkenswerter Genauigkeit an die wirklich schlimmen Niederlagen seiner Karriere.«

• • • *Versuchen Sie, die Dinge möglichst objektiv zu betrachten. Selektive Wahrnehmung verzerrt die Einschätzung oft ins Negative!*

Auf die Analyse kommt es an: War es Pech oder eigene Dummheit?

Es ist wichtig, die Dinge objektiv und rational zu betrachten. Anzuerkennen, dass sich Glück und Pech langfristig ausgleichen und man nicht mehr tun kann, als die richtigen Entscheidungen zu treffen. Beim Pokern ist es genauso: Ein Spieler, der Angst vor Monstern unterm Bett hat und immer das Schlimmste befürchtet, kann einfach keinen Erfolg haben. Man muss einsehen, dass Pech genauso zum Leben gehört wie Glück und dass auch Pechsträhnen verdammt lange dauern können.

Wenn man das verstanden hat, kann man auch objektiv an sich herantreten und sich fragen, was man hätte besser machen können. Mit einem verzerrten Bild wie das des Schwarzsehers, der glaubt, ausschließlich Pech im Leben zu haben, ist es unmöglich, die eigenen Fehler zu finden und dagegen anzugehen. Der Schwarzseher sucht sie immer bei anderen oder beim bösen Gott, der ihn überhaupt nicht mag. Selbstkritik ist in allen Situationen wichtig. Diesen Menschen fehlen dafür die nötigen Grundvoraussetzungen.

Mit einer objektiven Betrachtungsweise der Dinge kann man die Ursachen erforschen und die Frage beantworten, ob dieser und jener unglückliche Verlauf wirklich Pech war oder ob mich selbst eine Schuld trifft. Beim Pokern schreibt man den Verlauf einer Hand oder eines Turniers auf, stellt ihn ins Internet und diskutiert mit anderen Spielern über Schwächen und Fehler. So lässt sich gut beurteilen, ob Fehler gemacht wurden oder ob der Verlauf einfach unglücklich war.

Im Leben sind solche Analysen nicht ganz so einfach. Man sollte sich aber immer noch mal in die eigene Lage versetzen und sich objektiv mit den eigenen Entscheidungen auseinandersetzen. Macht sich unser Frauenheld Tom mal wieder auf Beutefang, sucht sich ein Exemplar aus, fragt sie spontan, ob er sich mit ihr vergnügen darf und bekommt eine geschmiert, so sollte er sich fragen, ob er Pech hatte, an so ein böses Miststück zu geraten, oder sein eigenes Verhalten vielleicht zu seinem Scheitern beigetragen hat. Wer an dieser Stelle sagt, dass Tom Pech hatte, sollte noch mal ein paar Seiten zurückblättern.

Angenommen, Sie möchten sich an der Universität einschreiben, wofür Sie zwei Wochen Zeit haben. Da Sie einen vollen Terminkalender haben, entscheiden Sie sich, die Immatrikulation am letzten Tag vorzunehmen. Sie möchten mit dem Zug hinfahren, der aber wegen eines Streiks ausfällt. Sie verpassen auch den letzten Termin zur Einschreibung. Als Schwarzseher würden Sie an dieser Stelle fluchen und sich beschweren, warum das ausgerechnet immer Ihnen passieren muss. Ein objektiver Beobachter hingegen wird feststellen, dass Ihr Scheitern eher Ihrem eigenen Unvermögen zuzuschreiben ist als Pech.

Als Schwarzseher würden Sie sich im nächsten Semester wieder am letzten Tag immatrikulieren wollen, weil Sie schließlich beim ersten Mal nur Pech hatten. Ein objektiver Beobachter würde aber erkennen, dass es nicht nur Pech war, und Ihnen raten, es nächstes Mal anders zu machen.

Dieser Lerneffekt ist wichtig und trägt auch dazu bei, immer mehr richtige Entscheidungen zu treffen. Es heißt, dass man aus Fehlern lernt, nur muss man erst mal diese Fehler erkennen und sie sich eingestehen. Allerdings ist zu beachten, dass auch unglückliche Umstände für das eigene Scheitern verantwortlich sein können. Eine Entscheidung, die dazu geführt hat, war nicht zwangsläufig ein Fehler, nur weil man sich ein anderes Ergebnis gewünscht hätte.

Für einen berufstätigen Menschen ist es richtig, an den Arbeitstagen zur Arbeit zu fahren, um Geld zu verdienen und seine Existenz zu sichern. Wird man bei der Fahrt zur Arbeit in einen Unfall verwickelt und kann wochenlang gar nicht arbeiten, so ist dies ein unglücklicher Umstand, der nicht vorhersehbar war. Die Entscheidung, zur Arbeit zu fahren, war dennoch richtig, auch wenn das Ergebnis, nämlich im Krankenhaus zu liegen, nicht erwünscht war. Wer seine Entscheidung an dieser Stelle kritisiert und beschließt, nächstes Mal nicht zur Arbeit zu fahren, weil man auf der Hinfahrt nur einen Unfall erleiden würde, denkt falsch.

Angenommen, Sie sind etwas spät dran und müssen zum Zug rennen, um ihn noch zu erwischen. Noch rechtzeitig angekommen, erfahren Sie, dass er fünf Minuten Verspätung hat und Sie sich auch hätten Zeit lassen können. Die Entscheidung, zu laufen, um ihn nicht zu verpassen, war dennoch richtig, unabhängig von der verzögerten Abfahrt.

Auf manche Dinge im Leben hat man keinen Einfluss, weil sie zufällig eintreten. Wenn Sie aber lernen möchten, Entscheidungen im Leben zu verbessern, ist es wichtig, zwischen Zufall und Verantwortung zu unterscheiden. Mit einer guten und objektiven Einschätzung können Sie die nach Ihrem Wissensstand besten Entscheidungen treffen.

Beim Pokern ist es immer richtig, sein Geld mit der besten Hand zu investieren. Taucht aber im weiteren Verlauf dieser Hand eine Karte auf, die den Gegner gewinnen lässt, so ist dies ein zufälliges Ereignis, auf das man keinen Einfluss hat. Die Investition mit der vermeintlichen Siegerhand war aber immer noch eine gute Entscheidung, auch wenn es der Zufall anders wollte.

• • • *Nur wenn man Fehler erkennt, kann man sie beheben.*
   Arbeiten Sie an einer objektiven Einschätzung, um diese
   Fehler überhaupt finden zu können!

Der Rush – Wenn alles gelingt Weitaus schöner als die lästigen Downswings ist der Rush. Jeder Mensch hatte schon einmal einen richtigen Lauf und weiß auch, wie es sich anfühlt, scheinbar unfehlbar zu sein. Es gelingt einfach alles. Beim Pokern bringt ein Rush natürlich richtig Geld ein. Egal, wie klein die Chance auch sein mag, es gibt Tage, an denen man dem Glück nicht entfliehen kann. Man trifft alles und heimst so gut wie jeden Pot ein.

So schön solche Upswings auch sein mögen, genauso gefährlich sind sie auch. Irgendwann geht es nämlich wieder nach unten, und der nächste Downswing steht sicherlich vor der Tür. Man darf nicht den Fehler machen und glauben, es würde immer so weitergehen. Auch wenn man einen Lauf hat, darf man beim Pokern keine mathematisch falschen Entscheidungen treffen, weil man vom Glück verfolgt zu sein glaubt.

Auch im Leben ist es falsch, sich auf das Glück zu verlassen. Wer es dennoch macht, kann von einem bevorstehenden Downswing schwer gebeutelt werden. »Hochmut kommt vor dem Fall« sagt man so schön, und genau dieser Hochmut kann Folge einer Glückssträhne sein.

Trotzdem muss man Kapital aus einem Upswing schlagen. Es hilft nichts, ihn zu erkennen und auf den nächsten Antilauf zu warten. Man muss wie gewohnt die richtigen Entscheidungen treffen und den glücklichen Lauf nutzen. Was es aber strikt zu vermeiden gilt, ist, sich und seinen Lauf zu überschätzen. Zum Beispiel ins Kasino marschieren und ein Monatsgehalt setzen. Oder spekulative Aktien kaufen, die sehr turbulent auf dem Markt herumschwirren. Mathematisch falsche Entscheidungen sind immer noch falsch, auch wenn Sie sich wie ein Halbgott vorkommen mögen, weil Sie mal Glück hatten. Kurz gesagt:

• • • *Upswings sind schön und gut, nur sollten Sie auf dem Teppich bleiben!*

Bad Beats – Wie ein Blitz aus heiterem Himmel Im Poker ist ein Bad Beat der unglückliche Verlust einer Hand. Wenn Sie aller Wahrscheinlichkeit nach eine Hand gewinnen müssten, Ihr Gegner aber mit Glück doch noch siegt, haben Sie einen Bad Beat kassiert. Ein Beispiel: Sie müssen mit zwei Assen, der stärksten Starthand in Hold'em Poker, gegen zwei Achten antreten, setzen Ihr ganzes Geld, müssten mit einer Wahrscheinlichkeit von achtzig Prozent gewinnen, aber dann zieht Ihr Gegner eine dritte Acht und klaut Ihnen den Pot.

Sie haben alles richtig gemacht, waren klar in Führung und verlieren dennoch – ein Bad Beat!

Wie Sie sich schon denken können, gibt es auch im Leben solche Bad Beats. Manche sind schlimm, manche weniger schlimm. Manche lassen sich schnell wegstecken, manche verfolgen einen das ganze Leben lang. Dass Ihnen aus Versehen ein Glas Wasser ausrutscht und auf den Boden klatscht, ist im Prinzip auch ein Bad Beat.

Ein schlimmerer Bad Beat wäre es aber, wenn Sie eine nahestehende Person verlieren, gesundheitliche Probleme bekommen oder Ihre Lebensgefährtin mit Ihrem besten Freund durchbrennt. Alles Unerwartete und Unwahrscheinliche kann als Bad Beat bezeichnet werden. Angenommen, Sie gehen nichtsahnend durch die Stadt und denken an nichts Böses. Plötzlich treffen Sie eine Person, die Sie überhaupt nicht leiden können und niemals an dieser Stelle erwartet hätten. Nun müssen Sie sich auch noch mit ihr unterhalten und so tun, als ob Sie sie mögen. Ein klarer Bad Beat.

Bad Beats gibt es überall und jeden Tag, sie gehören einfach zum Leben. Es muss aber zwischen wirklichen und harmlosen Bad Beats unterschieden werden. Mit heruntergefallenen Gläsern wollen wir uns hier nicht lange aufhalten; es ist wichtiger, die wirklichen Bad Beats zu meistern.

Es gibt nichts Schlimmeres im Poker, als einen Bad Beat einstecken zu müssen. Können wir den glücklichen Gegner nicht leiden und macht er auch noch dämliche Kommentare, so sind diese Bad Beats einfach nicht zu ertragen. Dennoch kommen sie vor, und das häufiger, als wir uns das wünschen. Auch wenn ein Pokerspieler in Führung liegt und zu neunundneunzig Prozent gewinnen müsste, gibt es immer noch eine einprozentige Chance, zu verlieren. Und da ein Prozent keine null Prozent sind, muss auch dieser Fall hin und wieder eintreten.

Im Leben ist es genauso: Es gibt einfach immer irgendeine Möglichkeit, zu verlieren, auch wenn die Chance verschwindend gering scheint. Die Wahrscheinlichkeit, dass jemand vom Blitz getroffen wird, ist sehr, sehr klein, aber sie existiert, und deswegen kommt so etwas auch leider vor.

Bad Beats sind keine Pechsträhnen, wie sie oben charakterisiert wurden, sondern einmalige Ereignisse, die sehr unwahrscheinlich sind und sich sehr negativ auswirken.

Aber genau weil sie hin und wieder vorkommen, muss man auch damit umzugehen lernen. Beim Poker ist die Sache wirklich nicht einfach, und viele starke Spieler können solche Bad Beats nicht verkraften. Die Gründe hierfür können vielschichtig sein. Meistens ist es eben so, dass man diesen unglücklichen Verlauf nicht akzeptieren kann. »Wie kann es sein, dass mir das schon wieder passiert?« oder »Warum wird der Idiot für sein schlechtes Spiel belohnt?«

Solche Fragen stellt man sich immer wieder. Selbst gute Spieler haben teilweise eine selektive Wahrnehmung. Diese Bad Beats sind viel auffälliger und einprägsamer als der Sieg eines 90-prozentigen Favoriten. All diese Siege nimmt man oft gar nicht mehr zur Kenntnis, weil sie als selbstverständlich angesehen werden, während die harten Niederlagen, wie oben schon erwähnt, in Erinnerung bleiben.

• • • *Bad Beats passieren und gehören zum Leben. Finden Sie sich mit ihnen ab, und lernen Sie, damit umzugehen!*

Tilt – Wenn gar nichts mehr geht

Pokerspieler sind grundsätzlich sehr selbstbewusst. Sie machen eigentlich keine Fehler und sind nur durch Zufall zu schlagen. Diese Einstellung hat zur Folge, dass alle anderen schlecht sind und demnach Glück haben müssen, um zu gewinnen.

Manche Gegner versuchen das ein oder andere Mal einen blöden Zug, gewinnen aber trotzdem mit göttlicher Beihilfe. Für den »perfekt« spielenden Gegner, der »schon wieder« einen Bad Beat einstecken musste, ist es natürlich nicht zu verkraften, den Pot, der eigentlich schon ihm gehörte, wieder abgeben zu müssen.

Was folgt, ist der sogenannte Tilt. Im Poker-Jargon sagt man auch »to steam«, also dampfen. Im Grunde kann man damit einen wütigen Geisteszustand bezeichnen, bei dem der Dampf förmlich aus den Ohren pfeift. Es muss kaum erwähnt werden, dass ein Tilt einen sehr negativen Einfluss auf das Spiel hat. Man spielt wie verrückt, möchte sich rächen und fällt dabei ganz sicher auf die Schnauze. Der eigentliche Schaden ist meistens nicht einmal der durch den Bad Beat verlorene Pot, sondern das schlechte Spiel, das auf diesen Pot folgt.

- • • *Tilt ist ein wütender Geisteszustand, der unkontrollierte und emotionale Reaktionen zur Folge hat.*

Im richtigen Leben ist es ganz ähnlich. Keine Ahnung, wie Sie mit Bad Beats umgehen können, aber am Otto Normalverbraucher geht dieser nicht spurlos vorüber. Erfährt Tom gerade, dass ihn seine Lebensabschnittsgefährtin seit geraumer Zeit betrügt, wird er entweder extrem sauer, schreit, flucht und schimpft, oder er scheint es gelassen zu nehmen und frisst die Wut in sich hinein. Solche Bad Beats können weitreichende Folgen haben. Es ist gut möglich, dass Tom sein Leben lang keiner Frau mehr vertrauen kann oder bald alles kontrollieren muss, um zu verhindern, dass ihm das noch einmal passiert.

So gut wie niemand steckt Bad Beats einfach so weg. Auch wenn man es einem nicht ansieht, so wird der Frust irgendwie verarbeitet. Das Ganze taucht schon in tiefe Gewässer der Psychologie ab. Festzuhalten bleibt, dass Bad Beats sowohl im Leben als auch beim Poker je nach psychischem Zustand und Härte deutliche Spuren hinterlassen können.

Es stellt sich nun die Frage, was man gegen diesen verflixten, dem Bad Beat folgenden Tilt machen kann. Zum Glück gibt es eine gute Möglichkeit, die nicht nur von vielen Pokerspielern mit Erfolg eingesetzt wird. Beim Pokern geht es aber »nur« um Geld. Den Verlust von ein paar hundert Euro kann man gut wieder ausgleichen. Den Verlust einer geliebten Person oder der Gesundheit allerdings nicht. Solche krassen Bad Beats sind nur schwer zu bewältigen.

Kleinere Bad Beats können aber mit folgender Technik zumindest stark entschärft werden:

Suchen Sie sich einen Tag, an dem Ihnen alles gelang, als Sie sich gefühlt haben wie im siebten Himmel. Es muss sich hierbei nicht unbedingt um Ihre Hochzeit handeln, sondern einfach um einen Tag, an dem Sie sich selbst für unfehlbar hielten und maximalen Erfolg verzeichnen konnten. (Das kann natürlich auch Ihre Hochzeit sein.)

Sie müssen Situationen in Ihrem Gehirn speichern, die Sie mit Erfolg und Glück verbinden. Gehen Sie diese Momente noch einmal durch, und rufen Sie sich alles Mögliche in Erinnerung: was Sie gemacht haben, wo Sie waren, was Sie fühlten, welche Menschen in der Umgebung waren, welches Wetter war, welche Farben überwogen und so weiter. Rekapitulieren Sie alle Elemente, die Sie mit Erfolg und Glück in Verbindung bringen. Daraus basteln Sie sich einen ganz kurzen Film, den Sie vor Ihrem inneren Auge abspielen können.

Nun kommt der Bad Beat ins Spiel: Aus heiterem Himmel macht Ihre Lebensgefährtin Schluss. Anstatt auszuflippen, besinnen Sie sich kurz, und versuchen Sie, den oben gebauten Film abzuspielen. Mit etwas Übung sollte es Ihnen zumindest gelingen, den Bad Beat etwas besser wegzustecken, und Sie machen sich nicht zum Affen.

Beim Pokerspielen wird diese Technik bereits von vielen erfolgreich angewandt, und wir wollen hoffen, dass sie Ihnen nach Bad Beats ein wenig Linderung verschaffen kann.

Die Absicherung vor Bad Beats Bad Beats kommen vor und lassen sich nicht verhindern. Soeben haben wir eine Technik kennengelernt, mit der sich der Tilt-Zustand nach einem Bad Beat vermeiden lässt. Das macht vieles weniger schlimm, aber dennoch können Schicksalsschläge sehr tiefe Wunden hinterlassen, die das ganze Leben auf den Kopf stellen. Eine Technik zur Vermeidung eines Tilt und der damit verbundenen Verschlimmerung der Situation ist bei vielen Bad Beats nutzlos, da der Bad Beat selbst die schlimmsten Konsequenzen hat. Stirbt gerade ein Familienmitglied, so ist das allein der Schaden. Durch Tilt verursachte Beschädigungen oder dergleichen interessieren in so einer Situation nicht.

Ein ehemaliger Bekannter hat seine ganze Arbeit in ein Internetunternehmen gesteckt und binnen kurzer Zeit Millionen damit gescheffelt. Nach dem Platzen der Dotcom-Blase Anfang des Jahres 2000 war das Unternehmen nichts mehr wert, und er durfte wieder seiner anfänglichen Arbeit als Grafiker nachgehen. Das war durchaus ein Bad Beat, aber hätte er die Konsequenzen mildern können? Im Nachhinein lässt sich natürlich sagen, dass er die Firma Ende 1999 hätte verkaufen sollen, aber das ist wieder eine rein ergebnisorientierte Sichtweise und hilft hier nicht weiter.

Das Hauptproblem war die Konzentration auf eine einzige Unternehmung. Er hat sich kein zweites Standbein aufgebaut, Geld nicht sicher angelegt oder Anteile nach und nach verkauft. Somit war der Schock natürlich groß, als er vor dem Nichts stand, und der Bad Beat war umso intensiver.

Um allgemein Bad Beats weniger schlimm erscheinen zu lassen, ist es wichtig, sich weitere Standbeine aufzubauen. Je mehr man davon hat, desto harmloser wird einen der Bad Beat treffen. Hätte der Bekannte zwei Firmen aus unterschiedlichen Wirtschaftsbereichen und nebenbei ein nettes Fondsvermögen aufgebaut, hätte ihn der Konkurs eines einzigen Unternehmens weit weniger hart getroffen.

Wie gesagt, beim Poker kosten die Bad Beats zum Glück »nur« Geld. Doch auch hier muss man sich absichern und bewerkstelligt das damit, dass man um Summen spielt, deren Verlust man einstecken kann. Wer Haus und Hof aufs Spiel setzt, wird schwer getroffen von einem Bad Beat. Wer allerdings nur um ein paar hundert Euro spielt, wobei er noch genug Rücklagen zur Verfügung hat, um etliche hundert Euro verlieren zu können, dem werden Bad Beats kaum etwas ausmachen.

• • • *Bauen Sie sich möglichst viele Standbeine auf, und Bad Beats werden Sie weniger hart treffen!*

Bei all den Bad Beats und Pechsträhnen stellt sich immer wieder die Frage, wie damit umzugehen ist. Manche flippen aus, andere fallen in tiefe Depressionen und fragen sich: »Warum ausgerechnet ich?« Ganz andere wiederum suchen Beistand in einer anderen Dimension, nämlich im Glauben. Wer fest an Gott oder andere übernatürliche Wesen glaubt, übergibt einen Großteil der eigenen Verantwortung. Gott weiß schon, warum, und außerdem sind die Wege des Herrn unergründlich. Durch den Glauben ist es leichter, sich mit Bad Beats und Downswings abzufinden. Amen.

Auch wenn Pokerspieler bestimmt nicht Gottes Lieblinge sind, glauben doch viele an ihn – oder zumindest an einen Pokergott, der die Karten verteilt. Bevor es hier zu sehr in die theologische Richtung abdriftet, halten wir fest, dass der Glaube im Allgemeinen, sei es an Gott, sich selbst oder sonst wen, dabei hilft, mit Bad Beats und Antiläufen fertig zu werden.

Ein »schöner Abend« im Kasino

An diesem Abend fühlt sich Tom einfach gut. Er hat in der Arbeit schon eine Kollegin beglückt, und nun glaubt er, sein Glück im Kasino versuchen zu müssen. Voller Erwartung und mit 1000 Euro in der Tasche spielt er etwas Black Jack, was ihn aber schnell langweilt. Roulette scheint ihm attraktiver und gewinnbringender. Er setzt abwechselnd auf Rot und Schwarz und gewinnt ein bisschen was. Dann setzt er wieder 10 Euro auf Rot, nachdem gerade Schwarz gekommen ist. Er verliert. Da jetzt schon zweimal Schwarz an der Reihe war, setzt er wieder 10 Euro auf Rot, verliert aber erneut. Tom sieht das nicht ein und erhöht seinen Einsatz auf 20 Euro. Und noch einmal kommt Schwarz.

Jetzt hat er schon einiges verloren und muss den Verlust ausgleichen. Tom setzt 50 Euro auf Rot und verliert. Nächstes Mal 100 Euro, irgendwann muss schließlich Rot kommen. Es kann ja nicht sein, dass schon wieder Schwarz an der Reihe ist, und Tom packt einen 200-Euro-Jeton aus. Doch auch diesen verspielt er, und dann beschließt er, sein restliches Geld zu setzen. Es ist ja, statistisch gesehen, unmöglich, dass zum x-ten Mal Schwarz kommt. Tom schüttet seine Taschen aus und darf jetzt mit leeren Händen nach Hause gehen.

Voller Wut fährt er draußen auf dem Parkplatz einen anderen Wagen an, begeht Fahrerflucht und geht erst mal was trinken. An der Bar fragt er sich schließlich, wie man so viel Pech haben kann. Mittlerweile hat die Polizei den fahrerflüchtigen Tom ausfindig gemacht und nimmt ihn mit.

Das scheint ein typischer Abend in einem Downswing des Lebens zu sein. Nichts funktioniert, man verzockt einen Haufen Geld im Kasino und baut unnötigerweise noch einen dummen Unfall. Es ist aber definitiv kein Antilauf schuld an dieser Misere, sondern Tom ganz allein:

Zunächst einmal sollte er sich genug Grundkenntnisse aneignen, bevor er so viel Geld an einen Roulettetisch bringt. Auch wenn es viele nicht glauben, aber die Wahrscheinlichkeit, dass Rot oder Schwarz kommt, ist immer fünfzig zu fünfzig, egal, ob jetzt zehn- oder hundertmal eine Farbe hintereinander gekommen ist. Tom wusste das nicht und hat aus eigenem Unvermögen eine ganze Stange Geld verspielt.

Nach diesem Verlust hätte er sich erst einmal besinnen sollen. Natürlich ist es schlimm, viel Geld zu verlieren – das ist auch für uns nichts Unbekanntes –, aber in diesem Zustand Auto zu fahren, ist wirklich nicht ratsam. Und selbst nach dem kleinen Unfall hätte er sich beruhigen und die Polizei verständigen sollen. Stattdessen haut er einfach ab. Selbst schuld, dass er die Nacht im Gefängnis verbringt und nicht neben einer seiner Geliebten. Rien ne va plus!

Der Buchvertrag Ein unbekannter Buchautor namens Flavio ist eigentlich Student, findet aber nicht so den richtigen Studiengang. Er überlegt, professioneller Pokerspieler zu werden, stellt aber fest, dass ihm dazu irgendwie die Motivation fehlt. Zwar hat er schon nette Summen gewonnen, aber zum Leben reicht auch das nicht. Flavio probiert also alles Mögliche aus, um dem langweiligen Studium und dem ewigen Rumgesitze am Pokertisch zu entkommen und von einer anderen Einnahmequelle zu leben. Er überlegt, ein Buch zu schreiben, meldet sich aber zur Sicherheit für einen gemütlichen Studiengang in der Nähe an. Außerdem ist er immer noch Pokerspieler. Jetzt aber mehr hinter den Kulissen als selbst am Pokertisch.

Flavio merkt, dass sein Buchprojekt großes Potenzial hat, und findet auch sehr schnell einen Verlag. Er entscheidet sich, das Studium aufzugeben, als Poker-Geschäftsmann nur noch sehr passiv zu agieren und sich voll auf sein Buch zu konzentrieren. Dieses verkauft sich zwar anfangs recht gut, danach aber kaum mehr und erweist sich als Flop.

Flavio bleibt jetzt nichts anderes übrig, als sich wieder an der Universität einzuschreiben. Dieses Mal mit etwas mehr Kleingeld, aber mit einem Jahr Verspätung.

Leider hat unser Flavio den Fehler gemacht, sich auf ein einziges

Projekt zu fokussieren. Natürlich ist es nicht schlecht, Prioritäten zu setzen und seine Energie in ein interessantes Projekt wie ein Buch zu stecken, aber er hat seine zwei anderen Standbeine total vernachlässigt. Er steht zwar nicht vor dem Ruin, aber trotzdem ist er gescheitert.

Es wäre besser gewesen, das Studium nicht gleich aufzugeben, sondern vielleicht etwas einzuschränken. Einfach zwei, drei Vorlesungen streichen und dafür ordentlich am Buchprojekt arbeiten. Außerdem hätte er seine lukrative Aussicht, als Poker-Geschäftsmann Geld zu verdienen, nicht auf die leichte Schulter nehmen sollen. Auch wenn er sich hier schon weit nach oben gekämpft hat, so hat er es noch nicht geschafft, ein eigenes Kasino aufzubauen oder eine andere lukrative Einnahmequelle zu erschließen.

Sicherlich wäre das keine leichte Zeit gewesen, und er hätte auch an anderen Stellen Einschnitte machen müssen, doch damit minimiert er sein Risiko, maximiert aber seinen Gewinn deutlich. Es ist wichtig, über genug Standbeine zu verfügen, wenn die Gefahr eines Bad Beats droht. In diesem Fall war das gescheiterte Buchprojekt ein Bad Beat, den Flavio besser hätte einstecken können, hätte er sein Studium nicht total aufgegeben.

Wahrscheinlichkeit: Der Tanz um den Zufall

Um es vorab in aller Deutlichkeit zu sagen: Das Leben ist nicht nur von Zufällen geprägt, und wir Menschen sind nicht rein willenlose Sklaven des Schicksals, wie einige fatalistische Zeitgenossen glauben mögen. Doch wenn Sie dem Zufall keine Beachtung schenken, wird Ihr Leben in zufälligen Bahnen verlaufen, auf die Sie keinen Einfluss haben, und das gilt es zu verhindern.

Sie sind überall! So gut wie niemand interessiert sich für Wahrscheinlichkeiten. Viele halten es für trockene und langweilige Mathematik, für unnütze Belastung, sich damit zu beschäftigen. Sie haben vielleicht Stochastik – Wahrscheinlichkeitsrechnung – in der Schule gehabt und es gehasst.

Wenn das der Fall ist, kann ich Sie trösten, denn im Folgenden soll nur auf das Allernötigste eingegangen werden, das auch ein Fünftklässler verstehen sollte. Das, was man über Wahrscheinlichkeiten in der Schule lernt, braucht man im realen Leben zu neunzig Prozent einfach nicht – es ist nur Rumgespiele, wie so vieles an den Schulen.

Doch wenn Sie eine Aversion gegen Zahlen haben, muss ich Ihnen leider mitteilen, dass dieses Kapitel wohl das wichtigste dieses Buches ist und Ihnen Konzepte darlegt, die fundamental wichtig sind, egal, ob im Geschäftsleben oder in allen Alltagssituationen. Viele Menschen haben von dem, worüber die Rede sein wird, nicht den blassesten Schimmer, und das ist nicht verwunderlich, denn man lernt es fast nur am Pokertisch.

Die ganze Welt besteht aus Wahrscheinlichkeiten! Und wenn wir von der ganzen Welt sprechen, meinen wir auch die ganze Welt. Es gibt nicht Schwarz und Weiß oder Ja und Nein. Es gibt nur Wahrscheinlichkeiten. Alle Wahrscheinlichkeiten lassen sich als Zahl zwischen null und eins ausdrücken. Wir nehmen hier Prozente von null bis hundert Prozent. Wenn es im Sport einen glasklaren Favoriten gibt, so gewinnt dieser nicht mit 100-prozentiger Wahrscheinlichkeit, sondern eben mit 99-prozentiger oder wie auch immer. 99 Prozent sind aber keine 100 Prozent, darum gewinnt der Favorit auch nicht immer, sondern verliert auch das eine oder andere Mal – nämlich einmal in hundert Fällen.

Der Mensch möchte sich aber das Leben so einfach wie möglich machen und geht deswegen davon aus, dass der Favorit einfach gewinnen muss.

Sie erinnern sich bestimmt an die Schultage, an denen sich der Lehrer ein Opfer zur Abfrage, vielleicht sogar in Stochastik, ausgesucht hatte und Sie nicht den blassesten Schimmer von der Materie hatten. Sie haben gedacht, dass er Sie bestimmt nicht drannimmt, es gab ja noch viele andere Schüler in der Klasse. Das ist natürlich so nicht richtig, denn er nimmt Sie mit einer gewissen Wahrscheinlichkeit dran. Wenn in Ihrer Klasse zwanzig Schüler waren, so kamen Sie mit einer Wahrscheinlichkeit von eins durch zwanzig, also mit einer fünfprozentigen Wahrscheinlichkeit dran und wurden vor der Klasse »gegrillt«. Und auch wenn der Lehrer am Vortag ankündigt, dass er den Klassenprimus abfragen wird, so ist das keine Garantie, dass er dies auch tut, denn es besteht immer die Wahrscheinlichkeit, dass es jemand anderen erwischt, zum Beispiel, weil der Lehrer vergessen hat, was er gesagt hat, oder er es sich ganz einfach anders überlegt hat oder der Klassenprimus an diesem Tag krank ist. Macht der Lehrer allerdings diese Aussage, können Sie davon ausgehen, dass die Wahrscheinlichkeit, dass Sie abgefragt werden, recht gering ist. Trotzdem entspricht sie nicht null Prozent, auch wenn Sie sich das manchmal gewünscht haben.

Ein anderes Beispiel: Angenommen, Tom ist ein Frauenheld, der bisher bei hundert Versuchen, das Objekt der Begierde abzuschleppen, nur ein einziges Mal versagt hat. Seine »Erfolgsquote« liegt demnach bei guten neunundneunzig Prozent. An einem Abend ist Tom wieder auf der Suche nach einem »Stich«, nimmt ein erstes Ziel in Angriff und kassiert gleich einen Korb. Etwas bedrückt macht er bei der Nächsten weiter und wird auch von ihr abserviert. Nun betrinkt er sich allein an der Bar und fragt sich, was los ist.

Auch wenn Toms »Trefferquote« bisher sehr gut war, betrug sie keine hundert Prozent, und es besteht damit immer die Möglichkeit zu scheitern. Dass dies gleich zweimal in Folge passiert ist, war einfach Pech.

Merken Sie sich daher:

• • • *Die Welt ist nicht schwarz und weiß, sondern irgendwo dazwischen!*

Denken Sie an »Star Wars«. Die dunklen Sith-Lords denken in Absoluten. Sie vereinfachen sich die Welt, für sie gibt es nur Schwarz und Weiß, nützlich oder unnütz und so weiter. Die Jedi-Ritter dagegen sehen die Welt komplexer. Sie wissen, dass es nicht nur Schwarz und Weiß gibt, sondern eben auch die Abstufungen.

Wenn der Wetterbericht einen sonnigen Tag voraussagt, besteht trotzdem ein gewisses Restrisiko, dass es eben doch regnet oder das Wetter zumindest nicht so schön wird wie versprochen. Der Wetterbericht äußert eben nur eine Wahrscheinlichkeit, wenn auch eine recht hohe, und je genauer der Wetterbericht ist, desto wahrscheinlicher trifft er zu, aber eine Garantie ist das eben nicht.

Stellen Sie sich vor, Sie erhalten eine Zusage nach einem Bewerbungsgespräch. Das heißt nicht, dass Sie den Job hundertprozentig bekommen. Wer die TV-Serie »Stromberg« gesehen hat, weiß genau, wovon die Rede ist. Herr Stromberg hatte ebenfalls schon eine Zusage nach einem Bewerbungsgespräch. Da aber der Arbeitgeber herausgefunden hat, dass Stromberg hinsichtlich seines (hohen) Alters gelogen hatte und dies als Vertrauensbruch bewertet hat, wurde Stromberg nicht eingestellt und durfte seinem alten Chef wieder in den Hintern kriechen, nachdem er bei diesem zuvor relativ lässig gekündigt hatte.

Auch beim Autofahren gibt es eine gewisse Wahrscheinlichkeit, dass Sie einen Unfall bauen. Gute und vorsichtige Fahrer haben eine bessere Chance, unfallfrei durchzukommen, aber auch ihnen kann eine Unachtsamkeit unterlaufen. Es ist wahrscheinlicher, dass ein wilder Raser einen Unfall verursacht. Fahren ein vorsichtiger Autofahrer und ein wilder Raser über zehn Jahre dieselbe Strecke, so kann es jedoch gut sein, dass der Raser keinen einzigen Unfall baut, der vorsichtige Fahrer aber schon.

Bestimmt haben Sie sich schon oft gefragt, wie dieser oder jener Mensch so viel Glück haben kann. »Wie kann es sein, dass sie schon wieder so einen tollen Freund hat, obwohl sie absolut nicht hübsch ist?« oder »Wie kann es sein, dass ich schon mein ganzes Leben lang Lotto spiele, noch nie gewonnen habe und der neue Jackpotsieger zum ersten Mal zufällig einen Schein in der Hand hatte?« oder »Warum fällt bei so einem schlechten Golfer jeder Ball ins Loch?« Das alles sind Fragen, die sich jeder schon einmal gestellt hat. Die Antworten sollten Sie jetzt bereits kennen:

Es gibt keine absolute Sicherheit, keine hundertprozentige Wahrscheinlichkeit, keine Entscheidung ohne Restrisiko. Das muss Ihnen klar sein, ansonsten gehören Sie zur breiten Masse der Schwarz-Weiß-Denker, die aufgrund dieser Denkweise keine guten Entscheidungen treffen können und auf Dauer zu kurz kommen werden.

Darum halten wir fest:

• • • *Als Schwarz-Weiß-Denker können Sie keine guten Entscheidungen treffen. Aber genau um diese Entscheidungen geht es im Leben.*

Gute Einschätzung ist alles Wofür man diese Wahrscheinlichkeiten braucht, wird später noch ausführlich erklärt. Sie sind jedenfalls sehr wichtig, um die Entscheidungsfindung zu verbessern. Je genauer Sie die Wahrscheinlichkeiten einschätzen können, desto präziser werden Ihre Entscheidungen ausfallen.

Worum es geht, ist, Wahrscheinlichkeiten zu beurteilen und zu gewichten. Wenn Sie zu den Schwarz-Weiß-Denkern gehören, dürfte das anfangs recht schwierig sein, aber weil es so wichtig ist, führt kein Weg daran vorbei, dieses absolute Denken abzustellen.

Kommen wir auf ein Beispiel zurück, das wir schon kurz erwähnt hatten: Sie sind bisher immer schwarzgefahren und noch nie kontrolliert worden, deswegen tun Sie als Schwarz-Weiß-Denker so, als würden Sie auch zukünftig *nie* kontrolliert. Wie bereits dargelegt, gibt es dieses »nie« nicht; die Wahrscheinlichkeit, dass Sie kontrolliert werden, liegt irgendwo *zwischen* null und hundert Prozent, sie ist aber nicht gleich null. Um jetzt die genaue Wahrscheinlichkeit zu errechnen, müssten Sie theoretisch alle Fahrten aller Passagiere protokollieren und mit großen Zahlen operieren, um zu ermitteln, wie häufig kontrolliert wurde und wie häufig nicht. Das ist so natürlich nicht möglich, aber Sie können es grob abschätzen, indem Sie eine Stichprobe wählen. Wenn Sie bisher hundert Mal gefahren sind und nur einmal kontrolliert wurden, dann ist eine Kontrolle zwar selten, aber noch weit entfernt von »nie«. Die Wahrscheinlichkeit, kontrolliert zu werden, würde nach dieser groben Schätzung bei einem Prozent liegen.

In Ihrer Heimatstadt, wo Sie so häufig Bahn und Bus fahren, ist dies relativ einfach abzuschätzen. Landen Sie aber in einer fremden Stadt und wissen nichts über den Personenverkehr und die Kontrolleure, dann können Sie keine Schätzung abgeben.

• • • *Genaue Analysen mit großen Zahlen sind nicht nötig. Es reicht eine Stichprobe, mit der Sie in etwa auf die tatsächlichen Wahrscheinlichkeiten schließen können.*

Nehmen wir an, Sie wollen entscheiden, ob Sie in den Urlaub mit dem Flugzeug fliegen oder mit dem Auto fahren. Bei der Autofahrt in den Urlaub sind Sie jetzt schon seit vielen Jahren unfallfrei, und daher gehen Sie davon aus, dass bei der Autofahrt sicher nichts passiert. Im Fernsehen wurde aber schon häufiger von Flugzeugkatastrophen berichtet, und Sie glauben, dass Ihnen das auch sehr gut passieren könnte.

Wie Sie inzwischen wissen, heißt das aber nicht, dass die Wahrscheinlichkeit, mit dem Auto zu verunglücken, bei null und die Wahrscheinlichkeit, abzustürzen, bei hundert Prozent liegt. Um beim Flugzeug verlässliche Werte zu erhalten, müssten Sie *alle* Flüge dieser Welt summieren und diese ins Verhältnis zu den Abstürzen setzen. Dann hätten Sie die Absturz-Wahrscheinlichkeit. Alternativ können Sie sich darüber auch im Internet schlaumachen.

Das wäre die richtige Vorgehensweise, nicht aber wegen ein paar abgestürzten Fliegern im Fernsehen darauf zu schließen, dass Flugzeugkatastrophen häufiger sind als Autounfälle. Die Nachrichten tragen die Flugzeugkatastrophen aus der ganzen Welt zusammen. Dadurch entsteht in Ihrem Kopf ein falsches Bild der Wahrscheinlichkeiten, denn es erweckt den Anschein, als würden fast alle Flugzeuge vom Himmel fallen. In Wirklichkeit sind es aber im Verhältnis zu den Tausenden Flügen, die stündlich rund um den Globus starten, nur sehr, sehr wenige. Es ist alles relativ, und bei der großen Zahl an Flügen heutzutage kommt es eben zum einen oder anderen Absturz.

Diese durch die Medien verzerrte Einschätzung findet teils sogar unterbewusst statt, sodass viele Menschen aufgrund der dadurch entstehenden Flugangst lieber mit Bus und Bahn oder dem Auto reisen. Angst vor einem Zugunglück oder Autounfall hat jedoch so gut wie niemand.

• • • *Hüten Sie sich davor, zu verallgemeinern, und achten Sie auf eine möglichst objektive Einschätzung der Wahrscheinlichkeiten!*

Es ist wichtig, die Wahrscheinlichkeiten möglichst rational und objektiv zu bewerten und sich nicht von subjektiven Empfindungen verleiten zu lassen. Wenn Sie schon einmal von jungen türkischen Immigranten auf der Straße angepöbelt wurden oder sonstige schlechte Erfahrungen mit jungen Türken gemacht haben, heißt das nicht, dass *alle* Türken so sind. Es heißt nur, dass sich diese *eine* Gruppe so verhält. Den Prozentsatz können Sie nicht mit derart kleinen »Sample Sizes« ermitteln, sondern Sie brauchen eine große Zahl, die das Verhältnis verlässlich widerspiegelt. Eine Gruppe von Türken ist eben nur eine Gruppe und nicht *alle* Gruppen. Von dieser auf alle anderen zu schließen, ist Quatsch.

Wozu das Ganze? Es geht darum, seine Entscheidungen zu verbessern, und hierfür sind Wahrscheinlichkeiten absolut unerlässlich. Was muss ich riskieren, um was zu gewinnen? Was muss ich einsetzen, und welche Belohnung steht mir zu?

Genau hier kommen die Wahrscheinlichkeiten ins Spiel. Diese bestimmen nämlich, wie häufig Sie belohnt werden und wie häufig nicht. Wenn Sie mit einem Freund um 100 Euro wetten wollen, wer das Fußball-WM-Endspiel zwischen Deutschland und Italien gewinnt, riskieren Sie 100 Euro, um 100 zu gewinnen. Sie beide gehen davon aus, dass die Mannschaften gleich stark sind und es sich um eine 50:50-Situation handelt. Da Risiko und Gewinn sowie die Wahrscheinlichkeiten für die möglicherweise eintretenden Fälle bekannt sind, können Sie korrekte Entscheidungen treffen.

In dem Fußballbeispiel setzen Sie auf Deutschland und Ihr Freund auf Italien. Mit einer Wahrscheinlichkeit von 50 Prozent gewinnen Sie 100 Euro, und mit einer Wahrscheinlichkeit von 50 Prozent verlieren Sie 100 Euro. Das ergibt unter dem Strich genau null. Das bedeutet, dass Sie auf lange Sicht, also bei Tausenden solcher Wetten, am Ende ohne Gewinn herausgehen. Schätzen Sie die Gewinnchance von Deutschland auf 60 Prozent, gewinnen Sie 100 Euro, wenn Deutschland gewinnt, und verlieren 100 Euro, wenn Deutschland verliert, dann gehen Sie unter dem Strich mit einem Plus raus und haben demnach einen »positiven Erwartungswert«.

Um es mathematisch auszudrücken:

$$0{,}6 \times 100 + 0{,}4 \times (-100) = +20.$$

Das bedeutet, dass Sie bei dieser Wette im Durchschnitt 20 Euro gewinnen. Natürlich würden Sie auch das eine oder andere Mal

100 Euro verlieren, aber langfristig gesehen, gewinnen Sie durchschnittlich diese 20 Euro. Wird das Ganze umgekehrt, und Italien ist plötzlich 60-prozentiger Favorit, während die Einsätze gleich bleiben, haben Sie als Deutschlandfan einen negativen Erwartungswert von 20 Euro (0,4 × 100 + 0,6 × (−100) = −20).

- • • *Wir definieren den Erwartungswert als das durchschnittliche Ergebnis einer Entscheidung. Um diesen zu ermitteln, müssen Sie die Wahrscheinlichkeit eines Gewinns mit eben diesem multiplizieren, die Wahrscheinlichkeit des Verlustes mit eben diesem multiplizieren und die beiden Ergebnisse miteinander addieren.*

Auch wenn manche von Ihnen an dieser Stelle etwas abgeschreckt sein sollten und solche Rechnungen überhaupt nicht ausstehen können, sei Ihnen gesagt, dass Sie das Prinzip dahinter einfach nur einmal verstehen müssen. Im richtigen Leben stehen Sie schließlich keine fünf Minuten herum, um haargenau Ihren Erwartungswert zu ermitteln. Nur das Prinzip, das dahintersteckt, ist wichtig, nämlich wie sich der Erwartungswert ermitteln lässt und welche Rolle Wahrscheinlichkeiten bei Risiko- und Gewinn-Analysen spielen.

Damit sollte klar sein, warum Wahrscheinlichkeiten bei Entscheidungen eine so wichtige Rolle spielen. Denn alle Risiko-und-Gewinn-Einschätzungen bringen nichts, wenn man das Risiko und den Gewinn nicht mit den Eintrittswahrscheinlichkeiten kombiniert. Kommen Sie zum Beispiel zu dem Ergebnis, dass eine Handlung nur mittelmäßigen Gewinn verspricht, aber mit hohem Risiko verbunden ist, heißt das noch lange nicht, dass diese Konstellation einen negativen Erwartungswert hat. Hier sind wieder die Wahrscheinlichkeiten entscheidend, denn wenn die Wahrscheinlichkeit, dass Sie den nur mittelmäßigen Gewinn einstreichen, sehr hoch ist und die Wahrscheinlichkeit, dass Sie Ihren Einsatz verlieren, nur sehr gering, kann und sollte das Ihre Entscheidung entsprechend beeinflussen.

Angenommen, Sie fahren seit einem Jahr mit der U-Bahn zur Uni und zahlen brav Ihre Fahrkarten. Die Kosten hierfür belaufen sich mittlerweile auf mehrere hundert Euro – Geld, das ein Student bitter nötig hat. Nach dem Blick auf Ihr Konto überlegen Sie sich, schwarzzufahren. Wie immer sollten Sie Ihre Entscheidung nicht aus dem Bauch heraus treffen und nicht »einfach mal« schwarzfahren, sondern Ihren Erwartungswert ermitteln. Das geschieht zunächst dadurch, dass Sie Risiko und Gewinn ermitteln. Das Risiko ist ganz einfach, erwischt zu werden und 50 Euro zahlen zu müssen. Der Gewinn wäre die Ersparnis der normalen Fahrkarten von zwei Euro pro Fahrt. Das Risiko ist also relativ hoch, der Gewinn eigentlich lächerlich klein. Dennoch sind auch die Wahrscheinlichkeiten wichtig. Wie häufig werden Sie in etwa kontrolliert? Da Sie im letzten Jahr etwa 500 Mal gefahren und 50 Mal kontrolliert wurden, beträgt die Wahrscheinlichkeit, dass man Sie auch bei dieser Fahrt kontrolliert, zehn Prozent. Damit wären schon alle wichtigen Faktoren gesammelt: Bei 90 Prozent aller Schwarzfahrten sparen Sie zwei Euro, bei zehn Prozent müssen Sie 50 Euro blechen:

$$0,9 \times 2 \text{ Euro} + 0,1 \times (-50 \text{ Euro}) = -3,2 \text{ Euro}$$

Es kommt also ein negativer Erwartungswert dabei heraus, was nichts anderes heißt, als dass diese Entscheidung schlecht für Sie wäre. Im Schnitt bezahlen Sie 3,2 Euro pro Fahrt, wenn Sie schwarzfahren, denn die 50 Euro Strafe fallen deutlich ins Gewicht. Schwarzfahren bleibt in diesem Fall unprofitabel, selbst wenn man in 90 Prozent aller Fälle ungeschoren davonkommt.

Das bedeutet aber nicht, dass Schwarzfahren allgemein einen negativen Erwartungswert hat, denn die Zustände und Wahrscheinlichkeiten können schließlich variieren. Angenommen, die Wahrscheinlichkeit, erwischt zu werden, beträgt nur noch fünf Prozent, und das Ticket kostet 5 Euro, so kommen wir zu der Rechnung:

$$0,95 \times 5 \text{ Euro} + 0,05 \times (-50 \text{ Euro}) = +2,25 \text{ Euro}.$$

Das Ergebnis ist positiv, und bei der Entscheidung, schwarzzufahren, würden Sie 2,25 Euro pro Fahrt sparen.

Dass ein negatives Ergebnis in ein positives umschwenkt, liegt daran, dass die Wahrscheinlichkeit, erwischt zu werden, gesunken ist, während die Ersparnis bei erfolgreichem Schwarzfahren mit 5 statt 2 Euro umgekehrt steigt.

Natürlich ist Schwarzfahren nicht wirklich die richtige Entscheidung, denn in der Realität spielen noch andere Faktoren eine Rolle, wie zum Beispiel, dass Sie beim dritten Mal ohne Fahrkarte vor den Richter geladen werden können, dass Sie es moralisch verwerflich finden oder dass es Ihnen einfach peinlich ist, dass der Kontrolleur vor den Augen aller Mitreisenden Ihre Personalien aufnimmt. Das wären zusätzliche Risiken, die in Ihre Berechnung mit einfließen sollten.

- • • *Die Abwägung von Wahrscheinlichkeiten ist unentbehrlich, um Risiko und Gewinn korrekt abzuwägen und langfristig die richtigen Entscheidungen zu treffen.*

Doch es gibt nicht nur gute und schlechte, sondern auch gute und bessere oder schlechte und schlechtere Entscheidungen. Angenommen, Sie haben die Option zwischen zwei Entscheidungen, die beide einen positiven Erwartungswert haben. Oder Sie müssen sich zwischen zwei Optionen mit negativem Erwartungswert entscheiden. Dann gilt stets, die Entscheidung mit dem höchsten Erwartungswert zu treffen. Können Sie mit Ihrem einen Freund eine Wette mit einem Erwartungswert von +20 eingehen und bei Ihrem anderen Freund eine mit +40, sollten Sie unbedingt letztere annehmen, wenn Sie nicht beide eingehen können.

Ist Ihr Erwartungswert bei der Schwarzfahrt hingegen −2,50, und das Ticket kostet Sie 5 Euro (was in unserer Berechnung einem Wert von −5 entspricht), dann wäre die Schwarzfahrt die bessere Option, denn −2,50 ist immer noch höher als −5.

Wir halten fest:

- • • *Treffen Sie stets die Entscheidung mit dem größten Erwartungswert.*

Nachdem Sie nach erfolgreicher Schwarzfahrt aus der U-Bahn gestiegen sind, sehen Sie auf dem Gleis einen 5-Euro-Schein liegen. Sie entscheiden sich, auf die Gleise zu springen, um sich das Geld zu holen. Ihre Überlegung hierbei war sicherlich »Da kommt schon kein Zug!«. Trotzdem besteht eine Wahrscheinlichkeit, dass eben doch einer kommt, und selbst wenn in diesem Moment keine Bahn anrauscht, könnten Sie ausrutschen oder nicht rechtzeitig in der Lage sein, wieder auf den Bahnsteig zu klettern. Mit einer gewissen Wahrscheinlichkeit gehen Sie das Risiko ein, an- oder sogar totgefahren zu werden, und das für gerade einmal 5 Euro.

In den meisten Fällen gewinnen Sie natürlich die 5 Euro, aber in den seltenen Fällen verlieren Sie vielleicht sogar Ihr Leben. In diesem Fall ist die Wahrscheinlichkeit, dass Sie den Gewinn ohne Schaden einstreichen, zwar sehr gering, vielleicht sogar nur bei 1 Prozent, die läppischen 5 Euro Gewinn machen jedoch das enorme Risiko nicht wett.

Um das noch weiterzuführen: Jemand sprintet über eine Autobahn, weil er auf der anderen Seite einen 5-Euro-Schein sieht. Was würden Sie in diesem Moment denken, wenn Sie so etwas sehen? »Wie dumm kann man eigentlich sein?« und »Ruft lieber den Krankenwagen!« sind wohl die ersten Reaktionen. Die Einschätzung, dass dieser Jemand dumm ist, wäre absolut korrekt. Entscheidungen mit einem klar negativen Erwartungswert bezeichnen wir Menschen als dumm. Otto Normalverbraucher denkt nicht »Dieser Mensch hat soeben eine Entscheidung mit klar negativem Erwartungswert getroffen«, sondern »Mann, ist der dumm!«.

• • • *Menschen, die Entscheidungen mit einem klar negativen Erwartungswert treffen, werden im Volksmund als dumm bezeichnet.*

Finden Sie sich mit der dummen Welt ab! Auch wenn die Überschrift überheblich und arrogant klingt: Es ist leider wahr, dass der Großteil der Menschen dumm ist. Dumme Menschen handeln irrational, denken nur von zwölf Uhr bis Mittag und treffen ständig falsche Entscheidungen. Diese Menschen müssen nicht unbedingt schlecht in der Schule oder begrenzt in ihrer Auffassungsgabe sein. Wenn Sie sich eine dumme Person vorstellen, dann wahrscheinlich einen ehemaligen Mitschüler, der an der Tafel eine Matheaufgabe lösen muss und es einfach nicht schafft, während sich die ganze Klasse vor Lachen krümmt. Dieses arme Kind mag nicht gerade ein Mathegenie sein, aber er ist deswegen nicht die Dummheit in Person.

Die wirklich dummen Menschen sehen anders aus, leben anders und treffen ihre Entscheidungen nach komplett falschen Mustern. Eine dumme Entscheidung ist nichts anderes als eine mit offensichtlich negativem Erwartungswert. Der Mensch macht eine solche Entscheidung meist, weil er wichtige Faktoren nicht gewichten kann oder einfach irrational handelt.

Wenn Sie sich jetzt fragen, ob Sie zum dummen oder intelligenten Teil der Menschheit gehören, lässt sich dies nicht so einfach beantworten. Wenn Sie sich ständig über die Dummheit und Unfähigkeit anderer Personen echauffieren, können Sie relativ sicher sein, nicht zu dieser dummen Sorte zu gehören. Doch wenn Ihnen des Öfteren auffällt, dass sich Ihre Mitmenschen über Sie lustig machen oder Sie gar als dumm titulieren, sollten Sie das nicht nur auf »die anderen« schieben, ganz nach dem Motto »Die sind doch selbst alle doof, sonst würden sie ja checken, dass ich nicht blöd bin!«. Im Gegenteil, in diesem Fall sollten Sie sich schon fragen, ob Sie nicht vielleicht doch öfter eine Entscheidung mit klar negativem Erwartungswert treffen und darum von anderen als dumm bezeichnet werden.

Ist dies so, besteht dringender Handlungsbedarf, und indem Sie dieses Buch lesen, haben Sie den ersten richtigen Schritt gemacht! Nach der Lektüre werden Sie bestimmt nicht mehr zum dummen Teil der Menschheit zählen, sondern wissen, wie Sie Entscheidungen mit positivem Erwartungswert treffen.

Wie muss es aber einem Menschen gehen, der ständig in eine Wolke aus Dummheit eingehüllt ist? Es ist oft nicht einfach, und manche dieser Menschen neigen sogar zu Depressionen!

• • • *Finden Sie sich mit Ihrer dummen Umwelt ab, und nutzen Sie diesen Umstand zu Ihrem eigenen Vorteil!*

Sie können sich das Leben wie einen Kreislauf vorstellen: Etwas fließt von A nach B, von C nach Y und von Z nach G. Ein cleverer Geschäftsmann profitiert nicht von anderen Geschäftsmännern, die genauso clever sind wie er selbst, sondern entweder von dümmeren

Geschäftsmännern oder Konsumenten (die, nebenbei bemerkt, auch manchmal dumm sein müssen).

Genauso ist es beim Pokern. Als guter Spieler, der meist die korrekten Entscheidungen trifft, profitieren Sie nicht von gleichguten Spielern, sondern von den schwachen. Das sind Ihre Opfer, die es auszubeuten gilt.

Und so muss es auch im richtigen Leben sein. Seien Sie froh, dass der Großteil der Menschen dumm ist. Finden Sie sich damit ab, dass die meisten Menschen in den meisten Situationen komplett falsche Entscheidungen treffen. Wenn Sie das akzeptiert haben, können Sie lernen, damit umzugehen und vor allem davon zu profitieren!

Ärgerlich sind natürlich Situationen, in denen Ihre dummen Mitmenschen einen Fehler begehen, für den Sie geradestehen müssen. Zum Beispiel versagt Ihr Mitarbeiter oder Ihr Arbeitskollege, und Sie müssen die Suppe auslöffeln. Oder Sie merken, dass Ihr Partner Sie hintergeht, trotz des Risikos, den eigenen Traumpartner (nämlich Sie!) zu verlieren. In einer solchen Situation fragen Sie sich bestimmt, wie man nur so dumm sein kann!

Das wird Sie ärgern und arg mitnehmen. Aber langfristig können Sie von der Dummheit Ihrer Mitmenschen nur profitieren. Im letzteren Fall vielleicht nicht unbedingt, aber in den meisten Fällen schon.

Darum halten wir fest:

• • • *Regen Sie sich nicht lange über die Dummheit in dieser Welt auf. Finden Sie sich damit ab, lernen Sie, damit zu leben, und versuchen Sie, diese Dummheit zu Ihren Gunsten zu nutzen!*

Keine falsche Arroganz – kein falsches Mitleid! Gerade beim Pokern kommt es oft vor, dass Spieler gern mit sehr guten Spielern spielen, weil es ihrem Ego schmeichelt, mit »den großen Hunden pinkeln zu gehen«. Klar, man lernt dabei vielleicht etwas, aber im Grunde genommen ist es Schwachsinn. Wie eben schon erwähnt, kommt die Kohle von den schlechten Spielern, den Dummen. Dort ist Ihr Jagdrevier! Kein falscher Stolz sollte Sie davon abhalten, dort zu grasen, wo das Gras am saftigsten ist. Letztendlich geht es um Ihren Profit, um Ihr Auskommen.

Es ist leichter, der Einäugige unter den Blinden zu sein, als der Normalbegabte unter den Wunderkindern. Hierfür lassen sich unzählige Beispiele nennen. Im Job ist es beispielsweise einfacher, in einem kleinen Unternehmen mit lauter Nulpen aufzusteigen, als in einem großen, wo Sie vielleicht nur ein kleines Zahnrad sind und Ihre Fähigkeiten kaum Beachtung finden. So ist es auch bei vielen Sportarten. Der Aufstieg in eine höhere Liga ist oft mit viel Frust verbunden, weil »die Luft plötzlich dünn wird«.

Wenn Ihre Kollegen Flaschen sind, nutzen Sie das aus! Seien Sie nicht gemein, und weisen Sie Ihren Chef nicht auf jeden Fehler der Kollegen hin, machen Sie es einfach besser, und zwar so, dass der Chef es bitte schön auch mitkriegt. Verkaufen Sie sich nicht unter Wert, sondern zeigen Sie, was Sie können. Wenn Ihr Chef einigermaßen Ahnung hat, kann er Könner von Nullnummern unterscheiden, und er wird alles tun, Sie in der Firma zu halten. Wie gesagt, stiefeln Sie nicht regelmäßig eine Etage höher, um Ihre Kollegen zu verpfeifen, das ist schlechter Stil und kommt bei Ihrem Chef vielleicht nicht so gut an, gerade dann nicht, wenn ihm ein gutes Betriebsklima wichtig ist. Aber Sie sollten auch nicht zu viel Mitleid entwickeln. Natürlich ist es richtig, mal den einen oder anderen Fehler eines Kollegen zu decken oder ihm zu helfen, wenn er Mist gebaut hat. Aber Sie sollten bloß nicht in die Situation geraten, den ganzen Tag über Ihre unfähigen Kollegen decken und zum Schluss auch noch deren Arbeit erledigen zu müssen. Die nutzen das nämlich schamlos aus und halten sich dabei auch noch für ganz besonders clever.

Es ist leider so, dass sich gerade dumme Menschen für überragend raffiniert halten, weil jede Selbstreflexion fehlt, und dass sie wenig Mitleid kennen, weil Sozialverhalten eben ein gewisses Maß an Intelligenz erfordert. Sobald *Ihnen* mal ein Fehler unterläuft, werden genau die Deppen, die Sie die ganze Zeit über gedeckt haben, Sie beim Chef gnadenlos anschwärzen und sich selbst auf die Schulter klopfen, dass ihnen »dieser peinliche Fehler« nicht unterlaufen ist! Auch ansonsten sollen Sie natürlich keinen blinden Mann betrügen oder Ihre eigene Großmutter bestehlen. Aber wenn

Sie als Anwalt einen Vertrag für eine Vertragspartei prüfen, fällt es nicht in Ihren Aufgabenbereich, auf Formulierungen aufmerksam zu machen, die für die Gegenseite nachteilig wären. Machen Sie sich klar, dass gerade im Geschäftsleben mit harten Bandagen gekämpft wird und Ihre Gegenspieler auch keine Sekunde zögern, eine Schwäche bei Ihnen auszunutzen. Am Pokertisch geben Sie Ihrem Gegenspieler auch keine Tipps oder zeigen ihm Ihre Karten. Dann wären nämlich *Sie* der Dumme!

• • • *Wie gesagt: Regen Sie sich nicht über die Dummheit der anderen auf, sondern freuen Sie sich, denn wie wäre die Welt, wenn es nur abgebrühte Schlauköpfe gäbe?*

Die böse Varianz ist überall Wenn Sie Ihre Entscheidungen nach dem größten Erwartungswert treffen, werden Sie langfristig belohnt. Doch wie sieht es kurzfristig aus? Manche Entscheidungen trifft man keine hunderttausend Mal, sodass bei ihnen eben nicht das Durchschnittsergebnis, also der Erwartungswert relevant ist. Manche Entscheidungen trifft man nur einmal in seinem Leben, und manche Ereignisse haben einen so krassen Ausgang, dass nicht nur der Erwartungswert eine Rolle spielt.

Nehmen wir einmal an, Sie hätten die Möglichkeit, Ihr gesamtes Vermögen von einer Million Euro zu investieren. In zehn Prozent der Fälle gewinnen Sie 20 Millionen Euro dazu, in 90 Prozent der Fälle verlieren Sie aber Ihre Million. Der Erwartungswert wäre ohne Zweifel positiv:

$$0,1 \times 20 + 0,9 \times (-1) = +1,1$$

Im Durchschnitt machen Sie 1,1 Millionen Euro Gewinn bei dieser Investition. Doch was nützt Ihnen das, wenn Sie nur einmal eine solche Investition tätigen können und bei Misserfolg pleite sind? Auch wenn Sie einen extrem hohen Erwartungswert haben, sollten Sie ein solches Risiko nicht eingehen. Sie müssen also auch andere Faktoren berücksichtigen als nur den reinen Erwartungswert.

• • • *Der Erwartungswert ist kaum relevant, wenn Sie die entsprechende Entscheidung nur einmal oder ganz selten treffen können.*

Der Erwartungswert kann eben nicht das Maß aller Dinge sein, weil er sich nun mal *nur* nach Wahrscheinlichkeiten richtet. Und wenn es um Wahrscheinlichkeiten geht, gibt es leider eine Varianz, die wir auch schon hinsichtlich der Bad Beats angesprochen haben.

Wenn Sie im Poker 90-prozentiger Favorit sind, können Sie auch dreimal oder häufiger in Folge verlieren. Wenn Sie beim Roulette ständig auf Schwarz setzen, kann es passieren, dass fünfzehn Mal hintereinander Rot kommt, und Sie sind angeschmiert. Vieles können Sie gar nicht fassen, aber rein mathematisch ist das keine Seltenheit.

Dass Sie selbst, wenn alles für Sie spricht, verlieren können, ist die negative Konsequenz der Varianz. Immer wenn Ereignisse auf kurze Sicht anders eintreten, als sie nach den Regeln der Stochastik sollten, ist Varianz im Spiel. Wenn Sie zehn Mal mit Ihrem Freund eine Münze werfen, sollte eigentlich nach der Wahrscheinlichkeitsrechnung fünf Mal Kopf und fünf Mal Zahl geworfen werden. Es kommt aber auch vor, dass zehn Mal Kopf geworfen wird und niemals die Zahl. Das wäre ein Ausgang, der eigentlich gegen die 50-prozentige Wahrscheinlichkeit spricht. Hier ist wieder die sogenannte Varianz im Spiel.

Werfen Sie aber eine Million Mal diese Münze, wird sich das Verhältnis von eins zu eins zwischen Kopf und Zahl wieder einstellen.

• • • *Auf lange Sicht nähert sich das Ergebnis den tatsächlichen Wahrscheinlichkeiten an, auf kurze Sicht kann alles Mögliche passieren.*

Im Poker gibt es einen berühmten Ausspruch von Rick Bennet, der das ganz gut auf den Punkt bringt: »Langfristig gibt es kein Glück beim Poker, doch oft ist kurzfristig länger, als man glaubt.« Bei Ihren Entscheidungen dürfen Sie also nicht nur auf den Erwartungswert achten, sondern müssen auch die Varianz beachten. Angenommen, Sie sitzen bei Günther Jauch auf dem heißen Stuhl. Sie haben nur noch den 50:50-Joker und sitzen bei der 64 000-Euro-Frage. Da Sie sich für die Risikovariante entschieden haben, könnten Sie auf 500 Euro zurückfallen. Sie haben jedoch keinen blassen Schimmer, wie die richtige Antwort auf die Frage lauten könnte, nehmen noch den Joker und haben nun die Wahl, zu zocken oder die 32 000 Euro mit nach Hause zu nehmen. Der Erwartungswert beim Zocken liegt ganz klar höher, denn mit einer fünfzigprozentigen Wahrscheinlichkeit gewinnen Sie 64 000 Euro, mit einer gleich hohen Wahrscheinlichkeit gehen Sie mit 500 Euro nach Hause. Der Erwartungswert hierfür liegt bei $+32\,250$. Wenn Sie aufhören, gehören Ihnen die 32 000 Euro zu hundert Prozent, was auch Ihrem Erwartungswert entspricht. Also ist klar, dass die Zockerei hinsichtlich des Erwartungswertes die bessere Entscheidung wäre.

Aber was sagt nun die Varianz dazu? Sie sitzen sicherlich keine hundert Mal bei Günther Jauch und haben nur *einmal* die Chance, auf einen Schlag so viel Geld zu gewinnen. Sie brauchen eigentlich ein neues Auto, und die Wohnung sollte auch mal renoviert werden. Sollten Sie nur wegen des Erwartungswerts einfach »gambeln«? Die Antwort ist ganz klar: Nein! Die Varianz ist einfach zu groß. Die Wahrscheinlichkeit, mit nur 500 Euro die Segel streichen zu müssen, liegt immerhin bei 50 Prozent. Mit den 32 000 Euro sicher auf der Hand können Sie mehr anfangen als mit den 250 Euro mehr, die die Zockervariante Ihnen bietet.

Wenn Sie aber das Geld gar nicht so unbedingt brauchen und Ihnen mehr oder weniger egal ist, ob Sie mit nur 500 Euro nach Hause gehen oder nicht, dann ist die Zockerversion mit höherem Erwartungswert schon die deutlich bessere Entscheidung. Und vielleicht schaffen Sie durch Raten die 64 000-Euro-Frage und können sogar noch mehr gewinnen, weil Sie weitere Fragen auch noch beantworten können. Wenn Sie bei Günther Jauch sehr viel öfter in eine solche Situation geraten, müssten Sie zudem die Entscheidung mit höherem Erwartungswert treffen, andernfalls lassen Sie Profit liegen.

Die Konsequenz davon ist, dass Sie in manchen Situationen den Erwartungswert entweder komplett ignorieren oder eher vernachlässigen sollten. Merken Sie sich:

- - - *Der Erwartungswert liefert ein Durchschnittsergebnis auf lange Sicht. Besteht diese lange Sicht nicht, ist er nahezu irrelevant.*

Das Prinzip der Risikoaversion Bei unserem »Wer wird Millionär«-Beispiel hatten wir einen Ansatz mit Risiko, die Zockervariante, und einen komplett ohne. Wir sind zu dem Ergebnis gekommen, dass in den meisten Fällen die risikoarme Variante die bessere ist, auch wenn bei ihr der Erwartungswert niedriger ist. Das ist ein sehr wichtiges Kriterium, um die richtigen Entscheidungen zu treffen.

Angenommen, wir befinden uns am Anfang eines Poker-Turniers. Die Karten fliegen erst seit fünf Minuten durch die Luft, alle Spieler haben noch viel Zeit, zu agieren, haben keinen Druck und plauschen auch untereinander gemütlich. Es sitzen extrem viele schwache Spieler am Tisch, was wir gleich auf den ersten Blick erkennen. Die Behauptung, dass wir eine großen »Edge«, also einen großen Vorteil gegenüber dem Feld haben, ist sicherlich korrekt. Schon in der nächsten Hand werden wir vor eine harte Entscheidung gestellt: Einer unserer Gegner fordert uns und vor allem das Glück heraus, indem er einfach nur All-in geht, ohne sich die Karten angesehen zu haben. Wir haben eine gute, aber sicherlich schlagbare Hand. Gegen seine möglichen Hände wären wir bestimmt Favorit. Unsere Optionen wären, das Turnier in einer unsicheren Situation, die aber trotzdem einen positiven Erwartungswert hat, aufs Spiel zu setzen oder einfach loszulassen und ganz sicher im Turnier zu bleiben.

Auch in einem solchen Fall ist nicht nur der Erwartungswert entscheidend. Aufgrund der Varianz kommt es häufig vor, dass man gleich zu Beginn ausscheidet und das Turnier, bei dem man gute Chancen auf den Sieg hatte, beenden muss, obwohl der Erwartungswert positiv war. In einer solchen Situation einfach zu passen, wäre der risikoaverse, also risikovermeidende Ansatz. Man riskiert nichts, auch wenn die Risikovariante einen höheren Erwartungswert hätte.

Bei einem unserer vorangegangenen Beispiele erschien Schwarzfahren ganz profitabel. Doch auch hier gibt es einen risikoaversen und einen riskanten Ansatz. Letzterer wäre natürlich Schwarzfahren, ersterer, brav das Ticket einzulösen.

Um die sogenannte Standardabweichung zu bestimmen, muss man sich nur die Differenz der möglichen Eintrittsszenarien anschauen. Angenommen, Schwarzfahren hätte einen Erwartungswert von +1 Euro, wenn Sie aber erwischt werden, zahlen Sie gleich 50 Euro Strafe. Das ist eine beträchtliche Differenz, denn 50 Euro sind im Vergleich zu einem Euro richtig viel Schotter, zumal für den mittellosen Studenten aus unserem Beispiel. Die Standardabweichung beim braven Fahren mit gültigem Ticket wäre natürlich nicht vorhanden, denn Sie bezahlen zu hundert Prozent einfach den Preis der Fahrkarte. Wenn es aber zwei mögliche Ausgänge für eine Entscheidung gibt, ist eine Standardabweichung möglich.

Diese wäre auch beim »Wer wird Millionär«-Beispiel beträchtlich, wenn Sie die Risikovariante wählen. Mit einer 50-prozentigen Wahrscheinlichkeit gehen Sie nämlich nur mit 500 Euro nach Hause, mit einer gleichgroßen Wahrscheinlichkeit dafür mit 64 000 Euro. Das ist mal ein richtig großer Unterschied zum Erwartungswert, eine extreme Standardabweichung.

Wenn Sie Ihr Risiko, aus welchem Grund auch immer, so gering wie möglich halten möchten, müssen Sie Entscheidungen treffen, die eine möglichst geringe Standardabweichung haben. Bei der 64 000-Euro-Frage wäre das also das sichere Aussteigen bei 32 000 Euro. Diese Entscheidung hat gar keine Standardabweichung, und Sie gehen damit kein Risiko ein.

Auch beim Eingangsbeispiel, bei dem Sie Ihr gesamtes Vermögen investieren, wäre die Standardabweichung mehr als extrem, nämlich knapp 20 Millionen Euro. Dass dies alles andere als risikoavers ist, muss wohl nicht weiter ausgeführt werden.

• • • *Beachten Sie bei Entscheidungen immer die Standardabweichung und das Risiko, bevor Sie sich nur nach dem Erwartungswert richten.*

Der Erwartungswert in der Praxis Nach all diesen mehr oder weniger theoretischen Überlegungen stellen Sie sich bestimmt die Frage, was Ihnen solche Rechnereien für das wirkliche Leben bringen. Eines sei Ihnen vorab versichert: mehr, als Sie denken!

Es geht hier nicht darum, bei allen Lebensentscheidungen mit Wahrscheinlichkeiten und Standardabweichungen zu hantieren, sondern darum, das Prinzip dahinter einmal verstanden zu haben, damit Sie wissen, worauf es eigentlich ankommt. Natürlich macht sich niemand die Mühe, penibel Wahrscheinlichkeiten zu eruieren und mit dem Taschenrechner seinen Erwartungswert zu berechnen, ob er nun die Billig-Salami oder doch die teure kaufen soll. Wichtig ist nur das Prinzip dahinter: Sie müssen zum einen verstanden haben, wie Sie den Erwartungswert bei Entscheidungen in etwa erkennen können und wie es um die Varianz und Standardabweichung steht, sodass Sie letztendlich die richtige Entscheidung treffen.

Zudem ist alles eine Frage des Involvements: Entscheidungen ohne großartige Wirkung auf Ihre Ressourcen, wie der Einkauf von Alltagsgegenständen im Supermarkt, erfordern sicherlich keine großartige Abwägung von Risiko und Gewinn beziehungsweise Ausmachen des Erwartungswerts. Wenn Sie sich an der Supermarktkasse anstellen, sieht es schon wieder etwas anders aus: Wie oft kommt es vor, dass Sie in einer langen Schlange stehen und plötzlich am Lautsprecher vernehmen, dass eine neue Kasse geöffnet wird? Sie können sofort zu irgendeiner Kasse springen und hoffen, dass die neue Kassiererin sich genau dort hinpflanzt, oder Sie warten so lange, bis die neue Kasse aufmacht, mit dem Risiko, dass Ihnen andere zuvorkommen und dort wieder eine Schlange entsteht, oder Sie bleiben in »Ihrer« langen Schlange stehen, um alle Risiken zu vermeiden. Denn schließlich kann es sein, dass doch keine neue Kasse eröffnet wird oder sich die Kassiererin auf dem Weg dorthin den Fuß verstaucht.

Das wäre eine Entscheidung, die neunundneunzig Prozent der Menschen aus dem Bauch heraus treffen, ohne nachzudenken. Deren Gedankengang sieht wie folgt aus: »Ah, neue Kasse, das ist sicher Kasse 3. Da geh ich hin, dann bin ich schneller!« Oder: »Ach, ich weiß nicht, wenn ich jetzt aus der Schlange trete, kann es sein, dass ich noch weiter hinten lande.« Das wären Gedankengänge von Menschen, die grundsätzlich keine gut begründeten Entscheidungen treffen und sich bestimmt nicht nach ihrem Erwartungswert richten. Sie müssen jedoch lernen, sich von dieser Sorte abzuheben und Ihre Entscheidungen nach Erwartungswert und Standardabweichung zu richten.

• • • *Das ganze Leben besteht aus Entscheidungen. Lernen Sie das Prinzip von Erwartungswert und Standardabweichung, und versuchen Sie, es in den alltäglichsten Situationen anzuwenden.*

Im richtigen Leben gibt es viele Situationen, in denen man nur wenige Sekunden Zeit hat, die richtigen Entscheidungen zu treffen. Dennoch sollte man auch bei eiligen Entscheidungen das Prinzip nicht außer Acht lassen: Zunächst ermitteln wir die Optionen, also die Möglichkeiten, die wir haben. Dann wägen wir Risiko und Gewinn ab. Danach versuchen wir die Eintrittswahrscheinlichkeiten in etwa abzuschätzen und achten dabei auf die Standardabweichung. Und schon steht die korrekte Entscheidung.

Zum Beispiel: Sie müssen einen Freund abholen und müssen Ihre Karre nur irgendwo für fünf Minuten abstellen. Sie finden direkt vor sich einen kostenpflichtigen Parkplatz, für deren Nutzung man einen Parkschein lösen muss. Sie parken und ermitteln die zwei Optionen: entweder kurz schwarzparken oder sich einen Parkschein holen. Das Risiko wäre ein Knöllchen für ungefähr 20 Euro, der Gewinn die Ersparnis der Parkgebühr von 1 Euro. Die Wahrscheinlichkeit, dass ein Polizist innerhalb dieser Zeit vorbeikommt und ausgerechnet Ihr Auto anschaut, ist sehr gering. Bei einer Standardabweichung von 20 Euro müssen Sie eben diese berappen; das ist nicht sonderlich hoch, und aufgrund Ihres Einkommens könnten Sie sich das locker leisten. Also folgt die Entscheidung, für diese kurze Zeit kein Ticket zu lösen.

Anfangs mag das etwas kompliziert und umständlich erscheinen, aber diese Entscheidung können Sie innerhalb von fünf Sekunden fällen. Mit etwas Übung ist das wirklich kein Problem. Um die Entscheidungsfindung im Leben zu verbessern und zu perfektionieren, sollten Sie sich dieses Kapitel und die vorgestellten Konzepte sehr gut durch den Kopf gehen lassen. Machen Sie sich auch eigene Gedanken dazu, und vor allem: Versuchen Sie, diese Konzepte in der Praxis und im Alltag anzuwenden. Wenn Sie irgendwann den Erwartungswert einer Rückenmassage durch Ihren Partner errechnen wollen, haben Sie es vielleicht übertrieben, aber dafür können Sie zu hundert Prozent sicher sein, die Theorie ausreichend auf die Praxis umgewälzt zu haben.

• • • *Um auch im richtigen Leben ohne Taschenrechner fundierte Entscheidungen zu treffen, müssen Sie die in diesem Kapitel vorgestellten Konzepte verinnerlichen und sich in der Praxis eigene Gedanken dazu machen.*

Kurzfristig gute Entscheidungen können langfristig schaden

Eben haben Sie gelernt, Entscheidungen mit positivem Erwartungswert zu treffen, um langfristig besser davon zu profitieren. Manchmal sollten Sie allerdings auch bewusst auf Chancen verzichten, obwohl diese einen positiven Erwartungswert haben. Das ist dann der Fall, wenn sich Ihre Entscheidung negativ auf die Zukunft auswirken könnte.

Zum Beispiel schuldet Ihnen ein guter Freund 10 Euro, macht aber nicht den Eindruck, noch mal freiwillig mit der Kohle rüberkommen zu wollen. Sie können ihm so lange nachsteigen, eventuell sogar drohen, bis er schließlich bezahlt. Das hätte sicherlich einen positiven Erwartungswert, denn es besteht die Wahrscheinlichkeit, dass Sie das Geld bekommen, auf das Sie andernfalls verzichten müssten. Aber ist es deshalb die richtige Entscheidung? Sollte Ihnen dieser gute Freund wichtiger sein als läppische 10 Euro? Sicher nicht. Dann wäre es besser, die 10 Euro einfach abzuschreiben und sich für die Zukunft zu merken, diesem guten Freund kein Geld mehr zu leihen.

Ein Beispiel, das vielleicht noch eindeutiger ist: Stellen Sie sich vor, Sie sind glücklich verheiratet, haben eine tolle Familie und zwei niedliche kleine Kinder, auf die Sie wirklich stolz sind – und während eines Messebesuchs eröffnet sich Ihnen die Gelegenheit, mit einer Kollegin ins Bett zu springen, der die gesamte männliche

Belegschaft Ihrer Firma hinterherschielt. Sie wüssten, diese eine Nacht wäre sicherlich ein absoluter Höhepunkt in Ihrem Leben, und mit diesem Klasseweib durch die Kissen zu wühlen, müsste einfach umwerfend sein. Ein Tipp: Wenn Ihnen Ihre Familie, Ihre glückliche Ehe, Ihre liebenswerte Frau und Ihre beiden Prachtkinder wirklich etwas bedeuten, sollten Sie das alles für eine heiße Nummer im Hotel nicht aufs Spiel setzen. Denken Sie an Boris Becker, den kam seine Besenkammer-Affäre teuer zu stehen.

Ein anderes Beispiel: Sie haben einen gut bezahlen Job in einer seriösen Firma und können dort langfristig Karriere machen. Eine andere Firma macht Ihnen ein Angebot, Sie würden dort sofort als Abteilungsleiter einsteigen können und einen ganzen Batzen mehr verdienen. Nur leider ist die Firma ganz neu im Markt, die Produkte haben sich noch nicht durchgesetzt und werden dies Ihrer Meinung nach auch nie tun, denn sie sind einfach schlecht. Eigentlich ist das auch keine wirklich seriöse Firma, und Sie geben diesem Schmuddelbetrieb auch nicht wirklich lange. Sie wären ein Narr, der schnelleren Karriere und des höheren Gehalts wegen in diesen Haufen zu wechseln und Ihren sicheren Job aufzugeben – sehen Sie das nicht auch so?

Finger weg von Lotto!

Fast jeder Deutsche hat schon einmal Lotto gespielt, viele spielen sogar regelmäßig. Ein ganz kleiner Teil wird damit sogar richtig reich. Das ist zwar schön und gut, aber die Entscheidung, überhaupt einen Lottoschein auszufüllen, hat einen stark negativen Erwartungswert.

Eigentlich muss man nicht viel herumrechnen, um zu der Einschätzung zu gelangen, dass ein Lottospiel unprofitabel ist. Die Teilnahme am Lotto ist mit einem negativen Erwartungswert verbunden, und darum sollten Sie die Finger von den Scheinen lassen, auch wenn es verführerisch sein mag. Der Einsatz in Höhe von 1,50 Euro für ein Kästchen lohnt sich einfach nicht. Die Odds, sechs Richtige aus 49 zu treffen, betragen 1:13983816, und Sie müssten für die 1,50 Euro schon fast 21 Millionen Euro gewinnen können, damit sich der Einsatz aus mathematischer Sicht lohnt, denn nur dann hätten Sie bessere Pot Odds als die genannten 1:13983816. Wenn man bedenkt, dass es oft dann noch einen Split-Pot zwischen bis zu hundert Spielern geben kann und zudem von der Lottogesellschaft noch über 50 Prozent *Gebühr* aus dem Pot genommen werden, dann ist Lottospielen ein mathematisches Ankämpfen gegen Windmühlen.

Auch wenn Sie nun denken mögen, dass das Ausfüllen eines Lottoscheins eine Low-Involvement-Entscheidung ist und Sie »nichts kostet«, ändert das nichts am negativen Erwartungswert dieser Entscheidung. Auch wenn Sie die paar Euro verschmerzen können und Ihnen das wert ist, um die Chance auf einen dicken Lottogewinn zu haben, summieren sich diese »paar Euro« und kommen Sie früher oder später teuer zu stehen. Im Leben geht es darum, stets Entscheidungen mit positivem Erwartungswert zu treffen. Dies ist auch zutreffend, wenn Ihr Erwartungswert zum Beispiel nur bei −0,1 Euro liegt, was verschwindend gering ist. Treffen Sie 10 000 mal diese Entscheidung, verlieren Sie im Durchschnitt auch 1000 Euro – beim Lotto ist es bei Stammspielern meist deutlich mehr.

Rauchen ist ... gesundheitsschädlich. Das weiß mittlerweile jeder. Aber trotzdem raucht ein Großteil der Menschen. Das sollte doch irgendeinen Grund haben, oder?

Rauchen mag zwar vielen Menschen Befriedigung verschaffen, aber unterm Strich hat es einen ganz klar negativen Erwartungswert, egal, wie man die Sache beleuchtet. Man muss noch nicht einmal den gesundheitlichen Aspekt in den Vordergrund stellen. Allein die Ausgaben für Zigaretten addieren sich im Laufe der Jahre zu Autos und sogar Häusern. Letztendlich ist es auch nur eine Frage von Risiko und Gewinn. Der Gewinn ist allerdings derart schwach, dass Risiken wie erhöhte Krebsgefahr oder Investition von Unsummen von Geld deutlich überwiegen. Rauchen hat eindeutig einen negativen Erwartungswert, auch wenn es cool erscheinen oder beruhigend sein mag.

Tight oder loose: Jede Möglichkeit nutzen oder lieber auf die Rosinen warten?

Wir haben es in einem der vorhergehenden Kapitel bereits ange-schnitten: Ein Spieler wird beim Pokern als »tight« bezeichnet, wenn er wenige und nur gute Hände spielt. Das bedeutet, dass er lieber auf starke Blätter wartet, anstatt mit allem Möglichen Mist zu spielen so wie sein Pendant, der »Loose«-Spieler. Dieser ist lange nicht so selektiv und spielt viel mehr Hände als der Tight-Spieler. Die Einteilung in Tight- und Loose-Spieler bezieht sich auf die An-zahl der Hände, die ein Pokerspieler spielt.

Viele Leser werden sich an dieser Stelle fragen, was diese Ein-teilung mit dem richtigen Leben zu tun hat. Wenn wir Ihnen jetzt verraten, dass ein Macho und Frauenheld im Liebesleben loose spielt und ein einsamer Single, der schon seit Jahren keine sexuelle Beziehung mehr hatte, ein sehr tighter Mensch ist, dann verstehen Sie sicherlich, worauf es hinauslaufen wird.

An dieser Stelle halten wir fest:

• • • *Tighte Menschen sind zurückhaltend, loose nicht!*

Was sind die Starthände im Leben? Das Liebesleben ist ein sehr einleuchtendes Beispiel, aber noch lange nicht das einzige. Frauen, die ein möglicher Partner sind, sind für den Macho so etwas wie eine Starthand beim Poker, also das anfängliche Blatt, mit dem Sie spielen müssen. Was soll aber eine Starthand bei Verhandlungen und Arbeitsgruppen in der Schule sein? Am einfachsten ist es zu sagen, dass eine Starthand alles das ist, was ein Mensch anfängt und womit er ein Ziel verfolgt. Will der Macho bei einer Frau anbandeln und diese anschließend verführen, so verfolgt er damit ein Ziel: Das »Zielobjekt« ist die Frau und sein »Ziel« der letztendliche Akt.

Jemand, der sich als Existenzgründer versucht und eine Bäckerei eröffnen will, hat ein Ziel – nämlich Profit durch diese Bäckerei – und ein Zielobjekt – nämlich die Bäckerei selbst. Ein Staubsauger-verkäufer, der von Tür zu Tür wandert, hat mehrere Zielobjekte, nämlich die einzelnen Haushalte. Sein Ziel ist es, Staubsauger zu verkaufen. Er ist, im Gegensatz zu unserem Bäckereibesitzer, ein looser Spieler, da er viele Zielobjekte durchprobieren muss, um sein Ziel zu erreichen.

• • • *Starthände im Leben sind im Endeffekt nichts anderes als Objekte, die zielgerichtet angesteuert werden.*

Wer ist loose und wer tight? Um das zu verdeutlichen, ist es sinnvoll, ein kleines Modell mit zwei Extremen einzuführen: dem faulsten Mensch der Welt und dem hyperaktiven. Ersterer hätte zwar einige Zielobjekte wie Duschen, Bügeln, Spazierengehen, aber er ist einfach so faul, dass er nichts dergleichen erledigen will. Er spielt demnach fast gar keine »Hände« und tut wirklich nur das Allernötigste. Sein Gegenpart ist der Hyperaktive, der alles machen muss, was nur möglich ist. Während er kocht, muss er gleichzeitig Zähne putzen und seine Kinder in die Schule schicken. Findet sich auf dem Weg zur Tür noch ein Staubkorn auf dem Boden, muss es möglichst schnell beseitigt werden. Der Hyperaktive ist das genaue Gegenteil des faulsten Menschen der Welt. Alles, was der faule Mensch machen *könnte*, wird der hyperaktive sofort erledigen.

Dieses Modell können Sie sich immer vor Augen führen, wenn Sie sich fragen, wer als loose oder tight zu bewerten ist. Stellen Sie sich den Hyperaktiven als jemanden vor, der wirklich alles anfassen muss und nichts auslassen will. Der faulste Mensch der Welt muss nicht näher verbildlicht werden. Falls doch, stellen Sie sich einfach Homer Simpson vor, wie er auf der Couch liegt.

Angenommen, der faule Homer und der Hyperaktive fahren im Auto von A nach B. Der faule Homer würde einfach fahren und wirklich nichts anderes machen, nicht einmal das Radio anschalten. Der Hyperaktive würde im Gegensatz dazu all das machen, was es an Zielobjekten in dieser Situation gibt. Besteht die Möglichkeit, Musik zu hören, so stellt er das Radio an. Muss er telefonieren, nimmt er das Handy und erledigt dies. Hat er Hunger, holt er sich schnell etwas beim McDrive und isst während der Fahrt. Es gibt noch viele weitere Dinge, die sich im Auto erledigen ließen.

Der Hyperaktive macht all das, was er erledigen kann, der faule Homer nicht.

Wenn Sie als Frau nur einem Mann wirklich treu sind, so sind Sie sehr tight. Haben Sie hingegen jedes Wochenende einen neuen Liebhaber, so sind Sie bestimmt nicht tight, eher sehr loose. Menschen, die im Liebesleben loose spielen, werden häufig als »Schlampen« oder »Machos« beschimpft. Bei nichtsexuellen, emotionalen Bindungen wie Freunden und Familie gilt dasselbe Prinzip. Wer nur einen Freund hat, ist sehr tight, wer aber ganze Gruppen zu seinen Freunden zählt, kann in Sachen Freundschaft als loose bezeichnet werden.

Was ist besser – loose oder tight? Derjenige mit einem einzigen Freund kann immer zum Wohle dieser Freundschaft handeln und gerät nie in Konflikt mit anderen Freundschaften. Vielleicht ist es Ihnen auch schon mal so ergangen: Sie haben zwei gute Kumpels, doch der eine kann den anderen nicht leiden, und wenn sie aufeinandertreffen, gibt es Zoff. Vielleicht haben Sie sogar schon zu hören bekommen: »Wenn du den wieder auf eine Party einlädst, komme *ich* ganz bestimmt nicht!«

Allerdings kann es für einen tighten Menschen mit nur einem Freund weniger erfüllend sein, als wenn er mehrere Freunde hat, die ihm helfen oder in schweren Zeiten zur Seite stehen. Wenn Sie nur einen Menschen kennen, den Sie zu Ihrer Party einladen möchten, wird das sicherlich eine recht stille Feier. Wenn Sie nur einen einzigen Freund haben, der Ihnen beim Umzug hilft, sollten Sie lieber ein Umzugs-Unternehmen mit der Sache beauftragen, statt sich beide bei Herd und Waschmaschine einen Bruch zu holen. Zudem kann dieser eine Freund ja auch mal keine Zeit haben, oder man könnte es sich aus Versehen mit ihm verscherzen. Dann ist es besser, wenn man mehrere Freunde hat, die dann »einspringen« können.

Genauso wird ein Macho mit drei Liebhaberinnen kaum wahre Liebe empfinden. Bei einem glücklich verheirateten Mann mit einer treuen Frau wird das anders sein. Der Autofahrer, der während der Fahrt isst, raucht und Musik hört, hat vielleicht mehr Freude am Fahren, wird aber sicherlich öfter mal einen Unfall bauen als jemand, der sich voll und ganz auf die Fahrt konzentriert. Ein Geschäftsmann, der drei Firmen leitet, wird weniger fokussiert sein können als einer, der nur ein Unternehmen zu leiten hat. Andererseits können drei Firmen wesentlich mehr Kapital erwirtschaften als nur eine, und wenn eine der Firmen Pleite macht, ist es auch nicht ganz so schlimm, wenn man noch zwei andere besitzt.

Was bringt die Einteilung? Sie sehen, es geht darum, abzuwägen, was die bessere Spielweise ist. Als looser Spieler haben Sie zwar mehr Möglichkeiten, müssen aber auch sicherstellen, dass es keine Konflikte zwischen diesen Möglichkeiten gibt. Im Liebesleben ist das offensichtlich. Ein looser Liebhaber kann zwar mehr Freude mit mehreren Frauen haben, aber bei den meisten Frauen muss er ständig auf der Hut sein, dass diese untereinander nichts von seinem loosen Liebesleben mitbekommen.

Derjenige, der quasi mit der Schrotflinte schießt und dabei mehrere Ziele trifft, hat eine größere »Streuung« und kann so mehr Sachen antesten und gleichzeitig »erledigen«. Der tighte Mensch schießt dagegen mit dem Scharfschützengewehr. Er schießt zwar genauer, wenn er sein einzelnes Ziel aber verfehlt, hat er im Endeffekt gar nichts.

• • • *Pauschal lässt sich nicht sagen, ob man tight oder loose vorgehen soll. Dies ist komplett von der Situation abhängig.*

Aggressiv oder passiv: »Ran an den Speck« oder lieber warten?

Um die Spielweise im Poker zu bewerten, dient als weiteres Kriterium die Aggressivität. Setzt und erhöht ein Spieler sehr viel, spielt er aggressiv. Ein passiver Spieler wiederum setzt und erhöht sehr selten. Er bevorzugt die Defensive und »callt« lieber, wenn er in der Hand bleiben möchte.

Auch im richtigen Leben gibt es deutliche Unterschiede, wie jemand seine Zielobjekte – seine Hände, die wir vorhin schon definiert haben – angeht. Er kann etwas aggressiv anpacken oder passiv. Wie schon bei der Definition von tight und loose gibt es auch hier zwei Richtwerte:

Der Luschi-Typ Der passive Mensch ordnet allem eine geringe Priorität zu. Seine Mottos sind »Das kann ich morgen auch noch erledigen«, »Nur keinen Stress« oder »Kann das nicht jemand anders machen?«. Alles, was er anfängt, ist schon mehr oder weniger zum Scheitern verurteilt, weil seine Herangehensweise zu lasch und nicht energisch genug ist. Er kann die Führung nicht übernehmen oder beibehalten und möchte viel lieber geführt werden. Sicherlich können Sie sich gut ein Bild von dieser Sorte Mensch machen, weil er Ihnen bestimmt schon einmal begegnet ist – oder Sie vielleicht sogar selbst einer davon sind? Letzteres sollte aber kaum zutreffend sein, denn immerhin sind Sie bei diesem Buch weit gekommen …

Der Verbissene Das genaue Gegenteil ist die aggressive Sorte Mensch. Alles, was er anpackt, versucht er so gut wie möglich zu machen, um das gesteckte Ziel zu erreichen. Möchte er zum Beispiel eine Frau an der Bar verführen, so spricht er sie nicht nur an, er gibt auch nicht klein bei, selbst wenn die Dame ihn höflich, aber deutlich zurückweist. Der aggressive Mensch ordnet dem, was er macht, eine hohe Priorität zu, und zwar so lange, bis das Ziel erreicht ist.

Möchte er zum Beispiel abnehmen, so schraubt er die Aktivitäten zurück, die ihm hier im Weg stehen, sprich Essen, Fernsehen und so weiter, und versucht alles, um das gesteckte Ziel zu erreichen. Will der passive Mensch Gewicht verlieren, wird ihm der Weg zu diesem Ziel schnell zu anstrengend oder zu langwierig, und er gibt auf. Nimmt sich ein Schüler vor, ab sofort mindestens eine Stunde für die morgige Klausur zu lernen, hört aber nach fünf Minuten wieder auf und schaut fern, so ist er eindeutig passiv. Ein »Streber«, der seine für die Schule gesteckten Ziele mit besonderem Einsatz verfolgt, ist auf diesem Gebiet aggressiv.

Selbstverständlich gibt es auch hier nicht nur die beiden Extreme. Menschen sind vom Typ her mehr oder weniger passiv oder mehr oder weniger aggressiv. Der eine ist ein passiver Mensch, der andere nicht ganz so passiv, aber noch lange nicht aggressiv. Andererseits gibt es Menschen, die ihre Ziele recht aggressiv verfolgen, andere sind darin aber noch aggressiver. Den Begriff »aggressiv« kennen Sie natürlich, aber vielleicht haben Sie ihn in einem solchen Zusammenhang noch nicht wahrgenommen: Es gibt aggressive Autofahrer, aggressive Sportler und Männer, die aggressiv auf »Beutejagd« gehen. Ein Autofahrer gilt als aggressiv, wenn er rücksichtslos fährt und nur sein eigenes Ziel, nämlich das schnelle Erreichen des Fahrziels, vor Augen hat, ohne auf das Wohlergehen anderer zu achten. Er misst seinem Ziel eine hohe Priorität zu und ordnet andere Dinge wie zum Beispiel Sicherheit und Wohlergehen seines Beifahrers diesem unter. Aggressive Sportler zeichnen sich durch hundertprozentigen Einsatz aus. Auch hier hat ihr gestecktes Ziel, zum Beispiel der Ballgewinn beim Fußball, die Bestzeit und so weiter, die höchste Priorität, und alles, was dem Erreichen dieses Ziels im Weg steht, wird gnadenlos untergeordnet.

- • • *Aggressivität ist als Grad der Motivation und Durchsetzungsfähigkeit zu verstehen. Jemand, der schnell aufgibt, ist passiv. Jemand, der seine Ziele mit vollem Einsatz erreichen will, gilt als aggressiv.*

Was ist besser, der Luschi oder der Verbissene? Aggressive Menschen haben den klaren Vorteil, dass sie ihre Ziele viel häufiger erreichen als der Luschi, aber auch als der Normalbürger, weil sie ganz einfach ihre Energie auf das anvisierte Ziel konzentrieren und durch ihre hohe Motivation auch mehr Energie zur Verfügung haben. Im Leben geht es vor allem darum, gesteckte Ziele zu erreichen. Ein passiver Mensch kann wegen seiner Einstellung gar nicht alle Ziele erreichen, häufig überhaupt keine. Er schlittert oft einfach nur durchs Leben.

Aber es gibt eben nicht nur total passive und aggressive Menschen, sondern auch Zwischenformen. Extreme Ausprägungen sind nur selten gut. Wenn sich ein arbeitender Familienvater in den Kopf setzt, den Ironman zu gewinnen, und dieses Ziel auf die aggressivste Art und Weise verfolgt, dürfte das für ihn schmerzhafte Konsequenzen haben, die nicht in Relation zum Gewinn des Ironman stehen:

Sein Job wird darunter leiden, weil er kaum mehr richtig Zeit dafür hat oder nur noch wenig zusätzliche Energie, um sich auch noch auf Arbeit und Karriere zu konzentrieren; er wird seine Familie wegen des Trainings vernachlässigen und kann sie zusätzlich zu seiner Arbeitsstelle verlieren; außerdem kann er durch das harte Training gesundheitliche Schäden davontragen, wenn er es damit übertreibt. Das Involvement wäre ganz enorm!

Der Vorteil, den der passive gegenüber dem aggressiven Menschen hat, ist der, dass er nicht viel in sein Vorhaben investiert und sich daher auch ohne Probleme von der Verfolgung des Ziels verabschieden kann, um sich anderen, aussichtsreicheren Vorhaben zu widmen. Andererseits hat der absolute Luschi aber wahrscheinlich nicht einmal eine Karriere und eine Familie, die er aufs Spiel setzen kann.

• • • *Aggressive Menschen investieren viele Ressourcen in das Erreichen ihrer Ziele, während passive meist ohne großes Involvement einen Rückzieher machen können. Damit haben beide Ansätze ihre Vorteile.*

Wann sollte man wie spielen? Grundsätzlich haben Sie die Möglichkeit, Ihre aggressive Vorgehensweise zu verändern und anzupassen. Das ist im Leben genauso wichtig wie im Poker. Manche Dinge sollten Sie aggressiver angehen als andere. Aber nach welchen Kriterien steuert man seine Aggressivität? Wann sollten Sie passiv spielen und wann aggressiv? Das lässt sich mit den bereits geschilderten Prinzipien von Risiko und Gewinn und dem Involvement beantworten.

Um entscheiden zu können, ob eine passive oder aggressive Vorgehensweise die bessere ist, müssen deren Konsequenzen in Betracht gezogen werden. Was passiert, wenn ich aggressiv vorgehe? Welche Risiken gehe ich hierbei ein? Welche Belohnung erhalte ich? Steht das Risiko in keinem guten Verhältnis zur Belohnung, so ist der aggressive Ansatz nicht der beste, und es sollte lieber passiv vorgegangen werden. Fordert eine aggressive Vorgehensweise ein hohes Involvement, so ist meist die passive Vorgehensweise die bessere.

Mit dem Ironman-Titel kann man zwar schön vor Freunden und in der Kneipe angeben, und man wird sogar mal kurz im Fernsehen erwähnt, aber Sie sollten sich genau überlegen, ob Sie dafür Karriere und Familie riskieren wollen. Ein passiver Mensch würde sich ein solches Ziel wahrscheinlich gar nicht setzen. Er gibt sich vielleicht damit zufrieden, Sonntagnachmittag im Fußballverein seines Dorfes mitzukicken. Sobald dies zu viel Zeit in Anspruch nimmt und unter Umständen auch noch den häuslichen Frieden gefährdet, würde er dort aussteigen, und vielleicht ist das für ihn die absolut richtige Entscheidung.

• • • *Achten Sie ganz genau darauf, wie viel Zeit und Energie Sie in bestimmte Vorhaben stecken. Setzen Sie stets Aufwand und potenziellen Erfolg ins Verhältnis.*

Die Spielweise: Stone Killer, Rock, Calling Station oder Maniac?

Wir kennen jetzt den loosen und den tighten Menschen und haben auch etwas über aggressives und passives Verhalten gelernt. Aggressivität lässt sich aber auch mit der Selektion der Ziele verknüpfen. Beim Pokern spricht man von tight-aggressiven, tight-passiven, loose-passiven und loose-aggressiven Spielern. Und genau diese Spieler gibt es auch im richtigen Leben.

Tight-aggressiv – der Stone Killer Ein tighter Spieler wurde dadurch definiert, dass er seine Zielobjekte sehr selektiv aussucht und nicht »zu viel auf einmal macht«. Der aggressive Spieler ist jemand, der seinem jeweiligen Ziel eine hohe Priorität beimisst und es knallhart verfolgt. Zusammengesetzt ergibt das den tight-aggressiven Spieler, der zwar nur wenige Zielobjekte in Angriff nimmt, dafür diese Ziele aber sehr aggressiv verfolgt.

Tight-passiv – I am a Rock, I am an Island …

Im Poker ist ein tight-passiver Spieler eine der schwächsten Spielerformen. Er spielt nur wenige Hände und diese auch noch passiv. Er befindet sich immer in der Defensive und hat keine Kontrolle über das Spiel.

Auch im richtigen Leben schneiden tight-passive Menschen nicht unbedingt gut ab. Sie wählen nur wenige Ziele aus und verfolgen diese auch noch ohne jegliche Aggressivität.

Loose-passiv – die Calling Station oder der passive Mitläufer

Ähnlich wie der tight-passive ist auch der loose-passive Spieler in so gut wie allen Lebenslagen unterlegen. Beim Pokern wird er als »Fisch« bezeichnet, ein oft hilfloses Wesen, das sehr leicht von stärkeren Tieren besiegt werden kann. Das Symbol des Fisches verdeutlicht sehr gut die Passivität dieser Spieler.

Der loose-passive Spieler lässt sich am Pokertisch deswegen so leicht ausnehmen, weil er zu viele und minderwertige Hände spielt und sich nicht von ihnen trennen kann.

Der loose-passive Mensch fängt zwar viele Dinge an, erledigt diese Aufgaben aber nur schlampig und mit geringem Einsatz, sodass er einfach zum Scheitern verurteilt ist. Er ist deswegen noch schwächer als der tight-passive Mensch, weil er sich zu viele Ziele steckt, was ihn Zeit und Geld kostet. Wenn Sie sich irgendwie mit dem Fisch identifizieren können, wäre es ratsam, Ihre Gesamteinstellung zu ändern, um erfolgreicher durchs Leben zu marschieren.

Loose-aggressiv – der Maniac

Im Poker nennt man diesen Spieler einen Maniac, weil er teilweise verrückte Züge macht, wie kein anderer sie machen würde. Er spielt sehr viele Hände, und diese auch noch aggressiv. Natürlich kann er auf diese Weise das Maximum an Geld verlieren, weil er schwache Hände spielt und versucht, mit dem Kopf durch die Wand den Tisch zu beherrschen. Trotzdem ist dieser Stil der gewinnbringendste, wenn man ihn denn gut beherrscht.

Der Grund hierfür ist einfach: Ein starker Spieler macht natürlich mehr Geld, wenn er sich auf möglichst viele profitable Situationen einlässt. Ein schlechter Spieler mit geringen Fähigkeiten hingegen verliert selbstredend mehr Geld, je mehr Hände er spielt.

Man kann also nicht einfach sagen, dass die loose-aggressive Herangehensweise schlecht wäre, so wie die loose-passive.

Auch im richtigen Leben gibt es Menschen – sogar viele Menschen –, die absolut loose-aggressiv und deutlich erfolgreicher sind als zum Beispiel tight-aggressive Menschen. Wenn jemand in der Lage ist, vier Unternehmen gleichzeitig zu leiten, dann wird er wesentlich mehr Profit erzielen als ein tight-aggressiver Unternehmer mit nur einer Firma. Wenn Sie gleichzeitig kochen, telefonieren und staubsaugen können, sind Sie eindeutig eine bessere Hausfrau (oder ein besserer Hausmann) als jemand, der alles nacheinander erledigen muss. Wenn Sie es schaffen, zu arbeiten und nebenbei noch erfolgreich zu studieren, sind Ihre Berufsmöglichkeiten später sicherlich noch mal so hoch …

Grundsätzlich gilt beim loose-aggressiven Spieler:

- • • *Wenn Sie imstande sind, mehrere Dinge gleichzeitig zu tun, ohne dass Ihre Leistung darunter leidet, dann können Sie den maximalen Profit aus Ihren Unternehmungen schlagen.*

Sind Sie dieser Aufgabe jedoch nicht gewachsen und schränken sich damit selbst ein, dann kostet Sie der loose-aggressive Stil mehr, als er bringt. Das Involvement wäre in diesem Fall zu hoch und nicht gewinnversprechend genug.

Menschen, die den loose-aggressiven Stil praktizieren, leben entweder sehr gut oder machen sich damit viele Probleme.

Was ist der beste Stil? Wenn eine Entscheidung nicht eindeutig ist, sagt man im Poker gerne: »It depends«, zu Deutsch: »Es kommt darauf an.« Wie gerade erläutert, ist der loose-aggressive Stil *im Prinzip* der beste, wenn man ihn beherrscht. Man kann sich auf viele profitable Situationen einlassen und meistert sie alle. Trotzdem kann man nicht pauschal sagen, dass dieser Stil *immer* der beste ist. Ein schwacher Spieler wird damit nicht viel auf die Beine stellen können.

Gewiss kann man aber sagen, dass beide passive Stile den aggressiven Ansätzen unterlegen sind. Natürlich kann man auch als passiver Mensch glücklich werden, aber man wird es nicht unbedingt zu etwas bringen. Trotzdem hat auch der passive Mensch seine Vorzüge. Er investiert weniger Geld und Zeit und kann das »Spiel« schnell verlassen, wenn die erwünschten Umstände nicht gegeben sind oder eintreten. Meist schneidet der passive Mensch aber deutlich schlechter ab als der aggressive, eben weil er zu passiv ist.

Extreme Aggressivität ist aber auch nicht der beste Weg, zumindest in den meisten Situationen nicht. Ein wichtiger Faktor beim Maß der Aggressivität ist das Verhältnis von Risiko und Gewinn, so wie bei der Frage, ob »tight« oder »loose« der bessere Ansatz ist. Dieses Prinzip spielt eine große Rolle, und es erfordert, dass man gut beurteilen kann, was wahrscheinlich passieren wird, wenn ich diese oder jene Linie verfolge.

Ein blindes Huhn findet auch mal ein Korn Wer kennt nicht den Satz vom blinden Huhn und dem Korn? Es ist eine wirklich schöne Metapher für einen loosen Spielertypen. Das blinde Huhn pickt so wie er wahllos in der Gegend herum, findet aber auch hin und wieder mal ein Korn. Der loose Pokerspieler spielt zu viele Hände, aber auch wenn er so gut wie immer der Unterlegene ist, gewinnt selbst er irgendwann.

Sie haben sich bestimmt schon öfter gefragt, wie dieser oder jener Mensch ständig einen neuen Partner haben kann, obwohl er nicht übermäßig attraktiv ist und eigentlich nicht so gut beim anderen Geschlecht ankommen sollte. Diese »Glückspilze« unterscheiden sich von den Langzeit-Singles durch ihren Ansatz bei der Partnersuche: Während Singles häufig »tight« sind und gern auf »den Richtigen« oder »die Richtige« warten, fährt unser unattraktiver Kandidat einen loosen Ansatz und erhöht damit seine Chance, nahezu zufällig einen geeigneten Partner zu finden.

Die Aggressivität spielt auch hier eine große Rolle. Natürlich hat die passive Vorgehensweise nicht die besten Erfolgsaussichten. Wer aggressiv an die Sache herangeht, riskiert zwar die eine oder andere Absage, hat aber auch hin und wieder mal Erfolg und kommt – im Wortsinne – zum Stich. Im Nachhinein fragt keiner, wie viele Versuche er dafür unternommen hat.

Gehen Sie am Abend jedoch mit Ihrer Freundin in die Disco, so sollten Sie – solange Sie Wert darauf legen, Ihre Freundin nicht zu verärgern – tight vorgehen und nicht wie ein Maniac alle möglichen Frauen anbaggern. Gehen Sie zur Schule und erhalten das Angebot, am Wochenende nebenbei zu arbeiten, so ist es besser, tight zu spielen und abzulehnen, wenn Ihre schulischen Leistungen darunter leiden würden (und Sie Wert auf ebendiese legen). Bringen Sie jedoch beides gut unter einen Hut, so haben Sie mit dem Wochenendjob einen netten Nebenverdienst, weil Sie einfach kein Risiko eingehen. Merken Sie nach einigen Wochen Arbeit aber, dass Ihre schulischen Leistungen wider Erwarten doch absacken, sollten Sie Ihre Aggressivität anpassen und in der Schule aggressiver und im Job passiver spielen.

Im Zweifel ist also der tight-aggressive Ansatz der beste, denn mit diesem selektieren Sie Ihre Ziele zuvor und setzen sich dann mit entsprechendem Engagement daran, die Ihnen wirklich wichtigen Ziele zu verfolgen. Sie fokussieren Ihre Energie und Ihre Zeit (Ihr Involvement) auf die Ziele, die wirklich wichtig für Sie sind.

Wenn Sie bei sich tight-passive Tendenzen erkennen, sollten Sie vorrangig an Ihrer Aggressivität arbeiten und zielstrebiger zu Werke gehen. Erkennen Sie in Ihrem Leben loose-passive Ansätze, müssen Sie zunächst Ihre Aggressivität steigern und, wenn Ihnen die vielen Ziele über den Kopf wachsen, einige davon streichen, womit Sie zum tight-aggressiven Spieler werden.

• • • *Konkret lässt sich nicht sagen, welcher Stil der beste ist. Im Zweifel streben Sie nach einem tight-aggressiven, wählen ein Ihnen wirklich wichtiges Ziel aus und konzentrieren Ihre Energie darauf. Damit können Sie am wenigsten falsch machen.*

Changing Gears: Einfach mal einen Gang runterschalten

Changing Gears heißt nichts anderes als »den Gang wechseln« und bezieht sich auf die eben kennengelernten Spielstile. Spielen Sie tight-aggressiv und wechseln plötzlich auf loose-passiv, so haben Sie Ihren Stil – den Gang – gewechselt. Der Grund, warum Sie das beim Pokern hin und wieder mal machen sollten, ist einfach der, dass sich Ihre Gegner auf Sie einzustellen versuchen. Spielen Sie nur mit einem Stil, so wissen Ihre Kontrahenten genau, wie Sie spielen und wo Sie stehen. Beim Gangwechsel jedoch nutzen Sie es aus, dass Ihre Gegner glauben, Sie einschätzen zu können.

Was im Poker gilt, trifft natürlich auch im richtigen Leben zu, und dieses Konzept spielt eine wichtige Rolle. Im Leben haben Sie jedoch nicht immer Gegner, die von Ihrem einseitigen Stil profitieren können. Wenn Sie zum Beispiel Ihre Hausarbeit loose-aggressiv bewältigen, wird das kaum jemanden interessieren. Bleiben Sie hier bei der Herangehensweise, mit der Sie persönlich am besten fahren. In diesem Fall kann niemand Kapital daraus schlagen, wenn er erkennt, wie Sie Ihre Hausarbeit erledigen, und Sie können keinen Gegner »aufs Kreuz legen«, indem Sie plötzlich den Stil ändern. Wenn Ihnen die vielen zu bewältigenden Hausaufgaben aber über den Kopf wachsen, waren Sie bisher ein loose-aggressiver Männer-/Frauenheld, glauben aber, den Partner fürs Leben gefunden zu haben, so sollten Sie Ihren Stil wechseln und tight-aggressiv, also nur mit diesem Partner spielen.

Den Gang zu wechseln, bezieht sich jedoch nicht nur auf unsere beschriebenen Spielertypen. In den meisten Situationen macht dies kaum einen Unterschied, weil Ihre Mitmenschen es sehr schlecht ausnutzen können, wenn Sie Ihren Stil nicht wechseln. Sind Sie ein zielstrebiger Karrieremensch mit einem aussichtsreichen Beruf, so ist der tight-aggressive Ansatz der beste, und es ist absolut nicht nötig, ihn zu wechseln, weil Sie mit ihm die besten Chancen auf eine Beförderung haben.

• • • *Es ist nur nötig, den Gang zu wechseln, wenn andere Ihren bisherigen Stil zu Ihrem Nachteil ausnutzen können oder Ihnen ein Gangwechsel Vorteile bringt.*

Betrachten Sie den Gang als die Geschwindigkeit, mit der Sie leben. Harte Arbeit und hoher Einsatz entsprechen auch einer hohen Geschwindigkeit. Urlaub und Faulenzen hingegen wären in etwa Schneckentempo. Im Leben ist es unabdingbar, einmal den Gang zu wechseln. Sie können nicht ununterbrochen auf hohem Niveau arbeiten und müssen sich auch einmal eine Auszeit gönnen, sprich »einen Gang zurückschalten«. Hierbei handelt es sich um einen Gangwechsel der Lebensenergie.

Es gibt jedoch noch deutlich mehr Bereiche, in denen es nötig ist, den Gang zu wechseln. Stellen Sie sich einfach die Frage: »Was bringt es mir, die Gangart zu ändern?« Sind Sie bereits seit ein paar Jährchen verheiratet und merken, dass sich der Alltag in Ihre Ehe schleicht, so ist es dringend notwendig, den Gang zu wechseln. Nehmen Sie sich ein paar Tage frei und entführen Ihren Partner auf eine einsame Insel, oder machen Sie sonst irgendetwas, was das Ehe-Tempo ändert.

Auch auf das Berufsleben lässt sich das übertragen. Wenn Sie merken, dass Sie in Ihrem Job nicht weiterkommen, dass alles zur langweiligen Routine geworden ist und Sie, wenn Sie so weitermachen, ewig auf eine Beförderung warten können, wäre es vielleicht sinnvoll, einen Gang höher zu schalten, sich nicht mehr nur auf die bisherigen Ziele zu konzentrieren und aggressiver, sprich mit mehr Energie und Engagement vorzugehen. Sind Sie im Job allerdings der Depp der Abteilung, dem der Chef und die faulen Kollegen jede Arbeit auf den Schreibtisch knallen, weil Sie auf Teufel komm raus stets *alles* erledigen und dafür Überstunden anhäufen wie ein Blöder, die am Jahresende verfallen sind, und nicht mal Lob und Anerkennung ernten, geschweige denn die erhoffte Gehaltserhöhung, nutzt man Ihre loose-aggressive Haltung einfach nur schamlos aus. Sie sollten in diesem Fall einen Gang zurückschalten und nicht mehr alle Probleme der Abteilung und Ihres Chefs zu Ihren eigenen machen, sondern sich nur noch auf das nächstliegende Ziel konzentrieren: Ihre Karriere und die Anerkennung Ihrer Leistung hinsichtlich Gehalt und Stellung. Sie schalten damit vom loose-aggressiven Gang in den tight-aggressiven.

In so gut wie allen Spielformen ist es wichtig, Ihre Gegner und Mitspieler zu überraschen, um nicht durchschaubar zu sein. Würde Michael Ballack beim Elfmeterschießen jedes Mal in sein Lieblingseck schießen, wäre er vom gegnerischen Torwart allzu leicht zu durchschauen, und er hätte große Probleme, künftige Elfmeter zu verwandeln.

Wenn Sie mit dem immer gleichen Spruch die Damen Ihrer Umgebung anbaggern, kann sich dieser schnell herumsprechen; dann wirkt Ihre Anmache billig und führt zu keinem Erfolg mehr.

Würden Sie als Musiker ständig ähnlich klingende Lieder herausbringen, so werden Sie selbst eingefleischte Fans früher oder später verlieren. Mit einer Variation überraschen Sie die Zuhörer und sorgen für eine willkommene Abwechslung.

Wenn Sie sich auf Firmenkonferenzen stets aggressiv gegen Ihre Konkurrenten und böswilligen Kollegen zur Wehr setzen, werden diese Strategien entwickeln, um Ihre für sie vorhersehbare Vorgehensweise gegen Sie auszunutzen, sprich, man wird Sie »ins Messer laufen lassen«. Schalten Sie hin und wieder einen Gang zurück, damit Sie nicht in jede Falle stolpern, die man Ihnen stellt. Viel besser in solchen Konkurrenzsituationen ist es, wenn der Gegner sich nie sicher sein kann, wann Sie scharf zurückschießen. Er kann Sie dann nicht einschätzen und wird auf der Hut sein. Wichtig ist dann aber natürlich, dass Sie nicht stets in der passiven Haltung bleiben, sondern hin und wieder aggressiv vorgehen, damit solchen Typen klar ist, dass man mit Ihnen nicht alles machen kann.

Andererseits sollten Sie, auch wenn Ihnen Ihr Job eigentlich völlig egal ist, Sie auf die große Karriere pfeifen und im Beruf nur eine ruhige Kugel schieben wollen, hin und wieder mal ein Ziel ein wenig aggressiver ansteuern. Binden Sie Ihrem Chef nicht gleich auf die Nase, dass Ihnen das Wohl und Wehe der Firma im Grunde völlig schnuppe ist, und zeigen Sie zumindest hin und wieder Engagement. Wenn er Ihre Du-kannst-mich-mal-Haltung nämlich durchschaut, gehören Sie bei der nächsten Kündigungswelle wahrscheinlich zu den Mitarbeitern, die ihren Schreibtisch räumen müssen.

Auch hier sollten Sie den Gang hin und wieder wechseln, denn Ihr Ziel ist es immerhin, den ruhigen Job zu behalten.

• • • *Behalten Sie stets die Option des Gangwechsels im Hinterkopf. Er ist in sehr vielen Situationen nötig und bringt Ihnen Vorteile!*

Die Talkrunde Welchen Gang man wann einlegt, ist jedoch nicht nur von der gegebenen Situation abhängig, sondern auch von den Menschen, mit denen wir es zu tun haben. Denn Menschen sind unterschiedlich, und um sein Ziel zu erreichen, muss man häufig in ein und derselben Situation »mit einem anderen Gang fahren«, je nachdem, mit wem man es zu tun hat.

Der Mensch ist kommunikativ und gesellschaftsabhängig. Viele würden es ohne soziale Kontakte nicht aushalten, manche sind darauf weniger angewiesen. Sie kennen sicherlich diese verschiedenen Typen von Menschen: gesellige, gesprächsfreudige und auf der anderen Seite zurückhaltende, schüchterne Menschen. Mittlerweile können wir diese Menschen im Poker-Jargon analysieren, was uns – wie gleich offensichtlich wird – einige Vorteile bringt.

Der gesprächsfreudige Mensch – ab sofort einfach als »Labertasche« bezeichnet – ist in Sachen soziale Beziehungen loose-aggressiv. Er redet mit vielen, und dann auch noch sehr viel. Es scheint manchmal unmöglich, dass er kurz die Luft anhält oder an einem Tag seine Freunde nicht sieht.

Das Pendant zu ihm ist der schweigsame Geselle, der nur selten den Mund aufmacht und mit manchen Menschen gar nicht kommuniziert. Wenn dieser einmal doch sehr viel redet, dann nur, wenn der Gesprächspartner und das Thema die richtigen sind.

Um der Poker- und Richtiges-Leben-Analogie gerecht zu werden, setzen wir uns bei einer Geburtstagsparty im kleinen Kreis an einen Tisch, trinken und quatschen über Gott und die Welt.

Wir als aufmerksame Beobachter stellen recht schnell fest, welche Spielertypen am Tisch sitzen und wie der Tisch im Allgemeinen aufgebaut ist. Häufig lässt sich schon nach wenigen Sekunden feststellen, um welchen Spielertyp es sich bei dieser und jener Person handelt. Um die Sache etwas zu vereinfachen, geben wir allen einfach Namen.

Vroni ist eine Freundin des Freunds des Geburtstagskindes und hat bisher nur das Wörtchen »Hallo« und »Alles Gute zum Geburtstag!« herausbekommen. Anhand der Körpersprache und der Art und Weise, wie sie die paar Wörter über die Lippen gebracht hat, lässt sich recht schnell feststellen, dass sie tight-passiv ist.

Babs ist eine gute Freundin der Gastgeberin und muss gleich mit allen Gästen einen Smalltalk halten. Es fällt recht schnell auf, dass sie sehr loose-aggressiv ist und ständig den Mund aufmachen muss.

Ein Freund namens Peter ist ebenfalls vertreten. Er kennt kaum jemanden auf der Party und fällt uns recht schnell durch sein schweigsames Auftreten auf. Sein Stil wäre ganz klar tight-passiv.

Das Geburtstagskind namens Anna kennt jeden und möchte auch mit jedem etwas smalltalken. Besonders gut gelingt ihr das mit Babs.

Schon nach wenigen Minuten wird sich eine einfache Konstellation am Tisch ergeben: Vroni und Peter werden ins Abseits gedrängt, während sich Babs und Anna über Gott und die Welt unterhalten.

Nun kommen wir ins Spiel und möchten einen netten Abend erleben. Wir gratulieren Anna zum Geburtstag, setzen uns zwischen Babs und Vroni und schenken uns erst mal was zu trinken ein. Wie kann man sich nun am besten unterhalten? Was sollten wir versuchen, damit uns nicht langweilig wird und wir nicht nur Babs und Anna beim Quasseln zuhören müssen?

Eine Möglichkeit wäre der aggressive Ansatz, nämlich sich voll ins Gespräch zwischen Anna und Babs zu drängen. Einfach sich zwischendrin irgendwie einschalten oder einem von beiden sogar ins Wort fallen. Bei Erfolg haben wir uns in das Gespräch eingeklinkt, während Peter und Vroni weiterhin in der Gegend rumschauen.

Ein anderer Weg wäre es, einen der zwei schweigsamen Genossen in ein Gespräch zu verwickeln.

Welcher dieser beiden Ansätze hat die größte Chance auf Erfolg? Um sich mit dem aggressiven Ansatz durchsetzen zu können, sollte man Babs und Anna gut kennen. Mögen sie uns überhaupt? Reden sie über etwas, wovon wir nichts verstehen und bei dem wir uns nur blamieren würden? Finden sie es möglicherweise aufdringlich, dass wir ihnen einfach so ins Gespräch fallen? Von diesen Faktoren und noch ein paar anderen hängt die Wahrscheinlichkeit ab, mit den beiden ein gemütliches Gespräch aufbauen zu können.

Wissen wir, dass sie uns gar nicht so gut leiden können und uns nur aus Mitleid oder Pflichtbewusstsein eingeladen haben, dann ist der aggressive Ansatz zum Scheitern verurteilt. Reden sie gerade über guten Wein aus der Toskana, wovon wir als überzeugte Biertrinker nicht den blassesten Schimmer haben, begeben wir uns mit der Bemerkung »Ach, den hab ich auch schon probiert, der ist klasse!« aufs Glatteis.

Sind Anna und Babs Typen, die gerne unter sich plaudern und es nicht leiden können, wenn sich jemand aufdrängt, sollten wir nicht zwanghaft versuchen, uns in das Gespräch einzuklinken.

Der konservative Ansatz wäre dann der bessere, wobei dessen Erfolgsaussichten aufgrund der Spielertypen von Peter und Vroni nicht besonders hoch sind. Man muss tight-passiven Gesprächspartnern nämlich einen guten Grund geben, damit sie den Mund aufmachen. Man muss sie irgendwie aus der Reserve locken, ihnen signalisieren, dass sie keine Angst vor einem haben müssen, und ein Thema ansprechen, das ihnen gefällt. Je besser wir das Gegenüber kennen, desto besser stehen auch die Chancen, ein nettes Gespräch aufzubauen.

Im Großen und Ganzen erreichen Sie am ehesten Ihr Ziel, wenn Sie den Tisch und die Teilnehmer gut analysieren und die Situation gut einschätzen können. Und wenn Sie sich dann für eine Option wie die aggressive entscheiden und scheitern, ist es notwendig, schnell den Gang zu wechseln und passiver aufzutreten.

Gespräche mit Zielrichtung Nette Talkrunden mit Freunden und Bekannten haben natürlich kaum großartige Auswirkungen auf Ihr Leben. In zwei Jahren wird sich kaum jemand daran erinnern, ob Sie an jenem Abend viel mit Babs oder Vroni geredet oder ganz Ihren Mund gehalten haben.

Bei Geschäftsgesprächen oder Gesprächsrunden mit einem gesteckten Ziel ist das jedoch anders, und der Ausgang solcher Runden kann von großer Bedeutung sein!

Wie immer geht es auch bei solchen Gesprächen erst einmal darum, schnellstmöglich viele Informationen zu sammeln. Das können

Sie häufig schon lange vor dem Termin machen. Schließlich wissen Sie, worum es in etwa gehen wird und wo und wann Sie sich treffen. Vielleicht können Sie vorab etwas über Ihren »Gegenspieler« in Erfahrung bringen. Je mehr Sie wissen, desto besser!

Denken Sie einmal an ein Meeting zwischen zwei Geschäftspersonen, die über eine Zusammenarbeit sprechen möchten. So gut wie nie sind beide gleichauf. Einer der beiden ergreift ständig die Initiative und führt das Gespräch.

Schlagen Sie Zeit- und Treffpunkt vor, und seien Sie der Erste am ausgemachten Ort. Lenken Sie das Gespräch auf die zu besprechenden Themen hin, und bleiben Sie, auch wenn der Gegner das Wort führt, immer präsent und nicht lautlos. Somit ist es möglich, die Kontrolle zu behalten. Sie führen dann das Meeting, und je besser Sie das machen, desto besser wird das Ergebnis für Sie ausfallen.

• • • *Versuchen Sie, bei einem wichtigen Gespräch möglichst oft in der Offensive zu sein, um die Kontrolle zu übernehmen.*

Einen Fehler dürfen Sie jedoch nicht begehen, nämlich Ihren gleichwertigen Kontrahenten einzuschüchtern oder gar arrogant und überlegen zu wirken. In den allermeisten Fällen schadet das Ihren gesteckten Zielen.

Bei einem Bewerbungsgespräch ist es eine klare Sache, wer das Gespräch führt. Aber auch hier kann es sein, dass Sie während des Gesprächs den Gang wechseln müssen, um sich Ihrem Gesprächspartner anzupassen. Mal erzählt er einfach nur über das »großartige« Unternehmen, bei dem Sie sich beworben haben, und Ihnen kommt eine eher passive Rolle zu (in der Sie natürlich nicht vergessen sollten, hin und wieder Interesse zu heucheln), dann fordert er Sie auf, Ihr Können auf bestimmten Sachgebieten darzulegen, und Sie müssen ein gewisses Maß an Aggressivität an den Tag legen (und vielleicht auch geschickt bluffen), um zu zeigen, was für ein tougher Typ Sie sind; der Personalleiter macht vielleicht zunächst einmal ein wenig Smalltalk, um Sie kennenzulernen, dann konzentriert sich das Gespräch wieder ganz speziell auf den Job, den Sie haben möchten. Sie müssen sich also seiner Gangart anpassen, denn der Personalleiter bestimmt, wie das Gespräch geführt wird und welchen Gang

Sie einzulegen haben. Es würde einen schlechten Eindruck machen, würde er konkret auf Ihren neuen Job zu sprechen kommen, und Sie kriegen den Gangwechsel nicht mit und erzählen immer noch, wie toll Sie sich mit Ihrer Frau verstehen.

Kurz gesagt: Kontrolle ist zwar grundsätzlich gut, und es sollte Ihr Anliegen sein, sie nicht zu verlieren, aber manchmal gibt es Meetings, bei denen Sie lieber »passiv« vorgehen und nicht die Initiative ergreifen sollten. Ein Beispiel wäre das Bewerbungsgespräch: Es ist ein großer Fehler, Ihrem potenziellen Chef gleich die Kontrolle aus der Hand zu reißen. Das ist er nicht gewöhnt und mag es nicht.

Mit dem passiven Ansatz lassen Sie Ihr Gegenüber führen, was auch Vorteile haben kann. Zum einen erhalten Sie mehr Informationen und müssen dafür selbst wenig preisgeben. Zum anderen ist die Gefahr geringer, etwas Falsches zu sagen, was natürlich nur negativen Einfluss auf das Erreichen Ihrer Ziele haben kann.

Ihre Gangart können Sie natürlich jederzeit wechseln, und häufig ist das auch nötig. Sie müssen recht früh erkennen, mit wem Sie es zu tun haben und welchem Stil Ihr Gesprächspartner folgt. Manchmal, wie in dem Bewerbungsgespräch, sind die Fronten recht klar gesteckt, und trotzdem müssen Sie auch hier Ihren Gang immer wieder anpassen.

Information bedeutet Stärke

Informationen gibt es im Prinzip überall. Man kann sogar sagen, dass sie einen erheblichen Teil des Lebens ausmachen. Die meisten Menschen wissen sie jedoch nicht zu schätzen oder haben eine falsche Vorstellung davon. Für sie gibt es Informationen nur in Form von greifbaren Fakten wie zum Beispiel der Telefonnummer des Italieners um die Ecke oder Produktinformationen wie Preis, Umfang oder der Autor eines Buches.

In Wirklichkeit ist die Welt der Informationen deutlich vielseitiger, man könnte sogar sagen: Die ganze Welt besteht aus Informationen. Just in diesem Moment nehmen Sie zum Beispiel wertvolle Informationen auf, oder wenn Sie soeben aus dem Fenster blicken, nehmen Sie die Wetterlage als Information wahr. Sie sind ständig von Informationen umgeben, nehmen diese aber meist gar nicht als solche wahr, obwohl ein Großteil sehr wichtig für Sie ist.

Wenn man sich an den Pokertisch setzt, hagelt es geradezu Informationen von allen Seiten. Der eine Spieler sieht total müde aus, der andere trinkt bereits die zweite Flasche Wein, wiederum ein anderer flucht schon die ganze Zeit herum. Das sind Informationen, die einem Pokerspieler alle weiterhelfen können. Er wird sie nicht nur wahrnehmen, sondern auch filtern und verwerten. Genau darum geht es, und genauso ist es auch in der richtigen Welt:

- • • *Informationen sind überall! Sie müssen sie wahrnehmen, filtern und verwerten!*

Je mehr Informationen Sie aufnehmen können, desto besser. Laufen Sie zum Beispiel mit verbundenen Augen durch die Straßen, haben Sie ein klares Problem: Sie können Informationen wie heranfahrende Autos, Fußgänger oder sonstige Hindernisse kaum wahrnehmen. Dieses Informationsdefizit ist ein klarer Nachteil, und wenn Sie nicht gerade einen Blindenhund zur Seite haben oder den Umgang mit einem Blindenstock gewöhnt sind, werden Sie Ihr Ziel kaum unbeschadet erreichen.

Das Filtern der Informationen ist ebenfalls wichtig. Gerade weil es an allen Ecken und Enden von Informationen wimmelt, ist es unabdingbar, sich auf die wirklich wichtigen Botschaften zu konzentrieren. Was interessiert Sie im Straßenverkehr bitte die Meldung im Radio, dass ein Sack Reis in China umgefallen ist? Genau: Gar nicht! Und darum muss eine solche Information durch Ihren Filter wandern und darf gar nicht erst Ihren kostbaren Speicherplatz im Gehirn belasten. Stellen Sie sich Ihr Gehirn einfach als Computer vor. Sie haben eine begrenzte Festplatte, auch einen Zwischenspeicher, und Sie haben Ordner. Sie sollten alle Informationen dieser Welt zunächst im Zwischenspeicher lagern, dann unnötige Informationen löschen und alle wichtigen dort speichern, wo sie hingehören. So arbeitet im Prinzip auch ein Computer, und Sie tun gut daran, es ihm nachzumachen.

Um wirklich von den Informationen dieser Welt profitieren zu können, müssen Sie nicht nur die wirklich wichtigen Informationen als solche erkennen und abspeichern, sondern sie auch effektiv nutzen. Marketing-Manager wissen das schon lange, denn sie haben in ihrem Beruf mit nichts anderem zu tun als mit Informationen. Sie versuchen, die für sie wichtigen Informationen möglichst effektiv zu sammeln, führen hierfür Marktforschung durch und versenden Fragebögen an Tausende Kunden. Danach werten sie die gewonnenen Informationen aus, machen ihre Statistiken und Berechnungen und gewinnen damit Informationen über den Markt, was dabei hilft, mehr Gewinn zu erwirtschaften.

Informationen zu Märkten und Kunden können pures Gold wert sein. Darum gibt es auch Marktforschungsinstitute und Unternehmen, deren Kapital nichts anderes als Informationen sind.

Aus diesem Grund halten wir fest:

- • • *Informationen können sehr viel wert sein. Es gibt sogar einzelne Wirtschaftszweige, deren Kapital fast ausschließlich aus Informationen besteht.*

Versetzen Sie sich in Ihre Schulzeit zurück, als Sie noch Klassenarbeiten schreiben mussten. Normalerweise haben Sie gelernt und damit eine Menge an Informationen abgespeichert. Hätten Sie nun einfach alles niedergeschrieben, was Sie gepaukt hatten, wäre kaum eine gute Note dabei rausgekommen. Haben Sie aber die gewonnenen Informationen effektiv umgewandelt und diese gezielt eingesetzt, kam in der Regel eine durchaus gute Arbeit dabei heraus.

Im Klartext heißt das: Es geht darum, Informationen aufzunehmen und sie später effektiv einzusetzen. Das hört sich vielleicht banal und offensichtlich an, aber viele Menschen wissen überhaupt nicht den Wert von Informationen zu schätzen, verwerten sie nicht und treffen daher schlechte Entscheidungen. Ein einzelnes Buch kann Ihnen keine konkreten Richtlinien geben, was Sie tun müssen, um von heute auf morgen ein effektiver Informationsexperte zu werden. Allerdings kann es Ihnen zeigen, wie Sie sich diese Fähigkeit mit wenigen Schritten über einen Zeitraum von mehreren Monaten aneignen können:

Seien Sie immer wachsam! Wenn Sie im Moment noch durch die Welt gehen, ohne sich Gedanken über Informationen und deren Bedeutung zu machen, sollten Sie jetzt Ihre Einstellung ändern. Werden Sie sich darüber bewusst, dass die Welt aus Informationen besteht, die wichtig sind, und gehen Sie mit offenen Augen durch diese Welt.

Wenn man Sie in diesem Augenblick fragen würde, welches Auto mit welchem Nummernschild soeben neben Ihrer Einfahrt steht, werden Sie diese Frage vermutlich nicht beantworten können, außer natürlich, es ist zufällig Ihr Auto. Um zu lernen, Informationen aufzunehmen, müssen Sie mit solchen Spielchen anfangen: Versuchen Sie, sich alles Mögliche zu merken – die Autos, die Sie bei einem Spaziergang sehen, das Gesicht eines Passanten, die Kleidung eines Arbeitskollegen … Alles banale Dinge, auf die Sie normalerweise nicht einmal achten. Indem Sie versuchen, diese Informationen über eine längere Zeit abzuspeichern, trainieren Sie Ihr Gedächtnis, und irgendwann nehmen Sie all das ganz unbewusst auf. Das muss Ihr Ziel sein!

Jonglieren Sie mit Informationen Wenn Sie nun imstande sind, sich ganz unbewusst die banalsten Dinge wie die Krawattenfarbe Ihres Chefs oder die Nagellackfarbe einer Kollegin zu merken, werden Sie die Welt mit anderen Augen sehen. Erfolgreiche Geschäftsmänner zeichnen sich meist nicht einfach nur durch hohe Intelligenz oder Verhandlungsgeschick aus, sondern verfügen über die Eigenschaft, mit ihren kreativen Gedanken Konstrukte und Möglichkeiten zu erkennen, die den meisten Leuten niemals in den Sinn kämen. Sie kombinieren die verschiedensten Informationen, und das auf eine innovative Art und Weise, auf die viele andere nicht kommen würden. Genau da liegt ihr Vorteil, und das ist meist der Grund für ihren beruflichen Erfolg.

Um sich diese Denkweise anzueignen, muss natürlich viel Zeit und Anstrengung investiert werden. Das lernt man nicht von heute auf morgen, man muss es entwickeln. Machen Sie sich einfach mal die Mühe und suchen nach einer konkreten Geschäftsidee. Nur die wenigsten Geschäftsideen kommen dadurch zustande, dass sich jemand einfach hinsetzt und sie ausbrütet. Bei seiner Karriere als

Erfinder setzt sich Homer Simpson mit einem Notizblock in den Keller und grübelt und grübelt, um eine tolle Erfindung zu machen. Am Ende kommen dabei nur Schminkgewehre, elektrische Hammer, Sofatoiletten und Rauchmelder, die alle drei Sekunden einen schrecklichen Ton von sich geben, heraus. Das ist nicht der richtige Weg, um eine innovative Entdeckung zu machen. Dies erreicht man nur, indem man die nötigen Informationen aufnimmt und diese auch richtig einsetzen kann. Wenn Sie im Zug sitzen, Ihren Nachbarn von StudiVZ, also einem Studentenverzeichnis im Internet, reden hören, jemand anderem SMSn sehen, und Sie kommen gleich auf die Idee, man müsste ein mobiles StudiVZ aufbauen und vertreiben, sind Sie auf dem richtigen Weg …

Auch dieses Buch kam uns nicht in den Sinn, als wir nach Buchprojekten gesucht haben, die für die Welt interessant sein können. Uns ist einfach irgendwann eine Parallele zwischen Poker und dem richtigen Leben aufgefallen. Und je mehr Gedanken wir uns darüber gemacht haben, desto mehr Substanz erhielt dieses Projekt.

Die meisten Pokerspieler spielen einfach Poker und versuchen ihren Gewinn zu maximieren. Doch die kreativeren Spieler kombinieren ein solches Spiel mit anderen Informationen und Ideen, und dann kann daraus ein solches Buch entstehen …

Bringen Sie Informationen in Ihre Entscheidungsfindung mit ein Wie schon an vielen Stellen dargestellt, geht es im Leben darum, die langfristig richtigen Entscheidungen zu treffen. Informationen spielen hierbei eine immens wichtige Rolle. Auch kleinste Informationen können Entscheidungen beeinflussen.

Was machen Sie zum Beispiel, wenn Sie nach dem Partner Ihres Lebens Ausschau halten, sich mit einem Kandidaten unterhalten und unterschwellig heraushören, dass derjenige es mit der Treue gar nicht so ernst nimmt? Scheinbar kleine Informationen können über Ihre Entscheidungen bestimmen; in diesem Fall die offensichtliche Untreue eines potenziellen Lebenspartners.

Oder Sie haben ein Buch geschrieben, treffen sich mit dem Verleger eines Kleinverlages, der Sie dick zum Essen ausführt, Ihnen erklärt, wie toll sein Verlag angeblich läuft und riesige Gewinne abwirft, und anschließend bittet er *Sie* darum, die Rechnung zu bezahlen. Natürlich bringen Sie beide Informationen in Zusammenhang und würden sich einen seriöseren Verleger für Ihr Buch suchen.

Schon kleinere, unterschwellige Informationen könnten zu so einer Entscheidung führen, wenn Sie ein aufmerksamer Beobachter sind: Der Besitzer des angeblich so gewinnbringenden Kleinverlags bezahlt zwar die Rechnung, doch mit einem Seitenblick stellen Sie fest, dass er dafür eine ganz ordinäre EC-Karte benutzt, keine Goldene. Sie können daraus schließen, dass dieser Mann nicht gerade zum Club der zehn reichsten Menschen dieser Welt gehört und sein Gerede von vorhin nicht mehr war als eben nur das: Gerede.

Machen Sie sich die Informations-Asymmetrie zunutze Sie kennen sicherlich Situationen, in denen jemand über mehr Informationen verfügt als sein Gegenüber, sodass man von einem Ungleichgewicht der Informationen oder Asymmetrie sprechen kann. Stellen Sie sich vor, Ihre Omi will ihr altes Auto verkaufen. Sie weiß nicht mal, welche Marke das ist und was man unter einem Kilometerstand versteht. Folglich hat sie keinen blassen Schimmer, wie viel ihr Auto wert sein kann. Ein potenzieller Käufer weiß das schon deutlich besser. Er kann Ihrer armen Omi erzählen, dass es sich um eine Schrottkiste handelt, bei der Omi froh sein kann, wenn er es kostenlos für sie entsorgt.

Hier liegt eine klare Informationsasymmetrie vor: Der Käufer weiß genau, was das Auto wert ist, und Ihre Omi nicht. Der Käufer hat einen klaren Vorteil und kann Ihre Omi über den Tisch ziehen, und das sogar, ohne dass sie es merkt.

Ein klassisches Beispiel ist der Versicherungsvertreter, der plötzlich vor Ihrer Haustür steht und hundert gute Gründe aufzählen kann, warum Sie völlig unterversichert sind. Sie selbst haben von Versicherungen wenig bis gar keine Ahnung, er beschäftigt sich seit Jahren Tag um Tag damit. Natürlich kann er Ihnen aufschwatzen, was er will, wenn Sie ihn für einen ehrlichen, guten Mann halten, der Sie nur vor dem Schlimmsten bewahren möchte. Wenn Sie allerdings nicht so naiv sind, werden Sie sich hüten, irgendetwas zu unterschreiben, bevor Sie sich nicht anderweitig informiert haben, um das Informationsungleichgewicht etwas auszugleichen.

- • • *Achten Sie ständig auf mögliche Informationsungleich-*
  gewichte, und machen Sie sich diese zunutze!

Eine Informationsasymmetrie entsteht immer dann, wenn gewisse Informationen dem einen Teilnehmer ohne weiteres zugänglich sind, dem anderen hingegen nicht. Im Grunde kann dieses Ungleich-gewicht auch umgangen werden, etwa so wie im vorangegangenen Beispiel, indem derjenige mit Informationsnachteil versucht, den Vorsprung seines Gegenübers aufzuholen. Auch Ihre Omi müsste sich also irgendwo schlaumachen, wie viel ihr Auto wirklich wert ist. Dann hätte der böse Käufer keinen Informationsvorteil mehr.

Manche Informationen sind frei zugänglich, und ein Ungleich-gewicht kann ausgeglichen werden. Ihre Omi müsste nur zu einem verlässlichen Gutachter gehen oder ein wenig googeln, wie viel ihre Mercedes S-Klasse, Baujahr 2004 mit 40 000 Kilometern, wert ist.

Manche Asymmetrien hingegen können nicht oder nur mit Einsatz extrem vieler Ressourcen aufgeholt werden. Wenn wir an dieser Stelle behaupten, dass jeder von uns 5 Euro pro verkauftem Exemplar dieses Buches erhält, wäre es für Sie ein Leichtes, sich kurz schlau zu machen, wie viel ein Buchautor denn in der Regel an seinem Buch verdient. Wir als Autoren haben demnach nur einen einholbaren Vorsprung. Wenn wir aber behaupten, dass wir beide an diesem Buch über ein Jahr geschrieben haben, können Sie den Wahr-heitsgehalt dieser Aussage nicht oder nur durch Einsatz unglaub-licher Mittel herausfinden. Es liegt eine Asymmetrie vor, die von Ihnen im Prinzip nicht wettgemacht werden kann.

- • • *Unterscheiden Sie stets zwischen vermeidbaren und unver-*
  meidbaren Informationsasymmetrien!

Diese Ungleichgewichte sind so alltäglich, dass man ständig mit ihnen hantieren muss. Wenn Sie zum Arzt gehen, kann er besser be-urteilen, was Ihnen fehlt. Wenn Sie als Chef einen neuen Mitarbeiter einstellen, können Sie zunächst nicht beurteilen, was die Person wirklich kann, und werden diese Asymmetrie hoffentlich innerhalb der Probezeit ausgleichen können.

Häufig werden für diese Ungleichgewichte Kompromisse gefunden. Im Klartext heißt das: Das Ungleichgewicht wird mit einem Geldwert ausgeglichen. Wenn Sie Ihr Auto versichern lassen möchten, können Sie Ihr Unfallrisiko besser einschätzen als irgendeine Versicherung. Da es aber nicht möglich ist, dass die Versicherung jeden individuell begutachtet, mitteln sie einfach die Versicherungskosten. Die Asymmetrie wird also mit Geld ausgeglichen.

Verkaufen Sie andere nicht für dumm! Bei all diesen Ungleichgewichten entstehen natürlich viele Vor- und Nachteile. Während Sie als Autokäufer Ihre Omi übers Ohr hauen können, müssen Sie als guter Autofahrer bei der Versicherung mehr bezahlen als nötig. Trotzdem dürfen Sie mögliche Asymmetrien nicht nur zu Ihrem Vorteil nutzen, indem Sie andere für dumm verkaufen. Das schadet Ihnen langfristig nur, denn irgendwann wird Ihren Mitmenschen auffallen, dass Sie andere schamlos ausnutzen. Ihr Vorteil wird dann nicht mehr vorhanden sein, denn es wird sich niemand mehr auf Sie einlassen.

An dieser Stelle kommt wieder das Konzept des Bluffs ins Spiel. Wenn Sie der armen Omi erzählen, ihr Auto sei gar nichts wert, bluffen Sie! Und jeder Bluff kann auffliegen und Sie als notorischen Bluffer entlarven!

Doch auch hier muss zwischen einer vermeidbaren und unvermeidbaren Asymmetrie unterschieden werden. Denn wenn die arme Omi niemals herausfinden könnte, wie viel ihr Auto wirklich wert ist, weil sie kein Internet hat und auch niemanden kennt, der sich mit Autos auskennt, wird sie auch nie herausfinden, dass sie übers Ohr gehauen wurde, und mit dem Geschäft vielleicht ganz zufrieden sein. Und wenn Sie den Vertrag des Kleinverlegers unterschreiben, dessen Verlag in Wirklichkeit am Rande der Insolvenz taumelt, Ihr Buch wird dort aber dennoch ein Megabestseller, und Sie verdienen sich daran dumm und dämlich, werden Sie niemals auf die Idee kommen, dass Ihr Verleger ein gnadenloser Aufschneider ist, sondern ihm auf ewig dankbar sein.

Ebenso verhält es sich beim Prahlhans mit der angeblichen Villa nebst Whirlpool, der eine Klassefrau in der Disco abschleppt. Wenn beide *ihr* Auto nehmen statt seiner Schrottkarre, weil er behauptet, nach zwei Bierchen nicht mehr mit seinem Porsche rumgurken zu wollen, und sie fahren zu *ihr* nach Hause, weil seine Villa in einer anderen Stadt steht und ihm sein Hotelzimmer im Fünf-Sterne-Hotel angeblich nicht gefällt, wird er einen tollen One-Night-Stand verleben, weil sein Bluff nicht auffliegt.

Daraus folgt:

• • • *Suchen Sie lieber nach Gelegenheiten, eine Informationsasymmetrie auszunutzen, die als solche nicht erkannt werden kann.*

Im Zweifel lieber »folden« Gerade Entscheidungen mit hohem Involvement haben weitreichende Konsequenzen. Hier sind Fehlentscheidungen also besonders gravierend. Um bei solchen Entscheidungen keine Fehler zu machen, ist eine mehr als gründliche Einschätzung der Faktoren unabdingbar. Ist diese Einschätzung nur schwammig oder basiert auf unsicherer Grundlage wie Vermutungen, ist es meist besser, einfach zu »folden«. Beim Poker bedeutet »folden«, eine Hand aufzugeben, im realen Leben heißt das, die Entscheidung aufzuschieben. Das bewahrt Sie immerhin davor, Fehlentscheidungen mit weitreichenden Konsequenzen zu treffen, die Sie in Zukunft nicht mehr loslassen.

Angenommen, Sie lernen jemanden kennen und glauben, es würde sich um den perfekten Partner handeln. Er fragt Sie schon nach zwei Monaten, ob Sie ihn nicht heiraten möchten. Obwohl Sie ein gutes Gefühl haben und sich sicher sind, dass die betreffende Person zu Ihnen passt, gibt es einige Faktoren, die Sie noch nicht abschätzen können. In diesem Fall ist es besser, einfach zu folden und ihn warten zu lassen, als eine Entscheidung mit hohem Involvement zu treffen, die nicht auf absolut solidem Fundament steht. Irgendwann könnten Sie zum Beispiel auf unangenehme Geheimnisse Ihres Partners stoßen …

Keep it simple! Machen Sie die Dinge nicht unnötig kompliziert

Das Fancy-Play-Syndrom Im Poker beobachtet man oft folgendes Phänomen: Ein Spieler ist überfüttert mit Strategielektüre und macht das Spiel viel zu kompliziert. Er denkt zu weit und versagt so bei Situationen, die eigentlich simpel sind. Das passiert vor allem, wenn gute Spieler gegen Anfänger spielen. Ein guter Spieler sollte auf seine guten Hände setzen und schwache Hände eher nicht bluffen. Sie denken aber viel zu weit und interpretieren in den Anfänger Fähigkeiten, die dieser gar nicht hat beziehungsweise nicht haben kann. Das Ganze nennt man Fancy-Play-Syndrom und kostet in der Regel sehr viele Chips.

Im Leben beobachtet man oft dasselbe. Gerade im Beruf oder in Beziehungsfragen neigen wir dazu, viel zu kompliziert zu denken. Nehmen Sie folgendes Beispiel: Eine verliebte Frau bekommt von ihrem Romeo eine gelbe Rose als Geschenk. Die beiden verbringen einen wunderschönen Abend. Dann fährt Romeo nach Hause, und die Frau gerät ins Grübeln. Was sollte die Rose? Warum hat er mir nur *eine* Rose geschenkt? Sie beginnt sogar nach der Bedeutung einer gelben Rose im Internet zu suchen und findet heraus, dass eine gelbe Rose das Symbol für eine vergangene Liebe ist, und das verstärkt ihre Grübeleien noch. Sie kann die ganze Nacht nicht schlafen; sie kann nicht abschalten.

Dabei hatte ihr Romeo die Rose auf dem Weg zu ihr gepflückt und – für Männer typisch – gar keinen Gedanken an irgendeine Bedeutung verschwendet. Die Rose sollte einfach ein nettes Geschenk sein und fertig.

Diese Frau leidet unter dem klassischen Fancy-Play-Syndrom. Machen Sie es anders!

• • • *Nehmen Sie die Dinge als das, was sie sind, und interpretieren Sie nicht unnötig viel hinein. Oft ist eine Zigarre einfach nur eine Zigarre und eine Rose nur eine Rose und nichts weiter.*

Das heißt natürlich nicht, dass Sie komplizierte Dinge aus Bequemlichkeit geistig vereinfachen, um weniger Stress zu haben. Nein, Sie müssen nur aufpassen, dass Sie einfache Dinge nicht zu kompliziert machen. Die Feststellung der Einfachheit erfordert natürlich auch wieder eine Analyse der Dinge – aber wir wollen es ausgerechnet in diesem Kapitel nicht unnötig kompliziert machen …

Achtung! Grübeln Sie möglichst wenig! Passen Sie vor allem auf, dass die Grübelei nicht zum Selbstzweck wird. Viele Menschen können oft nicht einschlafen, weil sie an die zu erledigenden Dinge des folgenden Tages denken müssen. Selten kommt man dabei zu Ergebnissen, die einen wirklich weiterbringen. Am Tag führt die nüchterne Betrachtung des Problems oft in zwei Minuten zur Lösung, während Probleme in der Nacht oft so hoch wie der Mount Everest anwachsen. Außerdem können Sie nachts meist ohnehin kein Problem mehr lösen. Sie können niemanden anrufen, weil es zu spät ist, die Geschäfte und Behörden haben geschlossen und so weiter.

Oft plagt uns auch die Furcht vor unangenehmen Ereignissen, zum Beispiel die Fahrprüfung, das Examen, die Abiturprüfung oder der Zahnarzttermin. Machen Sie sich klar, dass Ihre Grübelei nicht den geringsten Einfluss auf den Verlauf dieser Ereignisse hat. Die Fahrprüfung läuft nur besser, wenn Sie vorher Verkehrsregeln pauken, die Abiturprüfung bestehen Sie dann, wenn Sie den Stoff lernen – aber nicht, wenn Sie grübeln. Sie verderben sich Ihre kostbare Gegenwart mit dieser Grübelei.

- • • *Sagen Sie sich: Es bringt nichts, jetzt noch eine Stunde über die Sache X nachzudenken. Ich beschäftige mich lieber morgen damit und arbeite dann aktiv daran, den Ablauf der Dinge zu verbessern!*

Wichtig ist auch, dass Sie die Realität so sehen, wie sie ist, und sich nichts vormachen. Auch hier gilt: Oft ist die einfachste Lösung die richtige. Wenn Ihre Frau ständig von einem bestimmten Mann redet, oft zu spät von der Arbeit kommt und Ihnen nur noch wenig Interesse entgegenbringt, ist meist klar, was läuft. Viele Männer neigen in einer solchen Situation dazu, sich durch Fancy-Play-Gedanken die Sache schönzureden. Sie sagen sich, dass es normal ist, wenn Frauen oft von ihren Freunden oder Arbeitskollegen sprechen oder Ähnliches. Häufig ist die einfachste Lösung aber auch die richtige: Die Frau geht fremd.

Diese und ähnliche Konstellationen finden sich im Leben häufig. Wenn Sie sich mit einer Person verabreden wollen, diese aber immer wieder keine Zeit hat, müssen Sie sich irgendwann eingestehen, dass die Person schlicht und einfach keine Lust hat, sich mit Ihnen zu treffen. Wenn Sie ein Autoradio auf dem Flohmarkt zu einem Fünftel des Marktwertes angeboten bekommen, ist es meist geklaut. Hüten Sie sich davor, diese einfachen Konstellationen zu verkennen, indem Sie sich die Angelegenheit unnötig verkomplizieren und nach vielleicht völlig abwegigen Erklärungen suchen.

Achtung! Mitmenschen verkomplizieren gern zu ihren Gunsten Lassen Sie sich auch nicht »belabern«, und bleiben Sie immer bei den Fakten. Erkennen Sie die Absicht des Gegenübers! Natürlich wird ein Verkäufer Argumente dafür finden, dass das Produkt hochwertig ist, genau wie der Käufer versuchen wird, die angebotene Ware schlechtzumachen.

Klar ist auch, dass die Frau, die ihrem Mann Hörner aufsetzt, die Bedenken ihres Mannes zu zerstreuen versucht. Niemals wird sich ein Betrüger selbst so nennen. Erkennen Sie diese einfachen Interessenlagen, und hüten Sie sich vor Manipulation.

Die Welt erscheint oft undurchschaubar, und häufig sehen Sie den Wald vor lauter Bäumen nicht mehr. Behalten Sie den Überblick, und trennen Sie strikt zwischen intelligentem, der Situation angepasstem Verhalten und sinnlosem Fancy Play, das Ihnen nur das Leben schwermacht und Sie nicht wirklich weiterbringt.

Die Goldene Regel der Investitionen

Zu jeder Zeit, wenn Sie Geld investieren, sollten Sie sich zuvor die goldene Investitionsfrage stellen:

• • • *Warum bietet mir mein Gegenüber diese Möglichkeit?*

Wenn Sie diese Frage nicht konkret beantworten können, sollten Sie sich lieber zweimal überlegen, ob Sie sich auf den Deal einlassen sollen oder nicht. Sie hätten sich zum Beispiel vor dem Kauf dieses Buches fragen sollen, warum zwei Autoren wertvolle Tipps für mehr Erfolg im Leben einfach so für eine relativ geringe Summe in Buchform verkaufen. Ich bezweifle, dass Sie sich diese Frage gestellt haben. Die Antwort ist aber ganz einfach: Wir verfügen über wertvolle Informationen, die Menschen zu einem besseren Leben verhelfen können. Diese Informationen können wir zur freien Verfügung stellen, weil wir dadurch keinen Nachteil erleiden. Und das geeignetste Medium, um diese Informationen zu verbreiten und auch noch für die eigene Arbeit entlohnt zu werden, ist ein Buch. Und darum steht dieses Buch jedem zum Kauf zur Verfügung.

Wenn Sie es ganz genau wissen wollen, können Sie noch fragen, warum wir dieses Buch für einen geringen Preis anbieten, obwohl es für viele Menschen einen weit höheren Nutzen hat. Das liegt einfach daran, dass ein Buch mit einem Preis von 500 Euro doch sehr wenige Abnehmer finden und sich das Werk aufgrund dessen nicht so verbreiten würde wie gewünscht. Den Absatz könnte man bei diesem Preis an einer Hand abzählen, was einen eher geringen Profit für uns Autoren und den Verlag bedeuten würde.

Sie sehen, dass es durchaus Sinn ergibt, dass Ihnen dieses Buch zu eben jenem Preis angeboten wird. Auf Ihre Fragen hinsichtlich dieser Investition finden sich sehr plausible Antworten, und damit brauchen Sie keinerlei Bedenken mehr zu haben, dass Sie dieses Buch gekauft haben.

Aber es gibt leider auch unzählige andere Beispiele, bei denen es keine zufriedenstellenden Antworten auf diese Fragen gibt.

Angenommen, Sie werden von einem wildfremden Menschen

angerufen, und der erzählt Ihnen von einer super Aktie, die Sie unbedingt brauchen. Dann sollten Sie sofort stutzig werden und sich fragen, warum dieser Mensch irgendwelche Leute anruft und Sie zu diesem Aktienkauf überreden möchte. Warum kauft er die Aktie nicht selbst und macht damit einen Riesengewinn? Ist er so ein guter Mensch, dass er ausgerechnet Sie reich machen will, und das, obwohl er Sie gar nicht kennt?

Alles ist nicht genug!

Sie kennen sicherlich den Ausspruch mancher Fußballtrainer oder Arbeitgeber: »Wir müssen jetzt hundertzwanzig Prozent geben!« Viele schmunzeln, wenn sie so etwas hören, und fragen sich, wie man denn bitte mehr als hundert Prozent geben soll.

Leistung ist relativ und begründet sich vor allem in der jeweiligen Einstellung des Leistungsgebers. Die Typen, die scheinbar alles eher locker und gelassen nehmen, kennen Sie bestimmt genauso gut wie die Macher, die immer alles geben. Der Macher könnte es genauso ruhig angehen lassen wie der »Chiller« und auch umgekehrt. Das heißt nichts anderes, als dass das Potenzial eigentlich in jedem Menschen gleich ist und nur mit unterschiedlichem Einsatz genutzt wird. Auch faule Menschen können eine genauso gute Leistung bringen wie Macher, wenn sie müssen oder wollen.

Nun stellt sich natürlich die Frage, was genau eine Hundert-Prozent-Leistung ist und wie man bitte hundertzwanzig geben soll. Warum es überhaupt die erwähnten Chiller und Macher gibt, liegt einfach daran, dass jeder Mensch selbst festlegt, wann für ihn diese hundert Prozent erreicht sind. Während der Chiller einmal kurz bei einem Weibchen anklopft und sich zurückzieht, wenn er sich einen Korb einfängt, geht der Macher in die Vollen und buhlt um die Gunst der Dame. Das sind die Typen, die mit einer Gitarre und einer Rose zwischen den Zähnen unterm Fenster stehen und versuchen, das Lieblingslied des Fräuleins zu trällern. Das Wort »peinlich« existiert in ihrer Welt nicht. Der Chiller hingegen geht gleich davon aus, er wäre nicht ihr Typ, und belässt es auch dabei.

Der Chiller hat, wenngleich sein Leben auch recht gemütlich ist, das Problem, dass seine Leistung oft einfach nicht ausreicht. Er ist wie ein fauler Schüler, in dessen Zeugnis zu Recht die Bemerkung »Leistung ungenügend« steht. Der Macher hingegen ist zwar in der Schule meist ein Streber, aber seine Leistung ist auf jeden Fall zufriedenstellend.

Genau darum geht es, wenn man wirklich nach oben will. In der heutigen Leistungsgesellschaft ist ein scheinbar hundertprozentiger Einsatz nicht ausreichend. Es wird mehr verlangt, erst recht, wenn man etwas erreichen will.

Der Grund, warum die angeblichen hundert Prozent oft nicht ausreichend sind, ist einfach der, dass viele Menschen eine zu optimistische Lebenseinstellung haben. Optimismus ist natürlich wichtig. Ohne ihn hätte man kein Ziel vor Augen. Zu viel Optimismus allerdings ist schon wieder schädlich, und dieser zeigt sich zum Beispiel in Aussagen wie »Das wird schon irgendwie werden«, »Mal schauen«, »Mach ich morgen« oder »Das bekomme ich schon irgendwie hin«.

Wenn Sie diese Nonchalance zu oft ausleben, laufen Sie Gefahr, die Welt zu optimistisch zu sehen, andere alles machen zu lassen und nicht selbst die Initiative zu ergreifen und anzupacken. Kurzum: Sie sind ein Chiller und kein Macher!

Chiller haben auf dem Weg nach oben kaum eine Chance. Sie sind, wie es am Pokertisch so schön heißt, »drawn dead«. Ein guter Pokerspieler weiß, dass er seinen Erwartungswert maximieren muss. Er muss das Bestmögliche herausholen und gewinnbringende Situationen komplett ausnutzen.

Im richtigen Leben müssen Sie genau das Gleiche tun, wenn Sie etwas erreichen wollen. Sie können nicht auf der faulen Haut liegen und warten, bis Ihnen alles von allein zufliegt. Sie müssen es sich erarbeiten. Sie müssen alles geben und eben auch mehr als alles. Denn das, was Sie als Hundert-Prozent-Leistung voraussetzen, ist nur in den allerseltensten Fällen alles. Es geht immer mehr, auch wenn man sich das so gut wie nie vorstellen kann.

Sie kennen sicherlich die Situationen im Sport, wo Sie gedacht haben, es ginge nicht mehr. Aus irgendeinem Grund, vielleicht weil

Ihnen ein Mitstreiter beim Marathon auf die Fersen getrampelt ist, machen Sie aber weiter. Später meinen Sie wieder, dass es nicht mehr geht, versuchen aber trotzdem noch einmal einen draufzulegen. Am Ende merken Sie erst, was Sie aus sich herausgeholt haben und dass der Punkt, an dem Sie glaubten, erledigt zu sein, noch lange nicht das Ende der Fahnenstange war.

Das gilt nicht nur im Sport, sondern in allen Lebenssituationen, wo Leistung gefragt ist. Wenn Sie zum Beispiel ein Unternehmen zu leiten haben, bestimmte Umsatzziele erreichen sollen und glauben, dies mit einem gewissen Einsatz zu erreichen, können Sie davon ausgehen, das Doppelte geben zu müssen, um zum gewünschten Ergebnis zu kommen. Damit wird die Erfolgswahrscheinlichkeit erheblich gesteigert. Und wenn Sie wegen des zweihundertprozentigen Einsatzes die ursprünglichen Ziele übertreffen – umso besser!

Am Pokertisch zählt letztlich nur das Ergebnis, die Leistung, die auch sichtbar ist. Niemand fragt, ob man mit seinem Spiel zufrieden ist. Am Ende ist nur der Gewinn ausschlaggebend. Natürlich kann man analysieren, warum der an diesem Tag weniger hoch war als sonst. Es interessiert aber kein Schwein, ob Sie alles versucht haben oder nicht. Davon kann sich niemand etwas kaufen, vom verdienten Geld allerdings schon.

In der heutigen Leistungsgesellschaft ist es auch nicht anders. Niemand fragt, ob Sie denn alles versucht und sich Mühe gegeben haben. Es zählt nur das Resultat, nichts anderes.

Der junge Vater, der gerade einen neuen Job in einer renommierten Rechtsanwaltsgroßkanzlei angefangen hat und seinem Chef beichtet, dass er so viel Stress mit dem Baby hatte, dass er den Schriftsatz nicht fertig bekommen hat, wird selten auf Verständnis stoßen. Er wird vielmehr zu hören bekommen: »Wir haben hier alle Stress und erledigen unsere Arbeit. Wenn Sie sich der Aufgabe hier nicht gewachsen fühlen, müssen wir uns eben nach einem anderen Mitarbeiter umsehen.«

Dieser Ausspruch ist typisch für die knallharte Arbeitswelt und erinnert leider an die armen dicken Kinder, die im Sportunterricht bei dem sadistischen Sportlehrer ohne Ende Liegestütze machen mussten, aber einfach zu schwer waren. Sie starben fast dabei, und der Lehrer sah genüsslich zu. Den fiesen Sportlehrer interessiert nicht, wie sehr die Kinder leiden und dass ihnen fast die Schlagader platzt, er will nur die Leistung sehen.

• • • *Die Welt ist eben manchmal unfair, aber damit muss man sich abfinden. Passen Sie sich an, und sehnen Sie sich nicht nach einer gerechteren Welt!*

Der Umgang mit der Ressource Zeit

Wenn Sie etwas als Pokerspieler lernen, dann wirtschaftlich zu denken. Sie müssen mit minimalem Einsatz das Maximum herausholen. So fängt ein Großteil der Pokerspieler mit sehr geringem Geldeinsatz an und arbeitet sich entsprechend nach oben. Auf dem Weg dorthin maximiert er seinen Gewinn durch Hilfsmittel, Lehrmaterial und auch durch idealen Zeiteinsatz. So wird zum Beispiel beim Online-Poker nicht nur ein Tisch gespielt, sondern gleich mehrere, um damit den Gewinn zu maximieren und in einer kürzeren Zeit bessere Ergebnisse zu erzielen.

Sie haben vielleicht gelernt, dass Wirtschaften nichts anderes ist als der Umgang mit knappen Ressourcen. Sie überlegen sich zum Beispiel im Supermarkt, ob Sie heute nicht einmal die billige Margarine nehmen sollen statt der teuren Butter, um Geld zu sparen. Beim Umgang mit den Ressourcen geht es aber nicht immer um Geld, sondern auch um Zeit.

Zeit ist ebenfalls eine knappe Ressource, schließlich steht Ihnen davon nicht unendlich viel zur Verfügung. Das heißt nichts anderes, als dass Sie mit Ihrer Zeitressource möglichst wirtschaftlich umgehen müssen. Im Klartext bedeutet das, dass Sie keine Zeit verschwenden dürfen. Dennoch tun Sie dies hin und wieder, auch wenn es Ihnen nicht ständig auffällt. Sie verschwenden Zeit, wenn Sie etwas machen, das Sie Ihrem Ziel nicht näherbringt. Theoretisch würden Sie mit Schlafen auch Zeit verschwenden, aber bringt Sie Schlafen nicht auch Ihrem Ziel näher? Schließlich können Sie effektiver an der Erreichung Ihres Ziels arbeiten, wenn Sie ausgeschlafen sind. Oder wenn Sie zehn Stunden gearbeitet haben, ist es sicherlich keine Zeitverschwendung, etwas fernzusehen, wenn Sie dadurch entspannen und neue Energie tanken können, was sich wiederum positiv auf das Erreichen Ihres Ziels auswirkt.

Zeitverschwendung ist aber alles, was Sie nicht im Entferntesten Ihren Zielen näherbringt. Zeitverschwendung zu vermeiden, ist keine leichte Aufgabe, schließlich werden wir mit ihr großgezogen. Schon unser ganzes Leben werden wir mit zeitverschwenderischen Situationen konfrontiert, die für uns irgendwann Alltag sind. Wenn Sie die Zeit addieren, in der Sie blöd vor dem Fernseher hocken, im Internet surfen oder auf etwas warten, müsste Ihnen schwindlig werden! Niemand ist davor gefeit, aber manche verstehen es, die Zeitverschwendung auf ein Minimum zu reduzieren. Genau das sollte Ihr Ziel sein.

• • • *Lernen Sie, die Zeit als knappe Ressource zu sehen, als etwas, das Sie gut investieren müssen, um voranzukommen.*

Bei jeder Gelegenheit, in der Sie nicht aktiv an sich und Ihren Zielen arbeiten, sollten Sie sich fragen, ob Sie im Moment nicht gerade Zeit verschwenden. Erkennen Sie langfristig keinen Nutzen in der Aktion, die Sie soeben machen – zum Beispiel nach Ihrer geliebten Fußballsendung wegen Faulheit noch irgendeine Talkshow mit einem Thema anzusehen, das Sie nicht die Bohne interessiert –, dann sollten Sie eben diese Aktion schleunigst abbrechen.

Es ist nicht immer leicht, und wenn Sie damit Probleme haben, sind Sie bestimmt nicht allein. Trotzdem ist es zwingend erforderlich zu lernen, mit der sehr beschränkten Ressource Zeit ordentlich umzugehen. Sonst haben Sie ein gewisses Alter erreicht, blicken zurück und müssen feststellen, dass Sie bis dato eigentlich nichts wirklich erreicht haben.

Ziele setzen und erreichen

Richtige Entscheidungen zu treffen, war bisher das Hauptaugenmerk in diesem Buch. Das ganze Leben besteht aus Entscheidungen. Je besser man diese trifft, desto erfolgreicher wird man sein. Doch was nützen Entscheidungen, wenn sie nicht zielgerichtet sind? Ohne konkrete Ziele nützen auch die besten Entscheidungen wenig. Um das Ganze zu erweitern:

• • • *Es geht darum, richtige Entscheidungen zu treffen, die über kurz oder lang zu den gesteckten Zielen führen.*

Sich Ziele zu setzen, ist nicht so einfach, wie man es sich vorstellt. Vor allem darf man sich nicht einfach irgendein Ziel setzen, sondern ein realistisches, eines, das man wirklich erreichen *kann*. Die meisten Menschen machen den Fehler, sich Ziele auszusuchen, die viel zu hoch gesteckt sind. Sie wollen Golfen können wie Tiger Woods, in einem Jahr »irgendwie« Millionär werden oder mit ein paar Wochen Krafttraining der nächste Arnold Schwarzenegger werden.

Bevor man sich solche Ziele setzt, ist es besser, überhaupt keine zu haben! Denn jedes Ziel, das man verfehlt, enttäuscht und nimmt einem die Motivation. Das führt entweder dazu, dass einfach gar keine Ziele mehr gesetzt werden oder sie nur halbherzig verfolgt werden, nach dem Motto: »Es klappt ja eh nichts.«

Worum es geht, ist, sich ständig neue und vor allem erreichbare Ziele zu setzen, auch wenn es nur kleine sind. Es ist tausend Mal sinnvoller, sich zum Ziel zu setzen, mit dem eigens aufgebauten Unternehmen 5000 Euro monatlich zu erwirtschaften, als innerhalb eines Jahres Multimillionär mit diesem Unternehmen zu werden. Wenn Sie sportlich Erfolg haben möchten, sollten ebenfalls Zwischenziele, die leicht zu erreichen sind, eingesetzt werden. »Der Weg ist das Ziel«, heißt es, also pflastern Sie sich den Weg mit vielen erreichbaren Zielen, um Schritt für Schritt weiterzukommen.

Doch achten Sie immer auf die dabei nicht ganz unwichtige

Realität, wenn Sie sich ein Ziel stecken. Setzen Sie aber auch nicht zu niedrig an, denn dann kommen Sie nicht wirklich weiter.

Daraus folgt, dass es unterschiedliche Ziele gibt: Zwischenziele und Endziele. Das Endziel ist Ihr Traum. Da wollen Sie unbedingt hin. Die Zwischenziele sind die einzelnen Treppenstufen nach oben. Jede Stufe bringt Sie Ihrem Endziel näher. Und wenn Sie irgendwo auf der Treppe stehen bleiben, ist das halb so wild, denn weiter oben ist die Aussicht immer noch besser als unten.

Wenn Sie den Traum haben, »reich zu werden«, entspräche das Ihrem Endziel, das Sie aber auch genau definieren müssen. Reichtum ist relativ, Sie müssen eine konkrete Vorstellung von Ihrem Ziel haben. Das Ziel »Reichtum« ist jedoch nicht genau definiert, und was macht es für einen Sinn, sich ein Ziel zu setzen, wenn man nicht einmal weiß, wann es erreicht ist?

Nicht nur beim Endziel brauchen Sie eine klare Vorstellung, auch bei den Zwischenzielen. Sie könnten zum Beispiel das Endziel haben, mit dreißig Jahren fünf Millionen Euro auf dem Konto zu haben, um bequem von den Zinsen leben zu können. Das wäre schon recht konkret und je nach Ausgangsposition vielleicht auch realistisch. Bei den Zwischenzielen fangen Sie einfach ganz unten an. Was möchten Sie als Nächstes erreichen? Wie bringt Sie das Ihrem Endziel näher?

Wenn Sie Student sind und sich das oben genannte Ziel gesetzt haben, wäre es ein sinnvolles Zwischenziel, neben dem Studium ein Unternehmen mit Potenzial zu gründen. Im Prinzip kommen Sie bei Zielen dieser Größenordnung nicht um eine Unternehmung herum. Als Angestellter oder auch sehr gut verdienender Anwalt oder Arzt sind solche Geldsummen selbst mit harter Arbeit in dieser Zeit kaum zu erreichen. Um das Endziel erreichen zu können, müssen Sie folglich eine Alternative aufbauen. Eine Unternehmensgründung wäre hierfür der erste Schritt.

Ein nächstes Zwischenziel wäre dann zum Beispiel, diese und jene Umsätze mit dem Unternehmen zu erreichen. Wenn Sie aber an dieser Stelle merken, dass Sie die fünf Millionen nicht bis zu Ihrem dreißigsten Lebensjahr schaffen, ist das auch kein Weltuntergang, denn Sie sollten in der Zwischenzeit immerhin ein Unternehmen aufgebaut haben, das eine nette Nebeneinkunftsquelle darstellt.

Natürlich ist das Beispiel mit den fünf Millionen und dem eigenen Unternehmen für viele Leser etwas hochgegriffen. Nehmen wir andere Beispiele, die realistischer sind.

Sie wollen es eines Tages zum Leiter Ihrer Abteilung bringen, sind aber nur kleiner Angestellter. Es wäre Unsinn, einfach immer wieder nur zum Chef zu laufen und darauf zu pochen, irgendwann mal Leiter der Abteilung zu werden. Sie müssen sich zunächst durch gute Arbeit profilieren, Ihrem Chef zeigen, was Sie können. Vielleicht leiten Sie dann einmal ein eigenes Projekt, und wenn Sie sich bei solchen Aufgaben mehrmals bewährt haben, arbeiten Sie daran, stellvertretender Abteilungsleiter zu werden. Das sind Nahziele auf Ihrem Weg zum Endziel, und schaffen Sie es dann dennoch nicht bis zu eben diesem letztendlichen Ziel, haben Sie es immerhin bis zum stellvertretenden Abteilungsleiter gebracht, was deutlich höher ist als der kleine Angestellte, der Sie einmal waren.

Wenn Sie jung sind und streben einen erstklassig bezahlten Beruf in der Wirtschaft an, wäre es eine völlige Fehlentscheidung, nach der 10. Klasse die Schule zu schmeißen. Nahziel wäre es, ein gutes Abitur hinzulegen. Danach wäre das Nahziel eine im Hinblick auf das Fernziel gute Wahl des Studiengangs. Entscheiden Sie sich für Germanistik oder Vergleichende Religionswissenschaften, haben Sie sicherlich nicht die beste Entscheidung getroffen. Sie als kluger Mensch würden wohl eher ein BWL-Studium beginnen, mit den Nahzielen, Vordiplom und möglichst gute Berufspraktika zu machen. Wenn Sie diese Nahziele nicht erreichen, wird es schwer für Sie, irgendwann den erhofften Top-Job in der Wirtschaft zu finden. Wenn Sie aber diesen Job nicht finden, dafür aber mit Ihrem leider nur mittelmäßigen BWL-Diplom eine dennoch annehmbare Stellung ergattern, bei der Sie genug Geld verdienen, um eine Familie zu gründen und ein gutes Leben zu führen, haben Sie dennoch mehr erreicht als der Taxifahrer mit Abschluss in Germanistik, der Ihnen auf der Fahrt vom Hotel zur Messe vorjammert, wie furchtbar schlimm das Leben ist.

- • • *Definieren Sie sich ein konkretes Endziel, und bauen Sie unter diesem viele Zwischenziele ein, die Sie auf dem Weg nach oben erreichen müssen.*

Wichtig ist es auch, dass Sie sich nicht zu viele Ziele setzen. Denn das hat in etwa den gleichen Effekt wie zu unrealistische Ziele – man kann sie nicht alle wirklich erreichen! Wenn Sie in diesem Jahr 100 000 Euro verdienen, hundert Frauen erobern, sich einen Oberarmumfang von vierzig Zentimetern antrainieren und nebenbei noch einen Marathon gewinnen wollen, sind Sie zum Scheitern verurteilt. Wenn Sie es doch schaffen sollten, werden Sie zu einem grotesken Monster werden. Man kann nicht immer alles gleichzeitig haben, selbst wenn Sie noch so begabt sind. Zu viele Ziele auf einmal sind daher genauso schwer zu erreichen wie zu hohe. Denken Sie an den loose-aggressiven und den tight-aggressiven Spieler. Sie sollten auf keiner der beiden Seiten zu den Extremen zählen. Denn andererseits ist es auch riskant, im Leben nur ein einziges Ziel zu haben, denn wenn man das vergeigt, bleibt einem nichts mehr.

- • • *Seien Sie auch hinsichtlich der Anzahl Ihrer gesteckten Ziele realistisch, und nehmen Sie sich nicht zu viel vor.*

Die meisten Menschen scheitern an gesteckten Zielen aufgrund schlechter Disziplin und Motivation. Wie oft haben Sie schon an Silvesterabenden gehört, dass nächstes Jahr der Glimmstängel aus bleibt und fünf Kilo runterkommen? So gut wie immer werden diese Ziele nicht erreicht. Es ist aber »nur« eine Frage des Willens, der Disziplin.

Manche Menschen erreichen Ziele, die andere nicht einmal im Traum erreichen könnten. Das liegt nicht daran, dass sie besser oder talentierter wären, sondern an deren Disziplin und Ausdauer. Wenn Sie sich ein Ziel setzen, sollten Sie auch alles geben, um es zu erreichen. Kurz etwas auszuprobieren und wieder aufzugeben, bringt rein gar nichts und macht Sie zum klassischen Versager, einem Menschen, der nie etwas zu Ende bringt.

Das erinnert Sie bestimmt an das Kapitel über die Spielertypen. Der loose-passive Spieler probiert alles aus, scheitert aber wegen zu geringer Motivation und Durchsetzungskraft. Der tight-aggressive Spieler hingegen geht selektiv vor, dafür aber aggressiv und mit zehnfachem Einsatz. Genau das sollte auch Ihre Linie sein – alle Ziele, die Sie sich setzen, auch mit vollem Einsatz zu erreichen versuchen.

Natürlich ist es ein weites Feld, sich mit Disziplin und Motivation durchzuschlagen. Darüber gibt es ganze Doktor-Arbeiten und Meter von Büchern. Wir möchten Ihnen hier nur mit auf den Weg geben, dass Sie Ihre Ziele am besten erreichen können, indem Sie erstens an sich glauben (schließlich ist das Ziel doch auch realistisch), zweitens davon »träumen« oder besser gesagt ständig im Kopf behalten, wie es aussehen wird, wenn das Ziel erreicht wurde, und drittens nicht einfach aufzugeben.

Für den Glauben an sich selbst brauchen Sie etwas Selbstbewusstsein. Das können Sie vor allem dadurch aufbauen, dass Sie Ihre Stärken besonders betonen, die Schwächen aber außen vor lassen. Vielleicht sind Sie nicht der Sportlichste, dafür aber intelligent und vielen Ihrer Mitmenschen geistig überlegen. Heben Sie also lieber Ihre Intelligenz hervor und »bilden sich auf diese etwas ein«, anstatt sich vor Augen zu führen, wie unsportlich Sie sind.

Von Ihrem Ziel zu träumen, ist eine recht einfache Übung. Es macht Sinn, jede Nacht vor dem Einschlafen einen kleinen, eigenen Film zu produzieren. Wie stellen Sie sich die Welt und sich selbst vor, wenn das Ziel erreicht ist? Was wird passieren, und wie werden sich Ihre Mitmenschen verhalten? Daraus können Sie sich einen netten Film produzieren, der Sie wohlig in den Schlaf schlummern lässt und positiv auf den nächsten Tag stimmt. Damit halten Sie sich auch immer vor Augen, wie das Leben aussehen wird, wenn Ihr Ziel erreicht wurde.

• • • *Ausschlaggebend beim Erreichen des Ziels ist die*
Disziplin: Setzen Sie sich realistische Ziele, glauben
Sie an sich, träumen Sie von Ihrem Ziel, und geben
Sie nicht gleich auf!

Nicht aufgeben! Dass Sie nie aufgeben dürfen, hört sich leichter an, als es tatsächlich ist. Nicht aufzugeben, ist eine ganz wesentliche Eigenschaft. Bei der Lektüre von Biografien berühmter Menschen, die es im Leben zu etwas gebracht haben, fällt auf, dass sie immer wieder am Boden waren, aber unbeirrt weitergemacht haben, weil sie an sich und ihren Erfolg geglaubt haben. Das ist oft die Charaktereigenschaft, die diese Menschen von den »normalen« Menschen unterscheidet.

Lesen Sie einmal die Biografie von David Bowie. Wie oft war dieser Mann am Ende! Er war drogensüchtig, pleite, und es wurde ihm zu Beginn seiner Karriere völlige Talentfreiheit von allen Seiten bestätigt. Dennoch hat er einfach weitergemacht und an sich geglaubt, wo andere längst aufgegeben hätten.

Auch erfolgreiche Menschen erleiden Rückschläge. Genauso viele wie normale Menschen. Es ist aber nicht der Rückschlag an sich, der einen langfristig zurückwirft. Es ist die Art und Weise, wie man damit umgeht, die die Erfolgreichen von den Erfolglosen unterscheidet.

Im Poker sagt man, dass nicht die Hand, in der man den Bad Beat, also eine Niederlage, kassiert, entscheidend ist, sondern wie man die nächste Hand spielt. Hier trennt sich die Spreu vom Weizen.

Im Zweifel lieber zweifeln Am Pokertisch lernt man sehr schnell, dass es mit Ehrlichkeit nicht weit her ist. Es wird an allen Ecken und Enden gelogen – wer alles glaubt, ist selber schuld. Auch im richtigen Leben ist es nicht anders. Darum sollten Sie grundsätzlich zweifeln und nicht alles für bare Münze nehmen. Gehen Sie lieber nach dem Schema »Warum soll ich das glauben?« als nach dem »Warum sollte ich das nicht glauben?« vor! Gerade wenn jemand kommt und auf scheinbar alles eine Antwort hat, sollten die Alarmglocken bei Ihnen laut schrillen. Man denke nur an die zahlreichen Sektenführer, die ihren Anhängern das letzte Hemd nehmen.

Es gibt im Leben aber auch schöne Dinge und Menschen, die Ihnen wohlgesonnen sind oder Sie lieben. Auch das müssen Sie erkennen und nicht leichtfertig oder aus Misstrauen einfach wegwerfen.

Das ist ein schönes Schlusswort, wie man es in einem prag-matischen Lebenshilfe-Buch nicht anders erwarten kann. Seien Sie immer auf der Hut. Nehmen Sie Ihr Leben in die Hand, und machen Sie etwas daraus. Nur Sie können das! Denken Sie immer daran, was Phil Hellmuth sagte:

»Ich denke, dass wir alle fast jeden Tag zur rechten Zeit am rechten Ort sind. Es sind die Menschen, die auf das Glück vorbereitet sind, die davon profitieren.«

Glossar

Bad Beat   Ein schlimmes Ereignis, das eintritt, obwohl man alles richtig gemacht hat.

Bankroll   Das Geld, das Sie im Poker beziehungsweise im Leben zur Verfügung haben.

Betting Patterns   Im Poker die Muster im Setzverhalten eines Spielers, im Leben die Verhaltensmuster, in denen die Menschen bewusst oder unbewusst gefangen sind.

Bluff   Wenn man vorgibt, etwas zu haben, was man in Wirklichkeit nicht hat.

Changing Gears   Man wechselt öfter den Stil, um für seine Mitmenschen weniger berechenbar zu sein.

Cheating   Ein regelwidriges Verhalten, das darauf abzielt, einen ungerechtfertigten Vorteil gegenüber einem anderen zu bekommen.

Erwartungswert   Das durchschnittliche Ergebnis einer Entscheidung. Um diesen in der Praxis zu ermitteln, muss man – vereinfacht ausgedrückt – die Entscheidung unter den gleichen Rahmenbedingungen sehr oft wiederholen und ermittelt dann den Durchschnittswert.

Fancy Play   Im Poker eine Spielweise, die immer einen Schritt zu weit denkt; im Leben die Tendenz, die Dinge unnötig zu verkomplizieren.

Fold   Das Aufgeben einer Situation, indem man aussteigt, ohne noch etwas zu investieren.

Hammer   Einem unliebsamen Zeitgenossen einen »Schuss vor den Bug« verpassen, damit er aufhört zu stören.

Image   Das oberflächliche Bild, das sich Menschen von anderen Menschen machen.

Implied Pot-Odds   Langfristiger Gewinn, der in einer bestimmten Situation »versteckt« sein kann.

Involvement   Der Grad des Involvements zeigt an, wie viele Ressourcen in einer bestimmten Situation auf dem Spiel stehen.

Loose   Ein Verhalten, das darauf gerichtet ist, viele beziehungsweise alle Situationen auszunutzen.

Odds   Eine andere Bezeichnung für Gewinnchance.

Pokerface   Ein Gesichtsausdruck oder ein Verhalten, das absolut keine Rückschlüsse auf die Gefühle eines Menschen zulässt.

Pot Odds   Das Verhältnis von möglichem Gewinn und dem Risiko, das diesem gegenübersteht.

Reallife   Das echte Leben.

Rope-a-Dope   Einen unliebsamen Mitmenschen auflaufen lassen, damit er sich selbst ein Bein stellt und umfällt.

Rush   Eine Phase, in der man Glück hat und alles gelingt.

Slowplay   Die Taktik, Schwäche vorzutäuschen. Man könnte es in gewissen Lebenssituationen auch Understatement nennen.

Stack   Im Poker die Anzahl der Chips, die ein Spieler besitzt, im Leben die Ressourcen, die einem Menschen in einem bestimmten Bereich zur Verfügung stehen.

Swings   Die glücks- und pechbedingten Schwankungen im Poker und im Leben.

Testeinsatz   Eine Aktion, die gemacht wird, um zu sehen, wo man steht, und möglicherweise auch, um einen ersten Schritt zu machen.

Tight   Ein Verhalten, das darauf gerichtet ist, nur gute Situationen zu nutzen.

Tilt   Ein Gemütszustand, in dem man viele Fehler macht, weil man vorher Pech hatte oder schlechte Ereignisse erzielt hat.

Tisch   Im Poker der Pokertisch, im wirklichen Leben bestimmte Situationen oder das Umfeld, in das man sich freiwillig oder unfreiwillig begibt.

Varianz Die Besonderheit, dass auf kurze Sicht alles Mögliche geschehen kann, obwohl es gemäß der Wahrscheinlichkeitsrechnung unwahrscheinlich ist. Man erhält zum Beispiel beim Poker fünfzig Mal hintereinander schlechte Startkarten. »Kurz« kann in dem Zusammenhang auch sehr lange andauern.

Verteidigungseinsatz Eine Aktion, die gemacht wird, um Schlimmeres zu verhindern.

Verzweiflungseinsatz Eine Aktion, die aus der Verzweiflung heraus gemacht wird. Oft ist es besser, irgendetwas als gar nichts zu unternehmen.

Alex Lauzon
Poker!

Geldverdienen mit dem span-
nendsten Kartenspiel der Welt.
256 Seiten. Piper Taschenbuch

Poker ist kein reines Glücks-
spiel! Denn es basiert insbeson-
dere auf der Berechnung mathematischer Wahrscheinlichkeiten und auf der psychologi-
schen Analyse des Gegners.
Alex Lauzon, selbst langjähri-
ger professioneller Pokerspieler, führt den Leser in die Geheimnisse des Spiels, speziell
des Hold'em Poker, ein. Begin-
nend mit den grundsätzlichen
Regeln, dem Bewerten der Position, dem korrekten Einschätzen der Anfangskarten und
dem Schlüssel zum Berechnen
von Wahrscheinlichkeiten, erklärt er alles Wissenswerte zum
Thema Pokern.

Alex Lauzon
Pokern wie die Profis

Wie Profis mit Texas Hold'em Geld
verdienen. Mit Extrateil: Analysen
und Strategien. 256 Seiten.
Piper Taschenbuch

Bei den »World Series of Poker« in Las Vegas, dem welt-
weit größten Pokerturnier, sa-
ßen sich im Jahr 2003 zwei
ungleiche Gegner gegenüber:
Chris Moneymaker, ein junger
Buchhalter, und Sam Farha,
einer der erfahrensten Pokerspieler. Der Amateur ging als
Sieger hervor – und kassierte
dafür 2,5 Millionen Dollar!
Heute verdient er sein Geld
als professioneller Pokerspieler.
Aus welchen einzelnen Kriterien sich das Geschick am Pokertisch zusammensetzt, zeigt
Ihnen Alex Lauzon. Hier lernen
Sie die Tricks des Poker-Profis
erfolgreich umzusetzen. Inklu-
sive umfassender Analysen und
langfristig erarbeiteter Statistiken erklärt Alex Lauzon die
Strategien für ein professionel-
les Pokerspiel.

»Eines der bisher besten Poker-
bücher.«
casinos.ch

PIPER

05/2315/02/L   05/2316/02/R

David Allen

So kriege ich alles in den Griff

*Selbstmanagement im Alltag.
Aus dem Amerikanischen
von Anne Emmert. 192 Seiten.
Piper Taschenbuch*

Ein klarer Kopf, ein organisierter Schreibtisch und eindeutige Ziele – das sind nach David Allen die besten Voraussetzungen für einen erfolgreichen Arbeitstag. In seinem neuen Erfolgsbuch erklärt er mit Witz und Charme, wie man Dinge bewegen kann, ohne sich dabei unter Druck zu setzen oder sich stressen zu lassen. Das perfekte Buch für mehr Energie, Kreativität und Klarheit im Alltag.

François Lelord / Christophe André

Die Macht der Emotionen

*und wie sie unseren Alltag
bestimmen. Aus dem Französischen
von Ralf Pannowitsch. 400 Seiten.
Piper Taschenbuch*

Sind Sie eifersüchtiger, als Ihnen lieb ist? Schämen Sie sich für Ihre Wutausbrüche? Oder wären Sie Ihrem Chef gegenüber manchmal gern etwas mutiger? Das erfahrene, seit Jahren erfolgreich praktizierende Psychologenduo Lelord und André erklärt die biologischen und sozialen Wurzeln unserer Emotionen, untersucht Konflikte bei einem Zuviel oder Zuwenig an Gefühlen und gibt dem Leser grundlegende Ratschläge zum Umgang mit Zorn, Neid, Glück, Traurigkeit, Scham, Eifersucht, Angst und Liebe.

Vom Autor der Bestseller »Hectors Reise oder die Suche nach dem Glück«, »Hector und die Geheimnisse der Liebe« und »Hector und die Entdeckung der Zeit«.

Bert Ehgartner
Die Lebensformel
Sieben Voraussetzungen für ein glückliches lange Leben.
336 Seiten. Piper Taschenbuch

Warum gelingt es einigen Menschen, ein glückliches langes Leben zu führen, während andere chronisch krank werden oder früh sterben? Auf der Suche nach Antworten auf diese Fragen durchforstete Bert Ehgartner alle beweiskräftigen Langzeitstudien der Medizin und fand heraus, dass die Entscheidung in der Lebensmitte fällt. Menschen, die bis ins hohe Alter ein aktives Leben führen, erfüllen bereits Jahrzehnte davor sieben wichtige Voraussetzungen. Mit dem eigens für dieses Buch entwickelten großen Lebensformel-Test können Sie schon heute ermitteln, wo Ihre persönlichen Risiken und Stärken liegen. In einem einfach zu realisierenden Sieben-Punkte-Programm hilft Ihnen das Buch, den optimierten Lebensstil zu finden, der Sie zu einem genussvollen glücklichen Leben führt.

Douwe Draaisma
Warum das Leben schneller vergeht, wenn man älter wird
Von den Rätseln unserer Erinnerung. Aus dem Niederländischen von Verena Kiefer. 336 Seiten. Piper Taschenbuch.

Warum verschwinden in der Erinnerung manche Tage, während wir auch in vielen Jahren noch sagen können, was wir am 11. September getan haben? Wie funktioniert das Gedächtnis? Und warum vergeht das Leben schneller, wenn man älter wird? In seinem Meisterwerk über das Erinnern und Vergessen liefert Douwe Draaisma die Antwort auf diese und viele andere Fragen – ein Buch, so überraschend und vielschichtig wie das menschliche Gedächtnis selbst.

»Von einem Wissenschaftler mit so viel Sinn für die Poesie und für die Unergründlichkeiten des Lebens läßt man sich gern die Rätsel der Erinnerung erklären.«
Badische Zeitung

Paul Watzlawick

Wenn du mich wirklich liebtest, würdest du gern Knoblauch essen

Über das Glück und die Konstruktion der Wirklichkeit. Herausgegeben von Heidi Bohnet und Klaus Stadler. 224 Seiten. Piper Taschenbuch

Als Psychotherapeut und Konstruktivist ist Paul Watzlawick (1921–2007) weltberühmt, seine »Anleitung zum Unglücklichsein« ist Kult. Ob es um Glück, Liebe, schwierige Beziehungen zwischen Menschen, die wirkliche Wirklichkeit oder die Mentalität der Amerikaner geht: Es lohnt immer, Paul Watzlawicks Denken kennenzulernen. Dieses Buch bietet seine wichtigsten und unterhaltsamsten Texte.

»Lebenshilfe auf höchstem Niveau.«
Österreich Wien

Marion Knaths

Spiele mit der Macht

Wie Frauen sich durchsetzen. 128 Seiten. Piper Taschenbuch

»Ich habe es zwei Mal gesagt. Meinst du, einer hätte zugehört? Und zwei Minuten später sagt Kollege Schröder das Gleiche, und alle sagen: Klasse, Schröder!« – Welche Frau kennt nicht diese oder ähnliche Situationen? Marion Knaths verrät, was Sie tun müssen, damit Ihnen künftig alle zuhören, und sie zeigt, wie Sie als Frau beim Spiel mit der Macht am besten mitspielen.

»Ein Muss für alle Frauen, die ihr Gehirn einsetzen wollen, um sich durchzusetzen.«
Louann Brizendine, Bestsellerautorin (»Das weibliche Gehirn«)

Hannes Stein
Endlich Nichtdenker!

Handbuch für den überforderten Intellektuellen. Mit praktischen Übungen. 208 Seiten. Piper Taschenbuch

Sie lieben das Denken und haben ein Faible für Witz, Ironie und Widerspruch? Sie Ärmster! Denn langjährige Untersuchungen haben bestätigt, was leidgeprüfte Intellektuelle schon immer geahnt haben: Regelmäßiges Denken zerstört Karrierechancen, macht grenzenlos einsam und führt zu Langeweile. Wie Sie jedem gedankenschweren Ballast für immer entsagen und mit leerem Schädel und vollem Herzen auf die Sonnenseite des Lebens gelangen, zeigt Hannes Stein in seinem Handbuch für den überforderten Intellektuellen. Denn wer hätte das gedacht: Auch Nichtdenken will gelernt sein!

»Allen überforderten Grüblern sei dieses Buch ans Herz gelegt.«
Deutschlandradio

Laotse
Tao te king

Das Buch des Alten vom Sinn und Leben. Aus dem Chinesischen und erläutert von Richard Wilhelm. Einleitung von Martina Darga. 320 Seiten. Piper Taschenbuch

Das »Tao te king« ist das bedeutendste Werk der traditionellen chinesischen Philosophie, zugleich eines der meistübersetzten chinesischen Bücher. Laotse ist der berühmteste Vertreter des Taoismus, und er zielt in den 81 eindringlichen Sprüchen des »Tao te king« auf den ursprünglichen Sinn des Lebens. Sie bieten philosophische und zugleich praktische Anweisungen. Nirgends läßt sich die geheimnisvolle Lehre des Tao klarer, nirgends poetischer erfassen als in dem 2500 Jahre alten »Tao te king«.

»Eines der herrlichsten Bücher Chinas.«
Hermann Hesse

PIPER

05/2145/02/L

05/2005/02/R

Schritt zu weit

Andreas Steinhöfel
Trügerische Stille
176 Seiten
Taschenbuch
ISBN 978-3-551-35314-6

Als Logo auf der Fahrt in die Ferien Carla begegnet, ist er gleich hin und weg von ihr, obwohl sie nur einen kurzen Blick und ein Lächeln ausgetauscht haben. Wenig später trifft er sie am Waldensee wieder, doch plötzlich gibt sie sich verschlossen und unnahbar. Irgendetwas stimmt hier nicht, das spürt Logo genau. Aber welches dunkle Geheimnis sie mit sich herumträgt, begreift er erst, als es fast zu spät ist ...